普通高等教育"十二五"规划教材

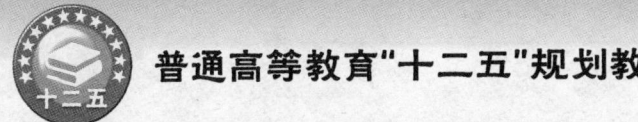

财务管理精品系列

财务分析学

王文华　陈可喜　主编

章毓育　石启辉　副主编

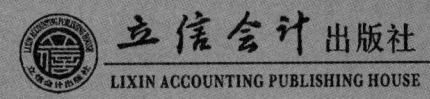

图书在版编目(CIP)数据

财务分析学/王文华,陈可喜主编. —上海:立信会计出版社,2013.6
普通高等教育"十二五"规划教材.财务管理精品系列
ISBN 978-7-5429-3903-6

Ⅰ.①财… Ⅱ.①王… ②陈… Ⅲ.①会计分析—高等学校—教材 Ⅳ.①F231.2

中国版本图书馆 CIP 数据核字(2013)第 142992 号

策划编辑　　徐小霞
责任编辑　　赵志梅
封面设计　　周崇文

财务分析学

出版发行	立信会计出版社			
地　　址	上海市中山西路 2230 号	邮政编码	200235	
电　　话	(021)64411389	传　　真	(021)64411325	
网　　址	www.lixinaph.com	电子邮箱	lixinaph2019@126.com	
网上书店	http://lixin.jd.com		http://lxkjcbs.tmall.com	
经　　销	各地新华书店			
印　　刷	上海肖华印务有限公司			
开　　本	787 毫米×960 毫米	1/16		
印　　张	18.5	插　　页	1	
字　　数	334 千字			
版　　次	2013 年 6 月第 1 版			
印　　次	2019 年 8 月第 4 次			
印　　数	5401—6600			
书　　号	ISBN 978-7-5429-3903-6/F			
定　　价	36.00 元			

如有印订差错,请与本社联系调换

前　言

　　财务分析是在总结财务管理经验和现代科技成果基础之上发展的一门新的管理科学。随着全球经济一体化和管理技术的迅速发展，市场竞争日益激烈，企业生存和发展的环境日趋复杂。财务分析理论和实务越来越被人们重视，受到企业的普遍关注。

　　本书以现代经济理论和财务理论为依据，在全面阐述现代财务分析的基本理论、基本方法和基本信息的基础上，从财务报表解读、财务能力分析和财务综合评价三个层次展开系统的分析，形成了对企业财务状况、经营成果和未来发展趋势较为完整的财务分析评价体系，从而为提高企业的财务管理水平，增强企业的综合素质，提高竞争力等方面起到积极的催化作用。

　　本书的特点是：

　　(1) 体系清晰。本书设计了针对性较强的财务分析三大内容层次体系：报表解读→财务能力分析→财务综合评价，循序渐进，逐步深入，使学习者有一个多层次的财务分析系统把握。

　　(2) 内容务实。运用国内外最新的财务分析研究成果，密切结合我国国情及企业的实际情况，应用实际的案例进行财务分析，注重分析信息的真实性、分析方法的先进性、分析结论的合理性。

　　(3) 针对性强。为了便于理解和掌握，在每一章有针对性地列出了学习目标、本章小结等项目，可以使学生总览本章的内容，突出本章的知识点，有利于提高学习的效果。同时，在各章中附设了复习思考题和案例分析等，有利于学习者通过练习，夯实基础，提高实际分析能力及思维能力。另外，本书有PPT及习题答案资料，可供用书教师使用。

　　本书共分三个部分，第一部分包括第一、第二、第三、第四、第九章，主要介绍资产负债表、利润表、现金流量表以及合并报表的概念和作用，着重解读三大主要报表及合并报表的项目内容分析、质量分析、趋势分析、结构分析等；第二部分包括第五、第

六、第七、第八章，主要以财务比率分析方法的应用为主线，阐述企业偿债能力、营运能力、盈利能力和发展增长能力等方面的分析内容；第三部分包括第十、第十一、第十二章，主要介绍综合财务分析的方法、财务信息质量标准与要求、财务报表粉饰与舞弊识别的方法、财务报告的撰写形式。

本书由王文华、陈可喜担任主编，负责全书的设计、修改、总纂和定稿。具体章节编写分工为：第一、第二、第五章由王文华撰写；第四、第七、第九章由陈可喜撰写；第六、第十章由章毓育撰写；第三章由郝琳撰写；第八章由陈可喜、陈雯婷撰写；第十一章由石启辉撰写；第十二章由韩越撰写。

本书的出版得到了上海大学、上海杉达学院、上海建桥学院等院校的大力支持。另外，钱晓怡、鲍丽敏曾为本书的部分初稿做过资料采编工作。

本书既可作为应用型高等院校会计学、财务管理、金融、经济学、管理学专业及相关专业本科生的学习教材，又可作为企业经营管理人员的学习参考用书。

书中如有疏漏和不足之处，恳请读者批评指正。

作　者
2013 年 6 月

目 录

第一章 财务分析概论 …………………………………………………… 1
  第一节 财务分析的产生与发展 ………………………………………… 1
  第二节 财务分析的含义和目的 ………………………………………… 3
  第三节 财务分析的信息来源 …………………………………………… 5
  第四节 财务分析的内容 ………………………………………………… 12
  第五节 财务分析的程序和方法 ………………………………………… 15
  本章小结 …………………………………………………………………… 21
  复习思考题 ………………………………………………………………… 21

第二章 资产负债表解读 ………………………………………………… 22
  第一节 资产负债表概述 ………………………………………………… 22
  第二节 重要资产项目的内容及分析 …………………………………… 26
  第三节 重要负债项目的内容及分析 …………………………………… 35
  第四节 所有者权益项目的内容及分析 ………………………………… 39
  第五节 资产负债表趋势分析 …………………………………………… 40
  第六节 资产负债表结构分析 …………………………………………… 43
  本章小结 …………………………………………………………………… 46
  复习思考题 ………………………………………………………………… 46

第三章 利润表解读 ……………………………………………………… 48
  第一节 利润表概述 ……………………………………………………… 48
  第二节 利润表项目分析 ………………………………………………… 52
  第三节 利润表趋势分析 ………………………………………………… 61
  第四节 利润表结构分析 ………………………………………………… 63

第五节　利润质量分析 …………………………………………… 64
本章小结 …………………………………………………………… 69
复习思考题 ………………………………………………………… 70

第四章　现金流量表解读 …………………………………………… 72
第一节　现金流量表概述 ………………………………………… 72
第二节　现金流量表项目分析 …………………………………… 79
第三节　现金流量表趋势分析 …………………………………… 92
第四节　现金流量表结构分析 …………………………………… 94
第五节　现金流量表分析要点 …………………………………… 99
本章小结 ………………………………………………………… 100
复习思考题 ……………………………………………………… 101

第五章　企业偿债能力分析 ………………………………………… 103
第一节　企业偿债能力概述 ……………………………………… 104
第二节　短期偿债能力分析 ……………………………………… 106
第三节　长期偿债能力分析 ……………………………………… 119
本章小结 ………………………………………………………… 131
复习思考题 ……………………………………………………… 132

第六章　企业营运能力分析 ………………………………………… 134
第一节　企业营运能力概述 ……………………………………… 135
第二节　流动资产周转情况分析 ………………………………… 140
第三节　固定资产周转情况分析 ………………………………… 152
第四节　总资产周转情况分析 …………………………………… 155
本章小结 ………………………………………………………… 160
复习思考题 ……………………………………………………… 160

第七章　企业盈利能力分析 ………………………………………… 163
第一节　企业盈利能力概述 ……………………………………… 163
第二节　非上市公司盈利能力分析 ……………………………… 166

第三节　上市公司盈利能力分析 ·· 181
  本章小结 ·· 188
  复习思考题 ··· 189

第八章　企业发展能力分析 ·· 192
  第一节　企业发展能力概述 ·· 193
  第二节　企业发展能力指标分析 ··· 197
  第三节　企业发展可持续性分析 ··· 209
  本章小结 ·· 215
  复习思考题 ··· 216

第九章　合并财务报表分析 ·· 217
  第一节　企业合并概述 ·· 217
  第二节　合并财务报表概述 ·· 218
  第三节　合并会计报表项目分析 ··· 225
  第四节　合并财务报表具体分析 ··· 229
  本章小结 ·· 231
  复习思考题 ··· 232

第十章　综合财务分析 ·· 233
  第一节　综合财务分析概述 ·· 233
  第二节　杜邦财务分析 ·· 237
  第三节　沃尔比重评分法分析 ·· 242
  第四节　财务预警分析 ·· 249
  本章小结 ·· 252
  复习思考题 ··· 253

第十一章　财务信息质量分析 ··· 255
  第一节　财务信息质量标准 ·· 255
  第二节　财务报表粉饰与识别 ·· 260
  本章小结 ·· 268

复习思考题 …………………………………………………………………… 269

第十二章 财务分析报告撰写 ……………………………………………… 270
  第一节 财务分析报告概述 ………………………………………………… 270
  第二节 财务分析报告撰写方法 …………………………………………… 272
  第三节 财务分析报告实例 ………………………………………………… 276
  本章小结 ……………………………………………………………………… 285
  复习思考题 …………………………………………………………………… 286

主要参考文献 ………………………………………………………………… 287

第一章 财务分析概论

学习目标

1. 了解财务分析的发展历程
2. 理解财务分析的目的及意义
3. 掌握财务分析的信息来源
4. 重点掌握财务分析的内容
5. 理解并能运用财务分析的程序和方法

资本市场是融资者和投资者交互的重要场所,资本市场的有效运作对企业筹资、社会资源配置以及经济增长都有着举足轻重的作用。上市公司财务报告作为融资者与投资者"沟通"的重要工具,在很大程度上影响着资本市场的有效运作。那么,如何来读懂、分析财务报告呢?本章将对财务分析的基础知识进行简要的概述。

第一节 财务分析的产生与发展

在会计信息披露的发展历史中,财务报告是逐渐演化而成的,其内容是沿着以下路径发展和丰富的:账户余额表→资产负债表→收益表→财务状况变动表→现金流量表→财务报表附注→财务报表以外的财务信息和非财务信息。对于财务报告产生的具体原因,会计学界尚未取得共识。然而,大部分学者认为人类早期财务报告的产生是由于受托责任的出现。在原始社会,人们之间的经济关系极其简单,当时会计行为也只是涉及一些极简单的会计记录和计量;到了奴隶社会,私有制的产生使所有权和经营权分离,导致受托责任的出现,而国家的产生又导致了财政分配和管理的出现,这在客观上要求经营管理者定期向委托人报告财产管理情况,尽管这种报告非常粗略、原始，对于报告的编制也没有统一的制度、原则加以规范，但在当时生产力水平还不高的条件下，这种不规范、不统一、极简单的财务报告是应当时的需求而产生的，也在一定程度上满足了当时的需要。至于报告的真实性，委托人不需要请专业机构来核实。

巴其阿勒时代的簿记方法，其账户余额试算表也仅仅是为了结清账户，检查记账错误等，而不对外披露。同一时期，欧洲的一些庄园主为了确定管家是否有效地履行了"管家责任"，特别邀请了具有专业知识的人来对管家提交的"受责与免责报告"进行审查，这一方面体现了财务报告的意义，另一方面加速了财务报告的形成。

17世纪以后，随着英国的工业革命开始、股份公司以及其他组织形式的发展和会计职业的出现，欧洲的社会制度和经济环境发生了巨大的变化，给财务报告增加了新的内容，使其变得日益复杂起来。在这一时期，会计信息的外部使用者开始关注资产的安全保障情况，政府依赖资产负债表来实现其征税的目的，利益各方也依赖资产负债表来解决可能发生的冲突。

在19世纪，会计披露实践是通过会计信息生产者向使用者提供资产负债表来实现的。生产者向使用者提供的会计信息除了资产负债表本身以外，还包括资产负债表附注，表内项目与表外附注一起组成了资产负债表不可或缺的整体。表外附注既可采用文字说明与数字描述，又可只采用文字说明，都可以用来解释或补充说明表内确认的资料，以帮助报表使用者有效地理解及使用报表。报表的表内内容必须通过确认，表外附注则不需要通过确认。其他财务报告是对财务报表的必要补充，其所表述的内容属于披露，也不需要确认。英国19世纪的《公司法》，不仅要求股份公司"真实地表述资本、债权和财产"以及提供"清楚的盈亏"，而且规定，如果股东认为有必要对股份公司所提供的财务报告进行审查，可以聘请专业人士进行，其费用由公司承担。至此，具有现代意义的财务报告制度就初步建立起来了。

进入20世纪，会计披露实践的重心发生转移，由资产负债表转向利润表，这主要是因为美国的会计环境发生了变化。

从20世纪70年代起，世界性的通货膨胀和经济萧条带来的"信用危机"，使人们对于资产负债表的认识也有了转变。随着现代化科学发展和对先进科技成果的吸收与应用，会计技术有了突破性发展。美国会计准则委员会于1963年发布了第3号意见书，要求提供资金表（后被称为财务状况变动表），财务报告出现了第三张对外报表。会计披露方式由此进入资产负债表、利润表、财务状况变动表三表并重的阶段。1987年，美国将财务状况变动表替代为现金流量表，我国则在1998年开始使用现金流量表。

如今，随着商业社会对会计信息披露程度要求越来越高，财务报表不断发展并形成现行的"四表一注"。之前，会计信息的披露主要依赖于财务报表。由于会计确认标准的限制,大量有用的信息被排除在财务报表之外。为了提高报表的易懂性和可用性,增加了附注和附表等表外信息。表内确认和表外披露两种表述形式表现为财务报表和其他财务报告,两者构成了今天的财务报告。

第二节　财务分析的含义和目的

一、财务分析的含义

财务分析又称财务报表分析,财务分析就是以财务报表和其他资料为依据和起点,采用一系列专门的分析技术和方法,系统分析和评价企业的财务状况、经营成果和现金流量状况的过程。其目的是评价过去的经营业绩,衡量现在的财务状况,预测未来的发展趋势。

财务分析既是财务预测的前提,也是过去经营活动的总结,具有承上启下的作用。

(1) 财务分析是评价财务状况及经营业绩的重要依据。通过财务分析,可以了解企业的偿债能力、营运能力、盈利能力和现金流量状况,合理评价经营者的经营业绩,促进管理水平的提高。

(2) 财务分析是实现理财目标的重要手段。企业理财的根本目标是实现股东财富最大化。通过财务分析,不断挖掘潜力,从各方面揭露矛盾,找出差距,充分认识未被利用的人力、物力资源,寻找利用不当的原因,促进企业经营活动按照企业价值最大化目标运行。

(3) 财务分析是实施正确投资决策的重要步骤。投资者通过财务分析,可以了解企业的获利能力、偿债能力,从而进一步预测投资后的收益水平和风险程度,以作出正确的投资决策。

二、财务分析的目的

编制财务报表的目的,就是向报表的使用者提供有关的财务信息,从而为他们的决策提供依据。

财务报表是企业财务状况和经营成果的信息载体,但财务报表所列示的各类项目的金额,如果孤立地看,并无多大意义,必须与其他数据相比较,才能成为有用的信息。同时,财务报表是通过一系列的数据资料概括地反映企业的财务状况、经营成果和现金流量情况。对报表的使用者来说,这些数据是原始的、初步的,还不能直接为决策服务。因此,作为一个报表使用者应根据自己的需要,使用专门的方法,从中选择自己需要的信息,将其重新排列,使之符合特定决策要求,从而为决策提供正确的依据。

会计报表的使用者很多,由于不同的使用者所站的角度不同,其在运用会计报表时也各有侧重。一般而言,与企业有经济利害关系的相关者包括投资者、经营者、债权人、供应商、客户、政府部门、企业职工、竞争对手和社会公众等。他们构成了会计报表的不同使用者。

(一) 投资者

这里的投资者包括两层含义:一是现存的股东;二是潜在的、未来的投资者。投资者最关心的是其权益的风险程度,投资能否增值,投资报酬或投资回报能有多大,是否能够满足其期望的投资收益要求。这些因素决定投资者是否向企业投资,是否还要追加投资,是否需要收回或转让投资。因此,投资者阅读与分析报表的重点是企业的获利能力、投资回报率及企业经营的风险水平,以此作出自己的投资决策。

(二) 经营者

经营者即企业的经营管理人员,他们受企业业主或股东的委托,对企业业主或股东投入企业资本的保值和增值担负责任。经营者负责企业的日常经营活动,必须确保公司支付给股东与风险相适应的投资回报,及时偿还企业各种到期债务,使企业的各种经济资源得到充分有效的利用,为企业不断获得盈利。因此,经营者对企业财务状况的各个方面都要了然于胸。他们不仅关心企业的经营成果的表现,更关心企业财务状况变化的原因和企业经营发展的趋势。

(三) 债权人

债权人包括银行、非银行金融机构(如财务公司、保险公司等)、企业债券的购买者(供应商通常也会成为企业的债权人,但其与上述债权人有所不同,这里单独在下文讲述)等。按照一般分类,债权人可以分为短期债权人和长期债权人。其中,短期债权人提供的债权期限在12个月以内,他们最为关心的是企业偿还短期债务的能力。长期债权人向企业提供1年期以上的债权,他们最为关心的则是企业连续支付利息和到期(若干年后)偿还债务本金的能力。因而,债权人并不如投资者那样关心企业的获利能力,但对企业的偿债能力却是时刻保持警惕。因此,他们首先关注企业有多少资产可以作为偿付债务的保证,特别是企业有多少可以立即变现的资产作为偿付债务的保证。

当然,获利能力高低有时会影响债权人的态度,因为企业效益高低是确保企业提高偿债能力的基础,即使企业一时财务状况不佳,偿付能力不强,但如果效益已经好转,也可以使债权人改变态度,决定对企业提供债务融资。

(四) 供应商

与企业债权人向企业提供债务融资情况类似,供应商在向企业提供商品或劳务后也成为企业的债权人。因而,他们必须判断企业能否支付所购商品或劳务的价款。

从这一点来说,大多数商品或劳务供应商对企业的短期偿债能力十分关注。另外,有些供应商可能与企业存在着较为长久的稳固的经济联系,在这种情况下,他们又会对企业的长期偿债能力予以额外注意。一般情况下,供应商必然愿意优先给偿债能力强、资信程度高的企业提供商品或劳务。

（五）客户

客户指企业产品的购买者,在许多情况下,企业可能成为某个客户的重要的商品或劳务供应商,此时,客户就会关心企业能否长期持续经营下去,能否与之建立并维持长期的业务关系,能否为其提供稳定的货源。因此,客户关心企业的长期前景及有助于对此作出估计的获利能力指标与财务杠杆指标。

（六）政府部门

政府部门的报表使用者包括财政、税务、国有资产管理局和企业主管部门等。一般来讲,政府部门使用会计报表大多用来进行综合分析,特别是财政部门和企业主管部门必须进行综合阅读与分析,以了解企业发展状况；税务部门侧重于确定企业生产经营成果和税源；国有资产管理部门则侧重于掌握、监控企业国有资产保值、增值情况。

（七）企业职工

企业职工通常与企业存在长久、持续的关系,他们关心工作岗位的稳定性、工作环境的安全性以及获取报酬的前景。因而,他们对企业的获利能力和偿债能力比率都会予以关注。

（八）竞争对手

竞争对手希望获取关于企业财务状况的会计信息及其他信息,借以判断企业间的相对效率。同时,还可为企业未来可能出现的企业兼并提供信息。因此,竞争对手可能把企业作为接管目标,因而他们对企业财务状况的各个方面都比较关注。

（九）社会公众

社会公众对特定企业的关心也是多方面的。一般而言,他们关心企业的就业政策、环境政策、产品政策等方面。对这些方面,往往可以通过分析会计报表了解企业获利能力而获得明确的印象。

报表的使用者很多,除上述使用者外,与企业有生产、技术等协作关系,以及其他关系的利益集团,都是企业报表的使用者。这些使用者也都有其特定的目的,但报表分析的主要目的在于对一个企业过去的了解、现在的评价和未来的预测,从而为其决策提供依据。

第三节　财务分析的信息来源

财务报表分析的基本依据是企业提供的财务信息。企业的财务信息除了财务报表所揭示的会计信息以外,还包括用于揭示与财务报表直接或间接相关的一些非会计信息。

一、财务报表分析的会计信息

会计信息由企业会计系统编制并提供,是财务信息的基础,是主要的财务信息,分为外部报送信息和内部报送信息。

（一）外部报送信息

外部报送信息以财务报告为主。财务报告是指单位根据经过审核的会计账簿记录和有关资料,编制并对外提供的反映单位某一特定日期财务状况和某一会计期间经营成果、现金流量的书面文件,包括会计报表、会计报表附注和财务情况说明书。其中,会计报表是财务报告的重要组成部分,是对企业财务状况、经营成果和现金流量的结构性表述。如图1-1所示,财务报告至少应当包括以下组成部分:资产负债表、利润表、现金流量表、所有者权益变动表、会计报表附注、其他应当披露的相关信息和资料(如财务情况说明书等)。

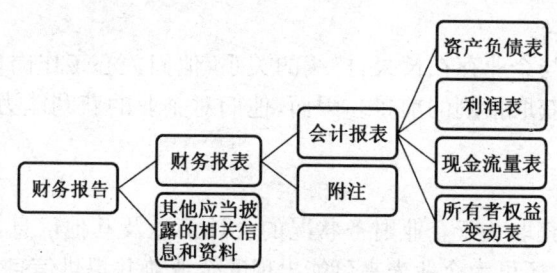

图1-1 对外报送财务报告

1. 资产负债表

资产负债表是反映企业在某一特定日期(年末、季末、月末)全部资产、负债和所有者权益情况的会计报表。资产负债表的资产项目显示了企业所拥有的各种经济资源及其分布;负债项目显示了企业所负担的债务的不同偿还期限,可据以了解企业面临的财务风险;所有者权益项目显示了企业投资者对本企业资产所持有的权益份额,可据以了解企业的财务实力。通过资产负债表,可以了解企业未来财务状况,预测企业的发展前景。

2. 利润表

利润表是反映企业在一定期间的经营成果及分配情况的会计报表。利润表反映企业利润总额的形成步骤,揭示利润总额各构成要素之间的内在联系,可以帮助报表使用者评价企业盈利状况和工作成绩,分析预测企业今后的盈利能力。

3. 现金流量表

现金流量表是反映会计期间内由经营活动、融资活动和投资活动所带来的现金流入及流出情况的会计报表。现金流量表可以提供公司的现金流量信息,从而对公司整体财务状况作出客观评价;能够说明公司一定期间内现金流入和流出的原因,全面说明公司的偿债能力和支付能力;能够分析公司未来获取现金的能力,并可预测公司未来财务状况的发展情况,提供不涉及现金的投资和筹资活动的信息。

4. 所有者权益变动表

所有者权益变动表是反映企业在一定期间由于各种原因导致股东权益各个项目的增减变化过程和结果,体现为资产负债表上所涉及股东权益账户的期初、期末状况的会计报表。所有者权益能够反映企业抵御财务风险的实力,为报表使用者提供企业盈利能力方面的信息;能够反映企业自有资本的质量,揭示所有者权益变动的原因,为正确评价企业的经营管理水平提供信息;能够反映企业的股利分配政策及现金支付能力,为投资者的投资决策提供全面信息。

5. 会计报表附注

会计报表附注是会计报表中不可缺少的一个组成部分,在四张会计报表后面紧接着的部分就是会计报表附注,它作为表外信息越来越被报表使用者关注,对报表使用者全面了解公司财务状况、经营成果和现金流量情况有非常重要的帮助。投资者在解读上市公司报表时,既要对单张会计报表进行解读分析,又要将多张会计报表结合起来解读分析,同时必须结合会计报表附注的内容来解读、分析和评价。

由于资产负债表、利润表、现金流量表会在本书以后章节进行单独介绍,因此,本节对附注进行相对详细的介绍。

1) 会计报表附注的作用

会计报表是按规定的内容进行编制的,具有一定的固定性和规定性,因此只能提供定量的会计信息,其所能反映的会计信息受到一定的限制,一些对企业有重要影响的项目不能在会计报表中列示。会计报表附注是为帮助财务报表使用者理解会计报表的内容而对会计报表的编制基础、编制依据、编制原则和编制方法及主要项目等所作的解释,因而有利于报表使用者对企业财务状况和经营成果的了解,其主要作用如下:

第一,提高报表内信息的可比性。

财务报表是依据会计准则编制而成的,会计准则对不同情况规定了不同的处理方法,并允许公司根据本行业特点及其所处的经济环境选择最恰当的能公允地反映财务状况和经营成果的会计原则、程序和方法。因此,可能会出现不同行业或同一行业各公司所提供的会计信息具有较大差异。另外,会计准则还规定公司应慎重选择其所采用的会计程序、方法与原则,不得随意变更,但这并不意味着这些程序、方法与原则在确定后就绝对不能变更。只要新的经济环境表明,采用另一种会计原则、程序和方法,更能恰当地反映公司的财务状况和经营成果,那么改变原来的会计方法或程序就是合理的。然而,改变会计方法或程序必然会影响会计信息的可比性。因此,在财务报表中通过注释的方式,说明公司所采用的会计方法及其变更对公司经营成果的影响,有助于提高财务报表的可比性。

第二,增进报表内信息的可理解性。

财务报表的使用者很多,由于不同的使用者所站的角度不同,其在运用财务报表时也各有侧重。因而,会计信息需求及侧重点会有所不同。财务报表本身很难满足所有财务报表使用者的需求。对财务报表中有关数据进行解释,将一个抽象的数据分解为若干个具体的项目,并说明各项目生成的会计方法,则有助于财务报表的使用者理解财务报表中的信息。

第三,突出财务报表信息的重要性。

财务报表中所披露的会计信息数量多、内容丰富,财务报表的使用者可能会抓不住重点,对重要信息的了解可能会不够全面详细。通过会计报表注释,可将财务报表中重要的数据进一步予以分解、说明,这样会有助于财务报表的使用者清楚哪些是应当引起注意的会计信息,对财务报表的使用者进行决策会有参考价值。

2) 会计报表附注重点项目分析

一般情况下,在对财务报表分析之前,应首先阅读和分析会计报表附注。在分析财务报表过程中,需要经常地结合会计报表附注分析,寻找辨别财务报表真实程度的调查分析重点。会计报表附注涉及的内容较多,对会计报表附注进行分析,可以从关注企业背景及主营业务、关注会计处理方法对企业利润的影响、分析子公司及关联方交易对利润总额的影响程度、分析会计报表重要项目的明细资料、关注企业其他重要项目的说明等方面入手。下面对以下内容进行重点分析:

第一,会计政策、会计估计变更和会计差错更正的分析。

企业所处的经营环境并不是一成不变的,经营环境的变化很可能导致企业会计核算中原有的某些会计政策不再符合现实的要求,原有的会计估计也不再适当时的情况,在这种情况下企业应当寻找一种能够更加有效地反映自身财务状况和经营成果的会计政策或者作出新的合理估计。比如,坏账损失中的账龄分析法,随着时间的推移,同一笔应收账款发生坏账的概率会增加,因此计提的坏账比例也应该相应地上升。

第二,关联方交易的分析。

分析关联方交易的目的。关联方交易广泛地存在于我国上市公司的生产经营中。关联方交易与会计报表粉饰实际上并不存在必然的联系,如果关联方交易确实以公允价格定价,则不会对交易双方产生异常影响。如果关联方交易采取协议定价

第一章　财务分析概论

的原则,定价的高低取决于公司的需要,则使得利润可以在公司之间转移。

第三,资产负债表日后事项的分析。

资产负债表日后事项是指自年度资产负债表日至财务报告的批准报出日之间发生的需要调整或者说明的事项,包括调整事项和非调整事项。

资产负债表日后事项分析的核心内容是判断资产负债表日后事项是调整事项还是非调整事项。因为,调整事项还是非调整事项在会计处理上是完全不同的。对于调整事项,必须进行相关的账务处理,并调整资产负债表和利润表的有关项目。而对于非调整事项,因其对报表使用者有重大影响,需要在会计报表附注中进行披露。

因此,信息使用者为了更好地理解会计报表,必须认真阅读会计报表附注,比如,企业重大事项、主要的收入与利润来源、经营中的问题,以及重大关联方交易事项等。会计报表附注为报表分析提供了绝佳线索,或对分析线索提供有力的说明。附注越详细充分,越有助于分析者对企业经营成果、财务状况和现金流量作出准确判断。

6. 财务情况说明书

财务情况说明书是财务报告的重要组成部分,是企业(公司)年度、半年度财务报告期内生产经营的基本情况、财务状况与经营成果的总结性书面文件。它为企业(公司)内部和外部了解、观察、衡量、考核、评价其报告期内的经营业绩和生产经营状况提供了重要依据。

(二) 内部报送信息

除了定期对企业外部公开报送的会计信息以外,会计系统还编制一些仅用于内部管理使用的会计信息,如企业成本计算数据和流程、期间费用的构成、企业预算、企业投融资决策信息以及企业内部业绩评价方法和结构等。这些信息作为企业的商业秘密一般并不公开披露,而且国家相关部门也不强制企业对外报送。这些信息对于财务分析有很大帮助,但是鉴于外部利益人不能公开取得,所以只能用于企业内部分析。

二、财务报表分析的非会计信息

除了财务报表揭示的会计信息外,财务报表分析还需借助其他信息。

(一) 审计报告

与会计报表和报表附注相关联的是来自独立审计师的审计报告。审计报告是注册会计师根据审计准则的规定,在实施审计工作的基础上对被审计单位报表陈述信息的公正、公允性发表意见,具有鉴证、保护和证明的作用。

1. 无保留意见审计报告

无保留意见审计报告是指注册会计师经过审计后,认为被审计单位的会计报表是按照使用的会计准则和相关会计制度编制的,在所有重大方面公允反映了被审计单位的财务状况、经营成果和现金流量的变动情况。此类审计报告不附加说明段、强调事项段或任何修饰性用语,也被称为标准审计报告。

在无保留意见审计报告中,还存在一种带强调事项段的无保留意见审计报告。审计报告的强调事项段是指注册会计师在审计意见段之后增加的对重大事项予以强调的段落,只为增加审计报告的信息含量,提高审计报告的有用性,不影响发表审计意见。

2. 保留意见审计报告

保留意见审计报告适用于被审计单位没有遵守国家发布的《企业会计准则》和相关会计制度的规定,或注册会计师的审计范围受到限制。只有当注册会计师认为会计报表就其整体而言是公允的,但还存在对会计报表产生重大影响的情形时,才能出具保留意见的审计报告。如果注册会计师认为所报告的情形对会计报表产生的影响极为严重,则应出具否定意见的审计报告或无法表示意见的审计报告。因此,保留意见的审计报告被视为注册会计师在不能出具无保留意见审计报告的情况下最不严厉的审计报告。

【例1-1】 四川金顶(600678)2010年年度报告中,由注册会计师出具了有保留意见的审计报告。报告指出四川金顶对合营企业峨眉协和水泥有限公司的应收账款和长期股权投资,共计6 060.87万元全额计提了资产减值准备,但无法取得峨眉协和水泥有限公司经审计的财务报表、应收账款询证回函等资料,也无法实施其他审计程序,以获取充分、适当的审计证据判断四川金顶公司计提上述资产减值准备的合理性。此外,四川金顶公司的湿法水泥生产线于2009年12月15日全面停产,对预收款项中部分余额1 343.06万元,无法实施函证及其他审计程序,以获取充分、适当的审计证据。注册会计师此时就通过审计报告中有保留意见的说明段,提醒投资者对这一情况需要格外注意。

3. 否定意见审计报告

只有当注册会计师确信会计报表存在重大错报和歪曲,以致会计报表不符合国家发布的《企业会计准则》和相关会计制度的规定,未能从整体上公允地反映被审计单位的财务状况、经营成果和现金流量时,注册会计师才出具否定意见的审计报告。注册会计师应当依据充分、适当的证据,进行恰当的职业判断,在确信会计报表不具有合法性与公允性时,才能出具否定意见的审计报告。据文献统计,注册会计师很少出具否定意见的审计报告。

4. 无法表示意见的审计报告

只有当审计范围受到限制可能产生的影响非常重大和广泛,不能获取充分、适当的审计证据,以至无法确定会计报表的合法性与公允性时,注册会计师才可出具无法表示意见的审计报告。无法表示意见不同于否定意见,它仅仅适用于注册会计师不能获取充分、适当的审计证据的情形。如果注册会计师发表否定意见，必须获得充分、适当的审计证据。无论是无法表示意见还是否定意见，都只有在非常严重的情形下采用。

【例1-2】 焦作鑫安公司2007年年度报告中，被审计机构出具了无法表示意见的审计报告。具体所涉及的事项为：2007年7月9日，焦作鑫安公司原董事长因涉嫌合同诈骗罪，经司法机关批准，被郑州市公安局逮捕并立案侦查。焦作鑫安公司因对外担保、逾期借款未偿还等而被法院查封、冻结了公司主要资产，包括银行存款、应收票据、房产、在建工程、土地使用权、设备、债权等；焦作鑫安公司未经公司董事会批准为关联企业河南信心药业有限公司担保2 000万元，但难以判断焦作鑫安公司或有事项及关联交易等披露是否完整、准确；焦作鑫安公司对外投资持股48%的联营企业——河南永媒投资有限公司被郑州市公安局"6·5"专案组查封。焦作鑫安公司已连续3个会计年度发生巨额亏损，主要财务指标显示其财务状况严重恶化，大量逾期债务无法偿还，且存在巨额对外担保；截至2008年1月22日，已全面停产两年半；焦作鑫安公司管理层对公司的持续经营能力无法作出评估。

审计报告要对企业的会计报表作出客观评价，根据不同的审计报告类型，可以在一定程度上看出会计报表是否真实反映了企业的财务状况、经营成果和现金流量等，即会计报表的可行性。但"审计失败"的案例也屡见不鲜，因此说通过审计报告来识别会计报表的可行性也只能是"在一定程度上"，而不能完全依靠审计报告。从国内外审计实践看，由于被审计单位管理当局存在共同舞弊的可能，即使注册会计师按照独立审计准则的要求执行审计业务，并尽到了应有的职业谨慎，出具的审计报告仍然可能是失实的。因此说审计报告是对会计报表的可行性提供合理保证而不是绝对保证。

会计信息使用者解读审计报告，应关注注册会计师对会计报表所出具的意见类型，而判断"审计报告"类型的关键是要注意审计报告中注册会计师特别说明的内容部分。无保留意见的审计报告表明报表的可靠性较高，保留意见、否定意见或者无法表示意见的审计报告提示报表使用者需要对企业进行仔细的价值评估。对于带说明段的无保留意见的审计报告同样需要报表使用者给予关注。在关注审计意见类型的同时，报表使用者还应当关注企业内部控制有效性报告与鉴定文件。另外，信息用户还需关注是谁对企业的会计报表出具的审计报告，会计师事务所的信誉度、执业人员水平等一些信息也可以在一定程度上影响了会计师事务所所出具的审计报告质量。

（二）公司董事会报告

公司董事会报告是上市公司定期披露报告中的重要组成内容之一，会计信息使用者比较关注这个部分，是因为这个部分可能包含一些会计报表中没有包含的财务与非财务信息。例如，公司的发展趋势，公司主要经营范围及经营成果，市场经营环境及宏观政策、法规的变化对公司流动性、资本、经营成果方面的影响,以及公司投资情况和募集资金使用情况等。

（三）国家有关经济政策和法律规范

这方面的信息主要包括产业政策、价格政策、信贷政策、分配政策、税务法规、财务法规、金融法规等。从企业的行业性质、组织形式等方面分析企业财务对政策法规的敏感程度,合理揭示经济政策调整及法律、法规变化对企业财务状况与经营业绩的影响。

（四）市场信息

市场信息包括消费品市场、生产资料市场、资本市场、劳动力市场、技术市场等,其中任何一部分都与企业财务及经营相关。例如,商品供求与价格会影响企业的销售数量与收入;劳动力供求与价格会影响企业的资本结构与资本成本,影响企业的人工费用,进而影响企业损益;技术市场的供求与价格则会影响无形资产规模、结构及相关的费用和收入。因此,在进行企业财务报表分析时,必须关注各种市场的供求与价格信息,以便能从市场环境的变化中揭示企业财务既定状况的成因及其变化趋势。

（五）公司治理信息

公司治理是指所有者对管理者的一种监督与制衡机制。在公司中,董事会是常设的权力机构,主要决定公司的经营计划、管理机构、聘任经理等;监事会是常设的监督机构,主要监督检查公司的财务状况和行使对董事会、总经理等高级管理人员的监督职能。因此,获取企业治理方面的信息是非常重要的,这将有助于报表使用者判断企业的前景状况,有助于判定历史信息预测未来的效力。

第四节　财务分析的内容

从报表使用者的角度出发,财务分析是由不同的使用者进行的,他们有各自不同的分析重点,但也有共同的要求。从企业的角度出发,尽管不同企业的经营状况、经营规模、经营特点不同,但作为运用价值形式进行的财务分析,仍具有共性的分析内容。归纳起来,财务分析的内容主要包括以下几个方面:会计报表解读、偿债能力分析、营运能力分析、盈利能力分析、发展能力分析以及综合财务能力分析等。

一、会计报表解读

企业披露的最主要的会计报表为资产负债表、利润表和现金流量表,涵盖六个会计要素和现金流量情况,所以会计报表质量分析就是对财务报表中的重要项目进行分析。其中,对资产负债表着重分析其财务状况的质量,即分析资金运用与资金来源的真实匹配度;资产、负债的流动性与结构比例;所有者权益的构成状况等。对利润表着重分析收入与费用的配比及其真实性。对现金流量表着重分析企业现金流量的合理性与持久性。本书通过对会计报表中重要项目的分析,帮助报表使用者正确地识别重要项目的质量状况。

二、偿债能力分析

企业的偿债能力是指借款人偿还债务的能力,可分为长期偿债能力和短期偿债能力。长期偿债能力指企业保证及时偿付1年或超过1年的一个营业周期以上到期债务的可靠程度。其指标有固定支出保障倍数、利息保障倍数、全部资本化比率和负债等。短期偿债能力指企业支付1年或者超过1年的一个营业周期内到期债务的能力。其财务指标有现金比率、营运资金、速动比率、流动比率等。

企业偿债能力,静态地讲,就是用企业资产清偿企业债务的能力;动态地讲,就是用企业资产和经营过程创造的收益偿还债务的能力。企业有无现金支付能力和偿债能力是企业能否健康发展的关键,企业偿债能力分析是企业财务分析的重要组成部分。

三、营运能力分析

企业的营运能力是指通过企业生产经营资金周转速度的有关指标所反映出来的企业资金利用的效率,它表明企业管理人员经营管理、运用资金的能力。企业生产经营资金周转的速度越快,表明企业资金利用的效果越好、效率越高,企业管理人员的经营能力越强。

体现企业营运能力的财务指标有存货周转率、应收账款周转率、营业周期、流动资产周转率和总资产周转率等。这些财务指标揭示了企业资金运营周转的情况,反映了企业对经济资源管理、运用的效率高低。企业资产周转越快,流动性越高,企业的偿债能力越强,资产获取利润的速度就越快。

对企业营运能力的分析有利于企业管理当局改善经营管理,有助于投资者进行投资决策,有助于债权人进行信贷决策。对政府及有关管理部门而言,对企业营运能力的分析有助于判明企业经营是否稳定,财务状况是否良好,进而有利于宏观管理、控制和监管;对业务关联企业而言,对企业营运能力的分析有助于判明企业是否有足量合格的商品供应或足够的支付能力,即判明企业的供销能力及其信用状况是否可靠,以确定可否与其建立长期稳定的业务合作关系或者所能给予的信用政策的松紧度。总之,营运能力分析能够用以评价一个企业的经营业绩、管理水平,乃至预期它的发展前途,关系重大。

四、盈利能力分析

企业的盈利能力分析是企业财务分析的重点,财务结构分析、偿债能力分析以及营运能力分析等,其根本目的是通过分析及时发现问题,改善企业财务结构,提高企业偿债能力、经营能力,最终提高企业的盈利能力,促进企业持续稳定的发展。盈利能力通常是指企业在一定时期内赚取利润的能力。利润是企业内外有关各方都关心的中心问题、利润是投资者取得投资收益、债权人收取本息的资金来源,是经营者经营业绩和管理效能的集中表现,也是职工集体福利设施不断完善的重要保障。因此,企业盈利能力分析十分重要。

反映公司盈利能力的财务指标很多,通常使用的主要有销售净利率、销售毛利率、资产净利率、净资产收益率等。利用盈利能力的有关指标分析,能够反映和衡量企业经营业绩,发现经营管理中存在的问题,进而采取措施解决问题,提高企业收益水平。

五、发展能力分析

企业的发展能力又称为企业的成长性,是企业通过自身的生产经营活动,不断扩大积累而形成的发展潜能。企业能否健康发展取决于多种因素,包括外部经营环境、企业内在素质及资源条件等。增长能力分析常用的指标有利润增长率、销售增长率、现金增长率、净资产增长率和股利增长率等。

进行企业发展能力分析时应注意以下问题:

(1) 要判断企业在销售方面是否具有良好的成长性,必须分析销售增长是否具有效益性,一个企业的销售增长率应高于其资产增长率,才能说明企业在销售方面具有良好的成长性。

(2) 要全面、正确分析和判断一个企业营业收入的增长趋势和水平,必须将企业不同时期的销售增长率加以比较和分析。

六、综合财务能力分析

综合财务能力分析又称为全面的财务分析,是对公司一定期间资金运营及相应财务活动的方方面面所进行的全方位、全过程的系统分析。这种分析通常用于对公司年度财务报告的分析上,利用年度财务报告所披露的公司各方面信息,综合分析投融资决策与资产资本运营行为,考察公司资金运用绩效及运用过程中所存在的问题。

通过对企业的综合能力分析,可以从总体上评价企业的资金实力,分析各项财务活动的相互联系和协调情况,揭示企业财务活动方面的优势和薄弱环节,找出改进财务管理工作的主要矛盾。

第五节 财务分析的程序和方法

一、财务报表分析基本程序

财务报表分析基本程序是进行财务报表分析的基础，为开展财务报表分析工作提供了具体的规定和步骤。一般认为，财务报表分析由以下五个阶段构成。

（一）明确分析目标

明确分析目标是财务报表分析的前提。财务分析的内容包括偿债能力分析、营运能力分析、发展能力分析、盈利能力分析等。财务报表的分析目标决定了对所需资料的采集以及分析方法的选择。

公司的债权人关注公司的偿债能力，通过流动性分析，可以了解公司清偿短期债务的能力；投资人更加关注公司的发展趋势，更侧重公司盈利能力及资本结构的分析；而公司经营者对公司经营活动的各个方面都必须了解。此外，作为经营者还必须了解本行业其他竞争者的经营情况，以便今后更好地为本公司销售产品定价。因此，不同的会计信息用户应根据自己的信息需求，对会计分析目标应尽可能地细化、明确、清晰，以便保障分析质量。

（二）收集、整理和核实所需要的相关资料数据

收集、整理和核实所需要的相关资料数据是保障分析质量和分析工作顺利进行的基础性程序。一般来说，在分析的技术性工作开始之前应确保资料的完全，切忌资料不完全就着手技术性的分析。整理资料是根据分析的目的和分析人员的分工，将资料进行分类、分组，并做好登记和保管工作，以便使用和提高效率。

财务报表的分析目标决定了所需财务数据资料。一旦确定了分析内容，需尽快着手搜集有关经济资料。一般而言，除需要企业财务报表以外，还需要收集国民经济宏观运行信息、行业发展信息、竞争对手或同行业的信息，以及企业其他信息等财务与非财务信息资料。

（三）分析财务报表

在收集到充分的财务资料之后，即可运用特定分析方法来比较分析，以寻找公司经营中存在的问题，并分析问题产生的原因。财务分析的最终目的是进行财务决策，因而，只有分析问题产生的原因并及时将信息反馈给有关部门，才能作出有效决策或帮助有关部门进行有效决策。

首先，进行战略分析，即研究企业经营业务所处的行业，关注现在和将来行业大环境与经济发展的联系，或者针对企业的竞争对手制定战略层面的策略时所需要进行的分析和规划，在此基础上深入了解企业相关知识与管理质量，对企业运营的整体

环境作出评估。

其次,运用专门的分析技术与方法对企业财务报表数据进行分析,加工会计信息,即判断企业的财务数据是否真实、完整地反映了财务状况、经营成果和现金流量等情况。

(四)财务报表分析综合评价

总结财务报表的分析结果,给出与设定目标相关的结论,即根据财务报表分析加工出的会计信息,结合对企业整体环境的评估信息,提炼出会计信息用户所需的相关信息,并对相关决策作出正确的判断。在这个阶段,企业不但要对现有的经营情况加以分析,还要对企业未来的发展趋势加以预测和评价。

(五)编写分析报告

财务分析报告是反映企业财务状况和财务成果意见的报告性书面文件。分析报告要对分析目的作出明确回答,评价要客观、全面、准确。对分析的主要内容,选用的分析方法,采用的分析步骤也要作简明扼要的叙述,以备审阅分析报告的人了解整个分析过程。此外,分析报告中还应当包括分析人员针对分析过程中发现的矛盾和问题,提出的改进措施或建议。如果能对今后的发展提出预测性意见则具有更大的作用。

二、财务分析的方法

财务分析的方法有很多种,主要包括比较分析法、比率分析法、因素分析法。

(一)比较分析法

比较分析法是财务报表分析的基本方法之一,是通过某项财务指标与性质相同的指标评价标准进行对比,揭示企业财务状况、经营情况和现金流量情况的一种分析方法。比较分析法是最基本的分析方法,在财务报表分析中应用很广。

1. 比较分析法的分类

可以按比较对象的不同,将比较分析法分为三种形式:

(1)绝对数比较分析。通过编制比较财务报表,将各期相同指标数据并排列示,直接观察每一项目的增减变化情况。

(2)绝对数增减变动分析。在比较财务报表绝对数的基础上增加绝对数"增减金额"一栏,计算比较对象各项目之间的增减变动差额。

(3)百分比增减变动分析。在计算增减变动额的同时计算变动百分比,并列示于比较财务报表中,以消除项目绝对规模因素的影响,使报表使用者一目了然。

2. 比较分析法的比较标准

比较分析法的比较标准主要有以下三种形式:

(1)实际指标同计划指标比较。可以解释计划与实际之间的差异,了解该项指标的计划或定额的完成情况。

(2) 本期指标与上期指标比较。可以确定前后不同时期有关指标的变动情况,了解企业的生产经营活动的发展趋势和管理工作的改进情况。

(3) 本企业指标同国内外先进企业指标比较。可以找出与先进企业之间的差距,推动本企业改善经营管理。

3. 比较分析法的比较方法

比较分析法有两种具体方法:趋势分析法和结构分析法。

1) 趋势分析法

趋势分析法又称水平分析法,是将两期或连续数期财务报告中的相同指标进行对比,确定其增减变动的方向、数额和幅度,以说明企业财务状况和经营成果的变动趋势的一种方法。趋势分析法的具体运用主要有以下三种方式:

(1) 重要财务指标的比较。将不同时期财务报告中的相同指标或比率进行比较,直接观察其增减变动情况及变动幅度,考察其发展趋势,预测其发展前景。对不同时期财务指标的比较,可以通过定基动态比率和环比动态比率进行分析。

(2) 会计报表的比较。将连续数期的会计报表的金额并列起来,比较其相同指标的增减变动金额和幅度,据以判断企业财务状况和经营成果发展变化的一种方法。

(3) 会计报表项目构成的比较。在会计报表比较的基础上发展而来,以会计报表中的某个总体指标作为100%,再计算出其各组成项目占该总体指标的百分比,从而来比较各个项目百分比的增减变动,以此来判断有关财务活动的变化趋势。

2) 结构分析法

结构分析法是在统计分组的基础上,计算各组成部分所占比重,进而分析某一总体现象的内部结构特征、总体的性质、总体内部结构依时间推移而表现出的变化规律性的统计方法。结构分析法的基本表现形式就是计算结构指标。其计算公式为:

$$结构指标(\%) = 总体中某一部分 \div 总体总量 \times 100\%$$

结构指标就是总体各个部分占总体的比重,因此总体中各个部分的结构相对数之和等于100%。通过结构分析可以认识总体构成的特征,还可以揭示总体各个组成部分的变动趋势,研究总体结构变化过程,揭示现象总体由量变逐渐转化为质变的规律性。

4. 比较分析法的评价标准

在进行比较分析时,常用的指标评价标准有四类:

(1) 反映各类企业不同时期内都普遍适用的公认指标评价标准。例如,2:1的流动比率和1:1的速动比率是典型的公认标准,利用这些标准能揭示企业短期偿债能力及财务风险的一般状况。

(2) 反映某行业水平的行业指标评价标准,通过行业标准指标比较,有利于揭示本企业在同行业中所处的地位及存在的差距。

(3) 反映本企业目标水平的目标指标评价标准。

(4) 反映本企业历史水平的历史指标评价标准,在财务分析中,可以运用历史标准,将期末与期初对比,本期与历史同期对比,以及本期与历史最好水平对比,揭示企业财务状况、经营成果和现金流量的变化趋势及存在的差距。

使用比较分析法时,可根据分析的目的选择其中一种或多种比较标准进行分析,并应注意相互比较的指标之间的可比性。相互比较的指标必须在指标内容与计算的基础、范围、方法、时间跨度等方面保持一致。使用比较分析法分析问题时,要将绝对数指标与相对数指标相结合、相互补充来说明问题。比如,对企业的盈利情况进行分析时,要将利润额这类绝对数指标与利润率这类相对数指标相结合去说明企业的盈利情况。

(二) 比率分析法

比率分析法是将影响财务状况的两个相关因素联系起来,通过计算比率,反映它们之间的关系,借以揭示并评价企业财务状况和经营成果的一种财务分析方法。根据分析的目的和要求的不同,比率分析主要有以下三种。

1. 构成比率

构成比率又称结构比率,是指将某项经济指标的组成部分与该经济指标的总体进行对比,计算出组成部分占总体的比重而形成的比率,反映部分与总体的关系。它反映某项经济指标的构成情况,揭示经济指标的结构规律。比如,将各项资产数额分别与资产总额相比较,可计算各项资产占总资产的比重,它反映了企业的资产结构,为进一步分析企业资产结构的合理性、优化企业的资产结构提供依据。其计算公式为:

$$构成比率 = 某个组成部分数额 \div 总体数额$$

利用构成比率,可以考察总体中某个部分的形成和安排是否合理,以便协调各项财务活动。

2. 效率比率

效率比率是某项经济活动中所费与所得的比率,反映投入与产出的关系。一般而言,涉及利润的有关比率指标基本上均为效率比率,如营业利润率、成本费用利润率等。要明确这里的效率不是衡量速度的快慢,而是评价投入与产出之间的关系。

利用效率比率指标,可以进行得失比较,考察经营成果,评价经济效益。

3. 相关比率

相关比率是根据经济指标之间存在相互依存、相互联系的关系,将两个性质不同但又彼此相关的指标加以对比而计算出的比率。它有利于研究经济活动的客观联

第一章 财务分析概论

系,认识经济活动的规律性。比如,根据投入与产出之间的依存关系,将利润总额与成本费用总额相比较计算出成本费用利润率,用它揭示企业的盈利能力。

比率分析法的优点是计算简便,计算结果容易判断,而且可以使某些指标在不同规模的企业之间进行比较,甚至也能在一定程度上超越行业间的差别进行比较。但采用这一方法时对比率指标的使用该注意以下几点:

(1) 对比项的自相关性。计算比率的子项和母项必须具有相关性,把不相关的项目进行对比是没有意义的。

(2) 对比口径的一致性。计算比率的子项和母项必须在计算时间、范围等方面保持口径一致。

(3) 衡量标准的科学性。运用比率分析,需要选用一定的标准与之对比,以便对企业的财务状况作出评价。通常而言,科学合理的对比标准有预定目标、历史标准、行业标准和公认标准。

(三) 因素分析法

因素分析法是依据分析指标与其影响因素之间的关系,按照一定的程序和方法,确定各因素对分析指标差异影响程度的一种技术方法。这种方法的基本思路是,当有若干因素对分析指标产生影响时,在假设其他因素不变的情况下,顺序确定每个因素单独变化对分析指标产生的影响。因素分析法根据其分析特点可分为连环替代法和差额计算法两种。其中,连环替代法为基本方法,差额分析法为简化方法。

1. 连环替代法

连环替代法是根据因素之间的内在依存关系,依次测定各因素变动对经济指标差异影响的一种分析方法。连环替代法的主要作用在于分析计算综合经济指标变动的原因及其各因素的影响程度。

【例 1-3】 某企业 20×9 年 3 月某种材料费用的实际数是 6 720 元,而其计划数是 5 400 元。实际比计划增加 1 320 元。由于材料费用由产品产量、材料单耗(单位产品材料耗用量)和材料单价三个因素的乘积构成。因此,可以把材料费用这一总指标分解为三个因素,然后逐个分析它们对材料费用总额的影响程度。现假设这三个因素的数值如表 1-1 所示。

表 1-1　三个因素的数值情况表

项　目	单　位	计划数	实际数	差异
产品产量	件	120	140	20
材料单耗	千克/件	9	8	−1
材料单价	元/千克	5	6	1
材料费用	元	5 400	6 720	1 320

19

根据表中资料,材料费用总额实际数较计划数增加 1 320 元,这是分析对象。运用连环替代法,可以计算各因素变动对材料费用总额的影响程度,具体如下:

计划指标:$120 \times 9 \times 5 = 5\,400$(元)　　　　　　　　　①

第一次替代:$140 \times 9 \times 5 = 6\,300$(元)　　　　　　　　②

第二次替代:$140 \times 8 \times 5 = 5\,600$(元)　　　　　　　　③

第三次替代:$140 \times 8 \times 6 = 6\,720$(元)(实际指标)　　④

因素分析:

②式 — ①式 = $6\,300 - 5\,400 = 900$(元)　　产量增加的影响

③式 — ②式 = $5\,600 - 6\,300 = -700$(元)　　材料节约的影响

④式 — ③式 = $6\,720 - 5\,600 = 1\,120$(元)　　价格提高的影响

$900 - 700 + 1\,120 = 1\,320$(元)　　　　全部因素的影响

2. 差额分析法

差额分析法就是直接利用各因素的预算(计划)与实际的差异来按顺序计算,确定其变动对分析对象的影响程度。它是从连环替代法简化而成的一种分析方法的特殊形式,是利用各个因素的比较值与基准值之间的差额,来计算各因素对分析指标的影响。它通过分析财务报表中有关科目的绝对数值的大小,判断发行公司的财务状况和经营成果。

【例 1-4】　仍沿用[例 1-3]的数据,采用差额分析法计算确定各因素变动对材料费用的影响。

由于产量增加对材料费用的影响 = $(140 - 120) \times 9 \times 5 = 900$(元)

由于材料消耗节约对材料费用的影响 = $140 \times (8 - 9) \times 5 = -700$(元)

由于价格提高对材料费用的影响 = $140 \times 8 \times (6 - 5) = 1\,120$(元)

全部因素的影响 = $900 - 700 + 1\,120 = 1\,320$(元)

因素分析法的优点是既可以全面分析各要素对经济指标的影响,又可以单独分析某因素对经济指标的影响,在财务分析中应用颇为广泛。但在采用因素分析法时应注意以下问题:

(1) 注意因素分解的关联性。经济指标的构成因素,必须客观上与经济指标存在因果关系,能够反映该指标差异的内在原因,否则就失去了分析的意义。

(2) 因素替代的顺序性。替代各因素时,必须按照各个因素的依存关系,按一定顺序依次替代,不可随意颠倒,否则会得出不同的计算结果。

(3) 顺序替代的连环性。因素分析法在计算每一个因素的变动影响时,都是在前一次计算的基础上进行的,并采用连环比较的方法确定因素变化影响结果。

（4）计算结果的假定性。连环替代法计算的各因素变动的影响数，会因替代计算的顺序不同而有差别，即其计算结果只是在某种假定前提下的结果，为此，财务分析人员在具体运用此方法时，应注意力求使这种假定是合乎逻辑的假定，是具有实际经济意义的假定，这样，计算结果的假定性，就不会妨碍分析的有效性。

本章小结

本章从总体上介绍了财务报表分析的产生与发展、概念、意义、信息来源及方法。

财务报表的使用者很多，不同的使用者进行财务报表分析的目的也各有侧重。

财务分析的信息来源主要来自企业的会计信息和非会计信息。恰当获取并正确地读取企业的各种信息是财务报表分析的基本前提。

财务报表分析主要包括财务报表的各项目质量分析、短期偿债能力分析、长期偿债能力分析、营运能力分析、盈利能力分析、发展能力分析等。

财务报表分析是以财务报表为主要依据，采用科学的评价标准和适当的分析方法，遵循规范的分析程序，通过对企业的财务状况、经营成果和现金流量等重要指标的比较分析，从而对企业的经营情况及其绩效作出判断、评价和预测。

财务分析使用的主要方法是比较分析法、比率分析法和因素分析法。

复习思考题

1. 什么是财务报表分析？
2. 财务报表分析的目的是什么？
3. 试述财务报表分析的内容。
4. 不同的审计意见对财务报表分析有什么影响？
5. 试述财务报表分析的基本方法及各方法应注意的问题。
6. 简述财务报表分析的基本步骤。

第二章 资产负债表解读

学习目标

1. 了解企业资产负债表的概念、作用和格式
2. 理解并掌握资产负债表重要项目的内容及其质量分析
3. 重点掌握并能运用资产负债表趋势分析
4. 重点掌握并能运用资产负债表结构分析

关于资产负债表,有两个有趣的历史逸闻。美国著名会计学家张伯伦(Chamberlain,1974)曾经评价"世界上第一个亿万富翁"洛克菲勒在19世纪50年代开始经商的时候"精通于查看资产负债表,这给美国克利夫兰的商人们留下了深刻的印象"。而作为反例,曾经有过百年辉煌历史的前英国老牌银行帝国巴林银行的董事长彼得·巴林则认为资产负债表没有什么用。他曾经在1994年3月有过这么一段不屑的断言:"若以为揭露更多资产负债表的数据,就能增加对一个集团的了解,那真是幼稚无知。"但随后不久,巴林银行就因为内部控制不力,而且资产负债表对于衍生金融工具风险方面的信息没有得到应有的揭示而倒闭了。

第一节 资产负债表概述

一、资产负债表的含义

资产负债表又称财务状况表,是表示企业在某一特定日期(通常为各会计期末)财务状况(资产、负债和所有者权益)的主要会计报表。

资产负债表利用"资产=负债+所有者权益"这一会计基本等式,将合乎会计原则的资产、负债、所有者权益项目分为"资产"及"负债和所有者权益"两大区块,在经

过分录、转账、分类账、试算、调整等会计程序后，以特定日期的静态企业情况为基准，编制成一张报表。

二、资产负债表的作用

资产负债表是企业对外提供的一张基本报表，是报表使用者借以了解企业情况、作出相应决策的重要工具，资产负债表的作用主要体现在以下三个方面：

第一，提供企业拥有或控制的经济资源及其分布情况的信息。

资产负债表主要提供有关企业财务状况方面的信息。通过资产负债表，可以提供某一日期资产的总额及其结构，表明企业拥有或控制的资源及其分布情况，即有多少资源是流动资产、有多少资源是长期投资、有多少资源是固定资产等。这样，会计报表使用者就可以一目了然地从资产负债表上了解到企业在某一特定时日所拥有的资产总量及其结构。

第二，反映企业资金来源和构成情况的信息。

资产负债表的资产方反映了企业资金的占用情况，资金的来源主要包括以下两个方面：一是债权人提供；二是所有者投资及其积累。在资产负债表的右方提供了某一日期的负债总额及其结构，表明企业未来需要用多少资产或劳务清偿债务以及清偿时间，同时反映了所有者拥有的权益，据以判断资本保值、增值的情况以及对负债的保障程度。

第三，通过对资产负债表的对比和分析，可以了解企业的财务实力、偿债能力和支付能力，也可以预测企业未来的盈利能力和财务状况的变动趋势。

通过了解企业资产项目的构成，可以分析企业资产的流动性和财务弹性，进而判断企业的偿债能力和支付能力。通过对企业资产结构和权益结构（或称资本结构）的分析，可以了解企业筹集资金和使用资金的能力，即企业的财务实力。另外，资产是未来收益的源泉，也会在将来转化为费用，因而，通过了解企业资产项目的构成，还可以对企业未来的盈利能力作出初步判断。

虽然，资产负债表有助于解释，评价和预测企业的长期、短期偿债能力和经营绩效，然而此表本身并不直接披露这些信息，需要使用者经过分析而得到。要理解资产负债表的含义并作出正确的评价，不能仅仅局限于资产负债表信息本身，还要借助于其他相关信息。

三、资产负债表的格式

资产负债表一般有两种格式，即报告式和账户式。

（一）报告式

报告式资产负债表又称垂直式资产负债表。在报告式下，所有的资产项目按一定的顺序列示在报表的上面,负债和所有者权益列示在下面。在排列形式上,报告式资产负债表是按"资产=负债+所有者权益"的原理排列的。其格式见表2-1。

表2-1 资产负债表(报告式)

编制单位:××××　　　　××××年××月××日　　　　单位:元

项　　目	金　　额
资产＝负债＋所有者权益	
资产:	
流动资产	×××
非流动资产	×××
资产合计	×××
负债:	
流动负债	×××
长期负债	×××
负债合计	×××
加:所有者权益	
实收资本	×××
资本公积	×××
盈余公积	×××
未分配利润	×××
所有者权益合计	×××
权益总计	×××

报告式资产负债表的优点是:便于编制比较资产负债表,即在一张表中,除列出本期的项目金额之外,还可平行列示相邻的若干期资产负债表项目金额,也可留有较多空间易于用旁注方式,注明某些特殊项目。

报告式资产负债表的缺点是:资产与负债及所有者权益的平衡关系不如账户式资产负债表那样一目了然。

(二) 账户式

根据我国《企业会计制度》的规定,企业的资产负债表采用账户式结构,它由表头和基本内容两部分构成。

1. 表头

表头部分包括报表名称、编制单位、报表编号、编报日期和货币计量单位等内容。

2. 基本内容

基本内容是资产负债表的核心所在,它按照"T"形账户的形式设计,所依据的是

"资产=负债+所有者权益"的会计恒等式,左边为资产,右边为负债和所有者权益。资产负债表左边项目金额总计与右边项目金额总计应相等,始终保持平衡。其格式见表 2-2。

表 2-2　资产负债表(账户式)

编制单位:××××　　　　　××××年××月××日　　　　　单位:元

资产	期末余额	年初余额	负债和所有者权益(或股东权益)	期末余额	年初余额
流动资产:			流动负债:		
货币资金	×××	×××	短期借款	×××	×××
交易性金融资产	×××	×××	应付票据	×××	×××
应收票据	×××	×××	应付账款	×××	×××
应收账款	×××	×××	预收款项	×××	×××
预付款项	×××	×××	应付职工薪酬	×××	×××
其他应收款	×××	×××	应交税费	×××	×××
存货	×××	×××	预计负债	×××	×××
其他流动资产	×××	×××	其他应付款	×××	×××
流动资产合计	×××	×××	其他流动负债	×××	×××
非流动资产:			流动负债合计	×××	×××
可供出售金融资产	×××	×××	非流动负债:		
持有至到期投资	×××	×××	长期借款	×××	×××
长期股权投资	×××	×××	应付债券	×××	×××
投资性房地产	×××	×××	其他非流动负债	×××	×××
固定资产	×××	×××	非流动负债合计	×××	×××
在建工程	×××	×××	负债合计	×××	×××
无形资产	×××	×××	所有者权益(或股东权益):		
开发支出	×××	×××	股本	×××	×××
长期待摊费用	×××	×××	资本公积	×××	×××
递延所得税资产	×××	×××	盈余公积	×××	×××
其他非流动资产	×××	×××	未分配利润	×××	×××
非流动资产合计	×××	×××	所有者权益(或股东权益)合计	×××	×××
资产总计	×××	×××	负债和所有者权益(或股东权益)总计	×××	×××

　　账户式资产负债表的优点是:资产与负债及所有者权益的平衡关系非常明晰,既清晰地反映了企业资产的构成和来源,又可以充分反映其转化为现金的能力,以及企业的偿债能力和财务弹性,并明确划分不同投资者的权益界限,适应了不同报表使用

者对各种信息的需求。

其缺点是:不便于编制比较资产负债表。

第二节 重要资产项目的内容及分析

在资产负债表中,左边列示的项目为资产。资产是指过去的交易或事项形成并由企业拥有或者控制的资源,该资源预期会给企业带来经济利益。企业的资产按其流动性不同,分为流动资产和非流动资产。因此,在下面的内容中,我们主要从流动资产和非流动资产这两部分对一些重要资产项目进行分析。

一、流动资产项目的内容及分析

流动资产一般是指企业可以或准备在1年内或者超过1年的一个营业周期内转化为货币或被销售或被耗用的资产。在我国的资产负债表上,各流动资产变现能力的强弱依次为货币资金、交易性金融资产、应收票据、应收账款、预付款项、其他应收款、存货、一年内到期的非流动资产和其他流动资产等。

(一) 货币资金

货币资金是以货币形态表现的资金,包括"库存现金"、"银行存款"和"其他货币资金"三个总账账户的期末余额,具有专门用途的货币资金不包括在内。其中,其他货币资金包括外埠存款、银行汇票存款、银行本票存款、信用证保证金存款、信用卡存款、存出投资款等。

货币资金是企业中最活跃的资金,流动性强,是企业的重要支付手段和流通手段,因而是流动资产的审查重点。对公司货币资金质量的分析主要应从以下几个方面进行:

(1) 为维持公司经营活动的正常运转,分析公司日常货币资金规模是否适当。过低的货币资金保有量将严重影响公司的正常经营活动,制约公司发展并进而影响公司的商业信誉;而过高的货币资金保有量则在浪费投资机会的同时,还会增加公司的筹资成本。因此,在考察企业的货币资金质量时要结合以下因素来确定货币资金规模:

第一,企业的资产规模、业务收支规模。

第二,企业所在的行业的特点。

第三,企业对货币资金的运用能力。

(2) 分析公司在货币资金收支过程的内部控制制度的完善程度以及实际执行质量。公司货币资金收支过程中的内部控制制度,涉及公司货币资金收支的全过程,因此内部控制直接关系到公司的货币资金运用质量。

（3）分析公司货币资金构成质量。在公司的经济业务涉及多个币种条件下，由于不同货币币值有不同的未来走向，因此，对公司持有的各种货币进行汇率趋势分析，就可以确定公司持有的货币资金的未来质量。另外，货币资金的构成，如日常库存现金、银行存款、大量变现能力强的票据等的构成比例、数额等，都对货币资金的质量有较重要的影响。

【例2-1】 以中捷股份为例，根据中国证监会的调查结果显示，中捷股份实际控制人蔡开坚指使他人采用各种欺骗手段，多次将中捷股份资金转出，由大股东中捷集团使用。同时，为隐藏中捷集团占用资金的事实，达到账目相符，中捷股份在2006年中报、2006年年报、2007年中报中分别虚增银行存款7 400万元、15 117.65万元、29 810.94万元。

（二）交易性金融资产

交易性金融资产核算企业为交易目的所持有的债券投资、股票投资、基金投资等交易性金融资产的公允价值。企业持有的直接指定为以公允价值计量且其变动计入当期损益的金融资产也在本账户核算。分析交易性金融资产质量主要从以下方面考虑：

（1）关注交易性金融资产的划分是否合理。企业会计准则未界定交易性金融资产的持有时间，即只要符合为赚取差价为目的的投资，就可以作为交易性金融资产核算。因此，某些企业将可供出售金融资产、持有至到期投资等划分为交易性金融资产来改善其流动比率、调整本期利润。

（2）关注交易性金融资产的规模是否适度。如果企业在交易性金融资产上的投资过大，必然影响企业的正常生产经营，甚至不免"挂账"之嫌。

（3）在考虑该项资产报表数值的同时，还应该关注其在资本市场上可变现价值的变动情况。当资本市场在一段时期出现较大波动时，势必会导致相应金融资产公允价值的大幅度波动，使报表中的期末数据与未来实际可变现价值之间可能存在着差距。

【例2-2】 2008年2月28日，上柴股份发布2008年业绩报告。公司全年实现营业收入35.44亿元，同比增长2.54%；实现净利润2 728.47万元，同比增长53.11%。而其中，公司的投资收益高达9 000多万元。同时，在2008年"跌跌"不休的A股市场中，公司通过处理交易性资产获得了708.56万元的收益。而在2007年的大牛市中，公司在交易性金融资产一项的收益为140.34万元。

（三）应收票据

应收票据是指企业因销售商品、提供劳务而收到的商业汇票，包括商业承兑汇票和银行承兑汇票。就质量而言，由于应收票据具有可回收性强的特点，因而通常认为其质量较高；同时从风险角度看，持有银行承兑汇票的质量高于持有商业承兑汇票的质量。

对应收票据的分析,除了关注票据的种类、期限以外,还应该关注以下因素:

(1) 关注那些虽然尚未到期但已经被企业贴现的商业承兑汇票的金额。应收票据的贴现,实质上是企业融通资金的一种形式。当票据到期,但付款人无力支付时,银行将有权向票据贴现企业追索已贴现的票据款。对贴现企业而言,这将意味着货币资金向应收账款的转换,意味着该项资产质量的下降。

(2) 关注企业是否将部分应收账款转化为应收票据,而少提坏账准备。在接近会计期末时,企业可能让债务企业给自己开具商业承兑汇票,从而将应收账款转化为应收票据,从而按固定比例计提的坏账准备也随之减少,最终达到费用减少、利润增加的目的。

【例2-3】 2004年至2009年期间,海信电器的应收票据期末余额由2004年的4.17亿元上升到2009的36.19亿元,增长767.87%。该公司的应收票据无论是绝对值、相对值还是增长率,都对公司的会计报表产生重大影响。然而,该公司在年报中对应收票据的披露相对简单。

(四) 应收账款

应收账款是企业因销售商品、产品或提供劳务等,应向购货单位或接受劳务单位收取的款项。加强企业应收账款管理,不仅可以加强资金的回笼,提高资金利用率,降低企业经营风险,而且还关系到企业的长远发展。这就要求加强对应收账款的管理,加速它的周转,使企业在市场竞争中能更好地发挥应收账款的商业信用作用。应收账款质量分析主要从以下几方面考虑:

(1) 账龄分析。由于账龄的长短与发生坏账可能性的大小成正比,因此,通过对账龄的分析可以判断应收账款的质量高低。同时,通过账龄也可以了解到客户的信用状况,为以后的信用政策制定和修改提供依据。

(2) 对债务人的构成进行分析。

第一,债务人的区域构成。经济发展水平较高、法制建设条件比较好的地区,债务人具有较好的债务偿还心态和偿还能力,债券可收回性强。

第二,债权人与债务人的关联关系。债权人对非关联方债务人的债务求偿的主动性较强,回款的可能性大;由于关联方彼此之间在债权债务方面可能存在人为的操纵,债权人对关联方债务偿还状况应予以足够的重视。

第三,债务人的稳定程度。具有稳定往来关系的债务人的偿债能力一般较好把握,而临时性或不稳定的债务人的偿债能力一般较难把握。

(3) 坏账准备分析。在分析应收账款质量时要特别关注企业坏账准备计提的合理性,尤其是注意比较企业前后会计期间坏账准备的计提方法是否改变。

(五) 预付款项

预付款项是企业按照合同规定预付的款项,包括预付给供货单位的购货款及企业进行在建工程预付的工程价款等。资产负债表中的预付款项主要通过"预付账款"等账户核算。对预付账款的分析主要关注以下方面:

(1) 预付账款的规模是否合适。一般预付账款不构成流动资产的主体部分,若企业预付账款较高,则可能是企业向有关单位提供贷款的信号。

(2) 预付账款的账龄问题。通常预付账款的账龄在1年以内,实务中的预付账款一般在3个月以内,超过1年的预付账款可能存在异常,这种情况的发生往往预示着公司的资金以预付的名义被占用转移,企业资产面临减损的风险。

(六) 其他应收款

其他应收款是指企业除应收账款、预付账款和应收票据以外的应收、暂付有关单位和个人的各种款项,包括企业内部有关部门、单位占用的备用金,应收的各种赔款、罚款等。对其他应收款的质量分析主要关注以下方面:

(1) 关注其他应收款的数额和账龄。如果其数额过高,时间过长,则属于不正常现象,容易产生一些不明原因的占用。为此,要借助会计报表附注仔细分析其具体构成项目的内容和发生时间,特别是其中金额较大、时间较长、来自关联方的其他应收款项。

(2) 关注其他应收款的形成原因。如果该项资产大量长期存在,可能是由于与关联方交易形成的。

【例2-4】 由于公司股权转让款被成功集团转走,酒鬼酒(000799)2005年半年报披露的其他应收款由原来的1.1亿元变更为5.3亿元。高额款项被占用直接影响到了公司2005年度的经营业绩和资产状况。

(七) 存货

存货是指企业在日常活动中持有以备出售的产成品或商品、处在生产过程中的在产品、在生产过程或提供劳务过程中耗用的材料、物料等。存货是资产中非常重要的一项内容,分析存货质量应着重从以下几方面着手:

(1) 存货的规模及增减变动。存货的规模必须与企业的经营活动保持平衡。存货规模过小,会影响生产,导致企业坐失销售良机;存货规模过大,又会占用企业的资金,增加仓储成本等,因此,在分析时可以参考同行业的存货水平。另外,在一般情况下,企业的存货结构应保持相对稳定性。分析时,应特别注意对变动较大的项目进行重点分析。

(2) 存货的具体项目构成。由于资产负债表上的"存货"项目是一个集合数据,但这些具体项目又分别具有不同的用途和特性,因此,需要结合报表附注中披露的存货品种结构和余额具体分析存货项目的构成,结合市场销售情况以及公司主营业务,关注不同品种的产品的盈利能力、技术状态、市场发展前景以及产品的抗变能力等。

(3) 存货的计价方法。按照新企业所得税法的规定,企业使用或者销售的存货成本计价方法,可以在先进先出法、加权平均法、个别计价法中选用一种。

第一，存货的计价方法对企业损益的影响。不同的存货计价方法会直接影响期末存货价值的确定和销售成本的计算，进而对企业的利润产生重要影响。一般来说，在物价持续上涨的情况下，采用先进先出法会导致较高的期末存货、销售毛利、所得税和净收益额。在存货价格波动的情况下，存货计价方法选择将会带来企业销售毛利和净收益额的增减变化，直接影响财务报表数字的可观性，最后影响银行和其他投资者对该公司的业绩评价。另外，不同企业之间进行经营业绩的比较时，存货计价方法的不同也将影响业绩评价的可比性和正确性。

第二，存货的计价方法对企业税收筹划的影响。不同的存货计价方法，对企业成本、利润或纳税的计算结果是不同的，因此，就可以通过利用不同存货计价方法下的差异来达到合理节税目的。但是，存货的计价方法一经选定，不得随意变更。

（4）存货跌价准备的计提是否合理。注意考察企业存货跌价准备计提对未来产生的财务影响。

【例 2-5】 某五金厂 2008 年上半年和下半年对存货成本采用了不同的计价方法。上半年产成品的存货成本采用移动加权平均法，销售实现后，按账面存货成本结转产品销售成本。但是从 2008 年 7 月开始，在未经税务机关批准的情况下，擅自改变存货计价方法而采用了后进先出法，致使 2008 年产品销售成本上升了将近 400 万元，企业该年度的应纳税所得额也相应减少了 400 万元，少交企业所得税 132 万元。

二、非流动资产项目的内容及分析

（一）可供出售金融资产

可供出售金融资产通常是指企业初始确认时即被指定为可供出售的非衍生金融资产，以及没有划分为以公允价值计量且其变动计入当期损益的金融资产、持有至到期投资、贷款和应收款项的金融资产。比如，企业购入的在活跃市场上有报价的股票、债券和基金等。

对可供出售的金融资产的分析主要关注以下内容：

（1）判断其分类是否恰当，是否符合有关金融资产的确认标准。《企业会计准则》中将企业的金融资产在初始计量时划分为四类（具体内容如表 2-3 所示），并规定上述分类一经确定，不得随意变更。

表 2-3　金融资产初始计量时划分的类别

类别	内容	目的、特点	使用账户	重分类
第一类	1. 直接指定为以公允价值计量且其变动计入当期损益的金融资产	企业给予风险管理、战略投资需要所作的指定	"交易性金融资产"	不得重分类为其他三类
	2. 交易性金融资产	为近期内出售而持有		

(续表)

类别	内容	目的、特点	使用账户	重分类
第二类	持有至到期投资	具有长期性质的债券投资	"持有至到期投资"	满足条件重分类为第四类,未规定重分类其他两类
第三类	贷款和应收款项	金融企业发放的贷款;一般企业的应收款项等债权	"贷款"、"应收账款"、"其他应收款"等	未规定重分类其他三类
第四类	可供出售金融资产	没有划分为以上三类的金融资产	"可供出售金融资产"	未规定重分类其他三类

【例 2-6】 雅戈尔、西水股份、华茂股份、上海物贸、S 吉生化、弘业股份、氯碱化工等 9 家公司 2007 年一半以上的净利润主要来自出售可供出售金融资产的收益,小部分来自公允价值变动收益,最低占到净利润的 53.97%,最高则达到 325.4%。

(2) 可供出售金融资产的公允价值变动对企业业绩的影响。可供出售金融资产在初始确认时按公允价值计量,但其公允价值变动不是计入当期损益,而是计入所有者权益。可供出售金融资产的公允价值变动损益是影响股东财富账面价值的主要因素。

相对而言,面临收益下滑的公司,更倾向于处置可供出售金融资产;而对于当年利润已经高于前一年利润的公司,管理层通常不会处置可供出售金融资产,而是将这部分利润继续储存在这个利润蓄水池中,以备以后年度使用。

【例 2-7】 有实证研究表明,2007 年,平均来看,上市公司可供出售的金融资产占两类金融资产的比例超过了 53%,中位数高达 87% 以上,说明在两类金融资产中,被公司管理层列为可供出售金融资产的比例很大。两类金融资产平均可以占到公司总资产的 2%,最高的比例可以高达 60% 以上。该年,持有可供出售金融资产的公司中,超过一半比例的公司在短期内处置了其可供出售的金融资产。

(3) 减值准备。确定可供出售金融资产发生减值的,按应减记的金额,借记"资产减值损失"账户,按应从所有者权益中转出原计入资本公积的累计损失金额,贷记"资本公积——其他资本公积"账户,按其差额,贷记"可供出售金融资产(公允价值变动)"账户。

(二) 持有至到期投资

持有至到期投资是指到期日固定、回收金额固定或可确定,且企业有明确意图和能力持有至到期的非衍生金融资产。通常,能够划分为持有至到期投资的金融资产,主要是债券性投资(如国债投资等)。而股权投资由于没有所谓的到期日,不属于持有至到期投资。对持有至到期投资的质量分析应当注意以下几方面:

(1) 分析债务人的偿债能力。虽然被投资企业截至分析前都已经按照条约履约,但是应当关注债务人未来的偿债能力,关注其现金流是否充分,是否存在违约风险。

(2) 对债权相关条款的履约行为进行分析。应当观察被投资企业是否存在到期不能付息的情况,如果是分期还本的债权,还应当注意是否存在企业到期不能支付本金的可能;该项投资持有至到期后,是否被投资单位不能按时还本,存在违约行为。

(3) 持有至到期投资的投资收益分析。企业购买国债或其他企业债权是持有至到期投资的主要内容,其投资收益为定期收取的利息,即在持有期间按照摊余成本和实际利率计算确认的利息收入,无论投资企业是否收到利息,都要按应收利息计入投资收益。应注意的是,由于投资收益的确定通常先于利息的收取,因此将会导致投资收益与现金流入出现不一致的情况。

(三) 长期股权投资

长期股权投资是指通过投资取得被投资单位的股份。企业对其他单位的股权投资,通常是为长期持有,以及通过股权投资达到控制被投资单位,或对被投资单位施加重大影响,或为了与被投资单位建立密切关系,以分散经营风险。长期股权投资依据对被投资单位产生的影响分为以下四种类型:

(1) 控制。控制是指有权决定一个企业的财务和经营政策,并能据以从该企业的经营活动中获取利益。

(2) 共同控制。共同控制是指按合同约定对某项经济活动所共有的控制。

(3) 重大影响。重大影响是指对一个企业的财务和经营政策有参与决策的权力,但并不决定这些政策。

(4) 无控制、无共同控制且无重大影响。通常指在活跃市场中没有报价,公允价值不能可靠计量的权益性投资。

在对长期股权投资进行质量分析时,主要关注以下方面:

(1) 对于数额巨大的对外投资,要注意其保值情况。首先,要掌握被投资方的自然情况,并通过各种渠道了解被投资方本期生产经营状况,如果被投资方出现破产清算或者债务重组等情况,企业的长期投资就有可能已经发生损失。

(2) 长期股权投资中的投资收益因为采用不同的会计核算方法而质量不同。在成本法下,投资收益来源于被投资单位的现金股利;而在权益法下,确认的投资收益一般大于收到的现金股利,造成最后一定数量的投资收益没有对应的现金流支撑。

(3) 关注长期股权投资的减值准备的计提是否充分。有市价的长期股权投资的质量是否恶化,比较容易判断,而对于没有市价的长期股权投资,其价值是否减损,应当对被投资企业进行综合调查分析,如观察被投资企业的生产经营是否发生变更,其现金流是否恶化等。

(四) 固定资产

固定资产是大多数行业最重要的资产,是产生收入和利润的机器。如果发生"质量问题",会以增加固定资产减值准备来体现,冲减当期损益。但正常情况下,这里出现问题的不多,或是说,出现因为公司经营方针和市场环境恶化导致该资产自身发生损失的情况不多。对固定资产进行分析主要从以下几方面着手:

(1) 观察固定资产的结构是否合理。企业持有的固定资产并非完全为生产所需,还有相当数量的非生产用固定资产,以及生产中不需用的固定资产。据此可以评价企业固定资产的利用率以及生产用固定资产的比率,如果这两个比率较低,应当降低对固定资产总体质量的评价。

(2) 分析固定资产的折旧。企业购入或自建的固定资产,要根据使用年限和预计残值计提折旧。计提折旧可以采用年限平均法、工作量法、年数总和法和双倍余额递减法,折旧方法一经选定,不得随意变更。折旧的提取要计入当期的期间费用,税前抵扣。

(3) 注意企业租入的固定资产的财务处理方法。租入固定资产分为经营租赁和融资租赁,融资租赁需要计提折旧,而经营租赁不需要。报表使用者对于租入的固定资产要仔细分析:明确企业对租入固定资产的划分标准,企业租入固定资产金额占企业资产总额的比例,企业按照制度和准则规定的方法,确定融资租入固定资产的入账价值是否可行等。

【例2-8】 据2006年的研究表明,航空公司固定资产折旧普遍严重不足,按照公允折旧率调整或还原后,对账面税前利润的影响颇为严重。其中影响程度较小的上海航空(600591,SH)2004年账面税前利润降幅为34.09%,南方航空(600029,SH)和东方航空的降幅分别为76.49%和82.75%,而影响程度最大的海南航空调整后可发生超过2亿元的亏损。

(五) 在建工程

在建工程本质上是正在形成中的固定资产,它是企业固定资产的一种特殊表现形式。在建工程占用的资金属于长期资金,但是投入前属于流动资金。如果工程管理出现问题,会使大量的流动资金沉淀,甚至造成企业流动资金周转困难。在分析该项目时,应深入了解工程的工期长短,及时发现存在的问题。

【例2-9】 2012年,广汇能源(600256.SZ)三季报披露在建工程110.6亿元,比中期97.5亿元进一步攀升。其中,投资金额最大的在建工程为其在新疆哈密的煤化工项目。在2012年中期报告中,广汇能源披露哈密煤化工在建工程余额77.2亿元,工程进度100%,工程投入占预算比例114%。广汇能源又在第三季报中表示,随着哈密煤化工项目全面投产,可新增煤化工产品销售,预计第四季度公司业绩环比大幅增长。项目已经全面投产,哈密煤化工在建工程却依然没有转为固定资产。哈密煤化工在建工程余额77.2亿元,假设20年直线法计提折旧、残值为零,折合每年折旧费用3.86亿元;到今年中期累计资本化利息6.74亿元,比年初增加1.52亿元。扣除所得税影响,转为固定资产每推迟一个季度,将增加广汇能源单季净利润1.3亿元。2012年前三个季度,广汇能源扣除非经常性损益的净利润只有4.28亿元。

（六）无形资产

无形资产是指企业拥有或者控制的没有实物形态的可辨认非货币性资产,主要包括专利权、非专利技术、商标权、著作权、土地使用权、特许权等。不论是自用还是出租的无形资产,其摊销额最终都要计入当期损益。在分析无形资产质量时,主要注意以下几方面：

（1）确定无形资产的原始价值和企业确定的摊销年限是否合理,特别要注意对比合同规定的收益年限与法律规定的有效期限。

（2）因为无形资产是要以原值作为摊销基础,所以只要账面上有无形资产,就应该有无形资产摊销。另外,与股权投资差额的摊销类似,无形资产摊销也是平均摊销,在无形资产没有变动的情况下,每期发生的摊销额应该基本相等。

（3）关注无形资产中的资产租赁和商标权交易。由于非整体上市,上市公司与其集团公司之间可能存在着无形资产租赁关系,因为各类资产租赁的市场价格难以确定,报表使用者需要对此给予一定关注。另外,商标权交易也引起了广泛的关注,厦华电子、万家乐、粤宏远等多家上市公司的商标使用权转让金额都在亿元以上。其中,厦华电子、粤宏远的商标转让最后被"叫停"。

【例2-10】 在1 018家上市公司中,有244家上市公司租赁关联方土地使用权,年租金从几十万元到几千万元不等,其中宝钢股份年租金高达7 400万元。

（七）商誉

商誉是指企业在购买另一个企业时,购买成本大于被购买企业可辨认净资产公允价值的差额。商誉是一项特殊的资产,它只有在企业合并中才有可能产生并确认,代表了被购买企业的一种超额获利能力。企业合并中形成的商誉,在企业持续经营期间,不进行摊销。每年年末,企业应对商誉进行减值测试。

对该项目的分析,主要是结合企业会计政策的说明,仔细分析企业合并时的出价是否合理,对于被合并企业的可辨认净资产公允价值的确认是否恰当,以及商誉价值在未来的可持续性,判断商誉减值准备是否充分等,从而分析商誉价值的真实性。

（八）长期待摊费用

长期待摊费用用于核算企业已经支出,但摊销期限在1年以上(不含1年)的各项费用,包括固定资产修理支出、租入固定资产的改良支出以及摊销期限在1年以上的其他待摊费用。长期待摊费用是企业已经支出的各项费用。由于是费用,几乎没有交换和变现价值,因此该项目数值越高,企业质量、变现能力越差。因此,在对其进行分析时,应注意长期待摊费用与利润总额增长趋势是否相适应。一般情况下,长期待摊费用规模应当呈减少的趋势。如果企业长期待摊费用规模增加幅度较大,则应关注会计报表附注中关于长期待摊费用确认标准和摊销的会计政策,重点检查会计报表附注中的各类长期待摊费用项目的明细表,检查每个项目产生及摊销的合理性;同时应特别注意本年度增加较大和未予以正常摊销的项目。

（九）递延所得税资产

递延所得税资产,就是递延到以后交纳的税款,递延所得税是时间性差异对所得税的影响,是根据可抵扣暂时性差异及适用税率计算、影响（减少）未来期间应交所得税的金额。一方面递延所得税资产会抵减企业当期的所得税费用,进而增加企业的净利润;另一方面递延所得税资产又会增加企业未来的所得税费用,进而减少企业的净利润。

对递延所得税资产的分析,要注意:企业在可预见的未来是否有足够的应纳税所得额来抵扣可抵扣差异,否则应以可能取得用来抵扣可抵扣暂时性差异的应纳税所得额为限,确认相关的递延所得税资产。

【例2-11】 天津市财政局检查组于2009年9月对某上市公司2008年度会计信息质量进行了检查,并适度延伸至以前年度。发现该公司2007年至2008年在无充分依据的情况下确认递延所得税资产683万元,使2007年每股收益提高50.53%,2008年每股收益提高17.74%。截至2007年年末,该公司可用于以后年度纳税弥补的亏损额为—1463万元,其2008年度利润总额240万元,其递延所得税计算依据为根据新《企业会计准则》计算的各种减值准备,确认依据为对未来盈利的预测。该公司在确认递延所得税资产时,没有确凿证据表明未来期间很可能获得足够的应纳税所得额,只是在接受检查时,临时由财务部门编制了1份简单的未来5年盈利预测表。

第三节　重要负债项目的内容及分析

负债是指企业过去的交易或事项形成的、预期会导致经济利益流出企业的现时义务。负债是企业获取资金的一种重要手段,企业举债可以获得杠杆利益,同时也要承担一定的财务风险。如果不能控制好风险,企业可能会陷入财务危机的境地。本节将从流动负债和长期负债两个方面来对一些重要负债项目进行分析。

一、流动负债项目的内容及分析

流动负债是指将在1年(含1年)或者超过1年的一个营业周期内偿还的债务,包括短期借款、应付账款、应交税金和1年内到期的长期借款等。流动负债具有以下特点:①偿还期短;②举借目的是为了满足经营周转资金的需要;③负债的数额相对较小;④一般以企业的流动资金来偿付。

确认流动负债的目的主要是将其与流动资产进行比较,反映企业的短期偿债能力。短期偿债能力是债权人非常关心的财务指标,在资产负债表上必须将流动负债与非流动负债分别列示。

（一）短期借款

短期借款是指企业从银行或其他金融机构借入的偿还期在1年以内(含1年)的各种借款。一般来说,短期借款在负债中的比重较大,具有一定数量的短期借款,表明企业拥有较好的商业信用,获得了金融机构的有力支持。不过,短期借款的利息要作为费用抵减利润,因此企业必须适度举债,降低利息费用。对于短期借款的分析主要考虑以下方面：

(1)结合资产负债表中的其他项目进行分析,如长期借款、非流动负债等。

(2)关注短期借款的数量是否与流动资产的相关项目相适应。从财务角度观察,短期借款筹资快捷,弹性较大。短期借款的目的是为了维持企业正常的生产经营活动,因此,短期借款必须与当期流动资产,尤其是存货项目相适应。同时,还应关注短期借款的偿还时间,预测企业未来现金流量,评价企业偿付短期借款的能力。

（二）应付票据

应付票据是指企业采用商业汇票结算方式延期支付购入货物应付的票据款,包括银行承兑汇票和商业承兑汇票。应付票据是企业一种到期必须偿付的"刚性"债务。企业的应付票据如果到期不能支付,不仅会影响企业的信誉和日后的筹资,而且还会招致银行的处罚。因此,在进行报表分析时,应当认真分析企业的应付票据,了解应付票据的到期情况,以及企业的未来现金流量,评价应付票据的偿还能力。

（三）应付账款

应付账款是指因购买材料、商品或接受劳务供应等而发生的债务。这是买卖双方在购销活动中由于取得物资与支付贷款在时间上不一致而产生的负债。应付票据和应付账款构成了存货的主要财务来源,一般认为,应付票据和应付账款的规模是企业利用商业信用推动其经营活动的能力。它作为企业的一种短期资金来源,是企业最常见、最普通的流动负债,信用期一般都在30～60天,而且一般不用支付利息。因此,在进行报表分析时,应当认真分析企业的应付账款,了解企业的未来的现金流量,评价应付账款的偿还能力。

（四）预收款项

预收款项是指企业按照合同规定或交易双方之约定,而向购买单位或接受劳务的单位在未发出商品或提供劳务时预收的款项。资产负债表的预收款项主要通过"预收账款"等账户核算。预收账款是一种特殊的债务,其在偿付时不是以现金支付,而是要以实物(存货)支付,所以,预收账款的偿还一般不会对现金流量产生影响。对企业来说,预收账款是一种"良性"债务。因为预收账款作为企业的一项短期资金来源,在企业发送商品或提供劳务前,可以无偿使用;同时,也预示着企业的产品销售情况很好,供不应求。但除了某些特殊的行业或企业外,我们在进行报表分析时,应当对预收账款予以足够的重视,因为预收账款一般是按收入的一定比例预交的,通过预收账款的变化可以预测企业未来营业收入的变动。

(五) 应付职工薪酬

应付职工薪酬是指企业为获得职工提供的服务而给予各种形式的报酬以及其他相关支出。按照"工资,奖金,津贴,补贴"、"职工福利"、"社会保险费"、"住房公积金"、"工会经费"、"职工教育经费"、"解除职工劳动关系补偿"、"非货币性福利"、"其他与获得职工提供的服务相关的支出"等应付职工薪酬项目进行明细核算。在进行报表分析时,应当结合企业自身的薪酬体制,对薪酬的制定、发放以及入账给予关注。

(六) 应交税费

应交税费是指企业在生产经营过程中产生的应向国家交纳的各种税费,主要包括增值税、消费税、营业税、城市维护建设税、教育费附加和所得税等。因为税收种类较多,分析时应当了解"应交税费"的具体内容,分析其形成原因,观察该项目是否已经包括了企业未来期间应交而未交的所有税费,是否存在实质上已经构成纳税义务,但是企业尚未入账的税费。

(七) 预计负债

预计负债是因或有事项可能产生的负债,用来核算包括对外提供担保、未决诉讼、产品质量保证、重组义务以及亏损性合同等产生的预计负债。对预计负债的分析主要从以下几方面进行:

(1) 预计负债的充分性分析。根据或有事项准则的规定,与或有事项相关的义务同时符合以下三个条件的,企业应将其确认为负债:一是该义务是企业承担的现时义务;二是该义务的履行很可能导致经济利益流出企业,这里的"很可能"指发生的可能性为"大于50%,但小于或等于95%";三是该义务的金额能够可靠地计量。

(2) 预计负债计量的和理性分析。确认预计负债往往需要主观估计,而这一估计值合理与否,直接影响相关各期的损益。因此,要注意企业是否存在着利用预计负债转回调整相关年度损益的现象。值得注意的是,企业在对预计负债进行计量时,需要谨慎从事,既不能忽略风险和不确定性对或有事项计量的影响,也要避免对风险和不确定性进行重复调整,从而在低估和高估预计负债金额之间寻找平衡点。

【例2-12】 贵州茅台(600519)2011年3月21日发布的2010年度财务报告中,在"其他应收款"账户下所列的前5名客户中,民政部位居第三,欠款500万元。该公司随即发表声明称,涉及民政部的"其他应收款"系公司2010年给玉树灾区的500万元捐款,因为在编制年报时尚未收到民政部接收该笔捐款的发票,所以就将这500万元挂在"其他应收款"账户下。然而,根据有关规定,该笔款项应被确认为预计负债。

二、非流动负债项目的内容及分析

非流动负债是流动负债以外的负债,通常是指偿还期限在1年以上的债务。与流动负债相比,非流动负债具有偿还期限较长、金额较大、分期偿还的特点。非流动负债的优点主要有:第一,可以保持企业原有的股权结构不变和股票价格稳定;第二,不影响原有股东对企业的控制权;第三,举借可以增加股东的收益;第四,非流动负债支付的利息具有抵税功能。因此,对非流动负债的重要项目进行分析具有重要意义。

(一)长期借款

长期借款是企业从银行或其他金融机构借入的期限在1年以上的款项。长期借款具有筹资迅速、借款弹性大、成本低、易于企业保守财务秘密等优点,但同时也存在筹资风险大、使用限制多、筹资数量有限等限制。对长期借款进行分析主要关注以下方面:

(1)对企业长期借款的数额,增减变动及其对企业财务状况的影响给予足够的重视。另外,可结合企业的信用情况对长期借款规模的合理性进行分析。

(2)关注长期借款利息的处理。按照权责发生制,企业应分期确认长期借款的利息。企业取得的长期借款,通常是到期一次支付利息的,因而应付未付的借款利息与本金一样,属于非流动负债,应贷记"长期借款"账户。确认的利息费用则应根据借款的用途等情况,确定应予费用化还是资本化,分别借记"财务费用"或"在建工程"等账户。

(二)应付债券

应付债券是指企业为筹集资金而对外发行的期限在1年以上的长期借款性质的书面证明,约定在一定期限内还本付息的一种书面承诺。其特点是期限长、数额大、到期无条件支付本息。相对于长期借款而言,长期债券的风险和压力较大,因为债券的发行是面向全社会的,到期无法归还本息的社会影响面较大。对应付债券的分析基本同长期借款,主要分析应付债券增减变动的数额、原因以及对企业财务状况的影响。

(三)长期应付款

长期应付款是指企业除长期借款和应付债券以外的各种长期应付款项,包括采用补充贸易方式下引进国外设备价款应付的租赁费、融资租入固定资产的租赁费等。在进行报表分析时,应注意以下几个方面:

(1)对于补偿贸易,应关注企业设备安装是否到位,生产能否如期进行,产品的成本能否得到有效的控制等。

(2)对于融资租赁,应注意企业的租赁是否符合融资租赁的确认条件、是否对融资租赁固定资产计提了折旧,以及折旧计提是否合理。同时,关注融资租赁的固定资产是否已经按照企业最初的意愿形成生产能力,其资产收益率能否超过融资租赁的内含利率,否则将影响长期应付款的偿还。

(3) 根据财务会计制度规定,企业经营租赁的固定资产并不记入"固定资产"账户,只需在备查簿中登记,待付出租赁费时,再计入相关费用。

第四节 所有者权益项目的内容及分析

所有者权益是企业投资者对企业净资产(即企业的全部资产减去全部负债后的余额)的所有权,包括企业所有者投入资本以及企业存续过程中形成的资本公积、盈余公积和未分配利润等。所有者权益项目在资产负债表、利润表上分别得到反映,并具有一定的勾稽关系,对资产负债表和利润表都具有较大的影响,而且也是投资者比较关注的项目。

一、实收资本(或股本)

实收资本反映企业实际收到的投资者投入的资本,包括国家投入的资本、法人投入的资本、个人投入的资本和外商投入的资本四个方面。由于企业的组织形式不同,因此所有者投入资金的核算方法也有差异。除了股份有限公司对股东投资资本应设置"股本"账户外,其他企业对所有者投入的资本集中在"实收资本"账户中核算。

对实收资本进行分析,主要从以下几方面入手:

(1) 查看实收资本(或股本)的规模。实收资本揭示了一个企业生产经营的物质基础。资本总额越大,企业的物质基础就越雄厚,经济实力就越强。

(2) 检查实收资本(或股本)的内在结构是否合理,如无形资产在实收资本中所占的比重是否过高。根据现行法律规定,企业无形资产(不包括土地使用权)的出资额一般不能超过注册资本的20%;在特殊情况下,如含有高新技术,最高不得超过30%。

(3) 考察实收资本(或股本)的增减变动情况。除非企业出现增资、减资等情况,实收资本(股本)在企业正常经营期间一般不会发生变动。实收资本(股本)的变动将会影响企业投资者对企业的所有权和控制权,而且对企业的偿债能力、获利能力等都会产生影响。

二、资本公积

资本公积是企业收到的投资者的超出其在企业注册资本所占份额,以及直接计入所有者权益的利得和损失等。

资本公积包括资本溢价(股本溢价)和直接计入所有者权益的利得和损失等。资本溢价是企业收到投资者的超出其在企业注册资本(或股本)中所占份额的投资。形成资本溢价(或股本溢价)的原因有:溢价发行股票、投资者超额缴入资本等。直接计入所有者权益的利得和损失是指不应计入当期损益、会导致所有者权益发生变动、与所有者投入资本或向所有者分配利润无关的利得或损失。

解读资本公积应注意以下问题:

(1) 明确资本公积的范围。明确资本公积与实收资本、留存收益以及其他账户之间的区别将有助于对资本公积的分析。

(2) 明确资本公积来源的可靠性以及具体分析资本公积的内在结构。由于资本公积是所有者权益的有机组成部分,而且它通常会直接导致企业净资产的增加,因此,应特别注意企业是否存在通过资本公积来改善财务状况的情况。如果本期资本公积的数额增长过大,就应进一步了解资本公积的构成。

三、盈余公积

盈余公积反映企业按国家规定从税后利润中提取的公积金,包括法定盈余公积,任意盈余公积和公益金。从2006年1月1日起,按照《公司法》组建的企业根据《公司法》不再提取公益金。按规定盈余公积可以转增资本,可以弥补亏损,特殊情况下还可以用于分配股利。盈余公积的数量越多,反映企业资本积累能力、亏损弥补能力和股利分配能力以及应对风险的能力越强。

因此,对盈余公积的分析应关注其增减变化的合理性、合法性以及其结构是否合理。

四、未分配利润

未分配利润是指企业实现的净利润中用于以后年度向投资者分配的利润。未分配利润的数额越多,说明企业当年和以后年度的股利分派能力以及应对风险的能力就越强。由于未分配利润相对于盈余公积而言,属于未确定用途的留存收益,所以企业在使用未分配利润上有较大的自主权,且无须支付利息,受国家法律法规的限制较少。分析未分配利润应注意它既可能是正数(未分配的利润),也可能是负数(为弥补的亏损),应将该项目的期末与期初相对比,以观察其变动的曲线和发展趋势。

第五节 资产负债表趋势分析

趋势分析法是企业财务分析中一个重要的方法,是指将两期或连续数期财务报告中某一指标进行对比,确定其增减变动的方向、数额和幅度等变动趋势。

资产负债表的趋势分析就是采用比较的方法,将表中各项目本期和上一期的数

第二章　资产负债表解读

据,采取绝对数和相对数两种形式,计算出各种增减差异和增减变动的百分比,分析企业资产、负债和所有者权益增减变动的原因,借以判断企业财务状况的变动趋势。

对资产负债表趋势分析表的评价主要从以下几方面进行:

第一,根据企业总资产或总权益的变动情况与变动趋势,评价企业规模变动状况,判断企业发展周期及发展潜力。

第二,根据企业各类资产的变动情况及变动趋势,结合企业所处行业的特点,评价各类资产变动趋势的合理性。

第三,根据企业负债与所有者权益的变动情况及变动趋势,观察企业资金来源变动情况及趋势,评价企业财务运行质量和风险情况。

第四,根据各类资产变动趋势和各类权益变动趋势,分析评价企业资产与权益相互适应类型及变动特点。

下面以 MDDQ 公司 2009 年及 2010 年 12 月 31 日的资产负债表数据为例,编制比较资产负债表,见表 2-4,并对资产负债表作趋势分析。

表 2-4　MDDQ 公司比较资产负债表

编制单位:MDDQ　　　　　　2010 年 12 月 31 日　　　　　　单位:千元

	2009 年	2010 年	差异额	差异百分比
流动资产:				
货币资金	2 800 287.96	3 196 327.02	396 039.06	14.14%
交易性金融资产	—	—	—	—
应收票据	3 843 952.67	2 310 211.77	-1 533 740.90	-39.90%
应收账款	12 516.61	21 078.35	8 561.74	68.40%
预付款项	359 600.40	737 563.18	377 962.78	105.11%
其他应收款	23 958.83	1 426 987.76	1 403 028.93	5 856.00%
存货	691 911.64	854 437.03	162 525.39	23.49%
其他流动资产	2 709.67	49 114.77	46 405.10	1 712.57%
流动资产合计	7 734 937.78	8 595 719.88	860 782.10	11.13%
非流动资产:				
可供出售金融资产				
持有至到期投资	—	—	—	—
长期股权投资	5 881 365.21	6 788 323.47	906 958.26	15.42%
投资性房地产	908 823.42	1 205 996.27	297 172.85	32.70%
固定资产	91 130.97	742 401.83	651 270.86	714.65%
在建工程	386 530.74	5 025.02	-381 505.72	-98.70%

（续表）

	2009 年	2010 年	差异额	差异百分比
无形资产	169 468.06	147 206.74	−22 261.32	−13.14%
商誉	—	—	—	—
长期待摊费用	23 959.13	56 810.80	32 851.67	137.12%
递延所得税资产	141.15	561.25	420.10	297.63%
其他非流动资产				
非流动资产合计	7 461 418.68	8 946 325.38	1 484 906.70	19.90%
资产总计	10 246 672.90	17 542 045.26	7 295 372.36	71.20%
流动负债：				
短期借款	143 365.29	—	−143 365.29	−100.00%
应付票据	2 978 012.38	4 941 308.34	1 963 295.96	65.93%
应付账款	510 417.09	387 171.10	−123 245.99	−24.15%
预收款项	274.75	540 476.10	540 201.35	196 615.60%
预计负债				
应交税费	−6 767.27	97 124.82	103 892.09	−1 535.21%
其他应付款	26 480.92	4 168 495.24	4 142 014.32	15 641.50%
其他流动负债	—	—		
流动负债合计	3 652 369.07	10 135 161.51	6 482 792.44	177.50%
非流动负债：			0.00	
长期借款	—	—	—	—
其他非流动负债	—	—		
非流动负债合计	334.66	5 011.07	4 676.41	1 397.36%
负债合计	3 652 703.73	10 140 172.58	6 487 468.85	177.61%
股东权益：			0.00	
股本	2 080 176.85	3 120 265.28	1 040 088.43	50.00%
资本公积	3 030 321.88	2 004 262.72	−1 026 059.16	−33.86%
盈余公积	619 699.72	684 689.02	64 989.30	10.49%
未分配利润	863 770.72	1 592 655.66	728 884.94	84.38%
股东权益合计	6 593 969.17	7 401 872.68	807 903.51	12.25%
负债和股东权益总计	10 246 672.90	17 542 045.26	7 295 372.36	71.20%

通过对 MDDQ 公司 2009 年和 2010 年两年的数据进行趋势分析，可以初步得到以下几个结论：

第二章 资产负债表解读

(1) 公司在2010年得到长足的发展,总资产增加额达到7 295 372.36万元,较2009年增长71.20%,可见2010年MDDQ的发展势头迅猛。

(2) 2010年,货币资金的增幅为14.14%。货币资金增加,同时流动负债减少,企业的偿债能力有了显著提高。

(3) 2010年,应收票据减少153 374万元,较2009年减少52.31%,主要系银行承兑汇票的大幅减少所致。

(4) 2010年,应收账款较2009年增长68.40%。结合附注(略)可知,MDDQ公司1年以内(含1年)的应收账款(4 660 436.07)占所有应收账款的比重由2009年的94.59%上升为2010年的99.41%,可见应收账款的质量较高。

(5) 2010年,预付款项较2009年增长105.11%。该企业的预付账款逐年增长,但其应收款项却没有与预付账款得到同步的增长。具体原因有待进一步探寻。

(6) 其他流动资产近年来出现较大变动,在2010年的增幅达到1 712.57%,主要系待摊费用中1年内摊销的模具增加所致。该项目的数额较小,其变化并无大异常。

(7) 固定资产在2010年迅猛增长了714.65%,同时,在建工程减少了98.70%。固定资产年末大幅增加,主要系该公司总部大楼转固定资产所致。该公司秉承规模优先的战略,在进一步巩固基础产品规模的基础上来提升企业的盈利能力。

(8) 2010年,长期待摊费用期末余额较年初余额增加137.12%,主要系模具增加所致。可见,公司不断进行生产用具的更新。

(9) 该公司在2010年的短期借款数额为零,MDDQ没有通过银行借款来获取生产运营资金,可见公司的资金实力强大。同时,也反映出企业并无偿债压力。另一方面,也可看到公司还未充分利用其财务杠杆。

(10) 应付票据的增加和应付账款的减少,主要系采购规模增长及较多采用票据结算增加所致。同时,该公司的应交税费较上一年度降低了1 535.21%,主要是增值税进项税增加所致。

(11) 2010年,该公司的股本增加了50.00%,资本公积减少了33.86%,主要系公司将部分法定公积金和资本公积转增股本。自此,公司增加了股本规模,有利于进一步扩大其在家电市场上的行业影响。

(12) 未分配利润较上年增长了84.38%。该公司的利润逐年稳步增加,可见利润质量较高,且公司相对比较稳定。

第六节 资产负债表结构分析

资产负债表是企业会计报表体系中最主要的会计报表,它总括性的反映了企业在某一特定时期的资产、负债和股东权益状况。通过对资产负债表的结构进行分析,可为报表使用者提供更丰富的信息,为投资决策者提供更可靠的数据依据。

资产负债表结构是指资产负债表中各内容要素金额之间的相互关系。对资产负债表结构进行分析,从而对企业整体财务状况作出判断,可以从以下几方面入手:

第一,核对企业资产、负债、所有者权益的总额。由于资产负债表是根据"资产=负债+所有者权益"编制而成,资产总计数反映了负债和所有者权益总计数,企业的资产合计数大致可以反映出企业经营规模的大小。除此之外,根据企业所在行业的平均资产情况,可以了解企业在行业中所处的地位。

第二,核查流动资产、非流动资产、负债、所有者权益等项目的合计数。通过这些合计数可以了解有关项目在资产总额与负债和所有者权益总额中所占的比重,从而可以一定程度地了解企业资产的流动性、负债的流动性以及企业负债经营的程度等。

第三,进一步观察各项资产、负债、所有者权益分别在资产总额、负债与所有者权益总额中所占的比重。由此列出百分比资产负债表,从而了解企业资金的分布状况和企业资金来源的渠道。这样有助于进一步分析和发现问题,进一步改善企业的资金结构。

第四,根据企业近几年的资产负债表,可以计算出各资产、负债、所有者权益项目的金额变动大小及金额变动百分比。由此可以了解出企业在近几年内财务状况变动的情况,从而有助于预测企业未来财务状况变化的趋势。

总之,通过资产负债表的总体分析,可以大致了解企业所拥有的资产状况、企业所负担的债务、所有者权益等财务状况。而如果需要进一步了解企业偿还短期债务的能力和财务弹性,了解企业的资本结构和长期偿债能力等详细情况,则需要使用趋势分析法、比率分析法等作具体分析。

以 MDDQ 公司 2008 年度、2009 年度及 2010 年度的资产负债表的有关资料为例,主要通过 2009 年及 2010 年两年资产负债表的比较,同时参考以前年度(2008 年)的资产负债表情况,具体阐述 MDDQ 公司 2010 年的资产负债表结构状况,具体如表 2-5 所示。

表 2-5　MDDQ 公司共同比资产负债表

单位:%

项目	结构百分比		项目	结构百分比	
	2009 年	2010 年		2009 年	2010 年
流动资产:			流动负债:		
货币资金	27.33	18.22	短期借款	1.40	0.00
交易性金融资产	—	—	应付票据	29.06	28.17
应收票据	37.51	13.17	应付账款	4.98	2.21

(续表)

项目	结构百分比		项目	结构百分比	
	2009年	2010年		2009年	2010年
应收账款	0.12	0.12	预收款项	0.00	3.08
预付款项	3.51	4.20	预计负债	—	—
其他应收款	0.23	8.13	应交税费	−0.07	0.55
存货	6.75	4.87	其他应付款	0.26	23.76
其他流动资产	0.03	0.28	其他流动负债		
流动资产合计	75.49	49.00	流动负债合计	35.64	57.78
非流动资产：			非流动负债：	0.00	0.00
可供出售金融资产	—	—	长期借款		
持有至到期投资	—	—	应付债券		
长期股权投资	57.40	38.70	长期应付款	—	—
投资性房地产	8.87	6.87	其他非流动负债		
固定资产	0.89	4.23	非流动负债合计	0.00	0.03
在建工程	3.77	0.03	负债合计	35.65	57.80
无形资产	1.65	0.84	股东权益	0.00	0.00
商誉	—	—	股本	20.30	17.79
长期待摊费用	0.23	0.32	资本公积	29.57	11.43
递延所得税资产	0.00	0.00	盈余公积	6.05	3.90
其他非流动资产	—	—	未分配利润	8.43	9.08
非流动资产合计	72.82	51.00	股东权益合计	64.35	42.20
资产总计	100.00	100.00	负债和股东权益总计	100.00	100.00

经过分析，我们可以得到以下结论：

(1) 近年来，货币资金在资产中的比重变化较大，2010年为18.22%。与2009年相比，该比重有将近10%的降幅。但是结合趋势分析，该公司的货币资金还是处于一个逐步增长的阶段。可见，公司的自有资金越来越充裕，应对风险的能力不断提升。

(2) 应收票据比重由2009年的37.51%下降为2010年的13.17%。相对于应收账款而言，应收票据的可回收性高，出现坏账的可能性较低。因此，在应收账款的比重基本没有变化的情况下，该公司应收票据的比重大幅下降在一定程度上也反映了企业可能在信用政策上的调整、应收款项质量的降低或者销售状况的恶化。

(3) 近3年来，长期股权投资均保持在较高的比重水平，2010年虽然有所降低，为38.7%，但依然在资产中占据了过大的比重。结合趋势分析，企业在长期股权上的投资数额也达到 678 832.35 万元。一般来说,长期股权投资在资产中的比重过高,使该企业面临较高的风险,因此,如何对这部分投资进行有效管理是企业必须加以重视的问题。

(4) 2010 年,该公司不存在短期借款,可见其自我融资能力较强。应付票据在 2010 年的比重为 28.17%,约占流动负债的一半。值得注意的是,在该公司的应收账款没有增加,应收票据有大幅度降低的情况下,应付票据的比重依然维持在一个较稳定的水平上,具体原因,有待进一步探寻。

(5) 其他应付款的比重由 2009 年的 0.26% 急剧上升为 2010 年的 23.76%,占流动负债的 50%。虽然根据附注,2010 年,其他应付款年末余额中无应付持有本公司 5%(含 5%)以上表决权股份的股东款项,年末余额中也无 1 年以上的大额应付款项。但是通过 2010 年的年报与 2009 年年报对比,该公司对此项内容进行了追溯调整,调整后的 2009 年该项目比重为 37.66%,具体原因,有待进一步探寻。

本章小结

本章主要介绍了资产负债表的概念、作用和格式,在此基础上,分别对资产、负债和所有者权益中的重要项目的内容及分析方法进行了阐述。

资产负债表的分析分为趋势分析和结构分析。通过趋势分析,可以了解各项资产的变动情况与变动趋势;通过结构分析,可以了解资产负债表中各内容要素金额之间的相互关系,从而对企业整体财务状况作出判断。

复习思考题

一、简答题

1. 资产负债表的内容包括哪些?如何对其进行总括分析?
2. 货币资金的特点是什么?对其进行财务分析时,应从哪几个方面进行?
3. 企业经营者在分析应收账款时会考虑哪些因素?
4. 利用资产负债表对企业财务状况进行分析有何局限性?

二、计算分析题

表 2-6 是简化的某公司 2010 年度资产负债表。

表 2-6 资产负债表(简表) 单位:万元

资产	期末金额	年初余额	负债和所有者权益	期末金额	年初余额
存货	3 025	2 178	应付账款	5 277	3 614
应收账款	4 071	3 144	其他应付款	573	526
其他应收款	1 588	1 469	流动负债合计	5 850	4 140

(续表)

资产	期末金额	年初余额	负债和所有者权益	期末金额	年初余额
流动资产合计	8 684	6 791	长期借款	10 334	4 545
固定资产	8 013	6 663	负债合计	16 184	8 685
无形资产	6 267	1 244	所有者权益	6 780	6 013
资产总计	22 964	14 698	负债和所有者权益	22 964	14 698

要求：

(1) 计算各项目金额的差异额和差异百分比。

(2) 根据计算结果，对流动资产、固定资产、流动负债、长期负债、所有者权益的增减变动情况进行分析评价。

(3) 运用结构分析法，对该公司的资产负债进行结构变动分析。

第三章 利润表解读

学 习 目 标

1. 了解企业利润表的概念、作用和格式
2. 理解并掌握利润表重要项目的内容及其质量分析
3. 重点掌握并能运用利润表趋势分析
4. 重点掌握并能运用利润表结构分析
5. 理解并掌握利润质量分析

利润是企业经营业绩的核心体现,也是投资者关注的焦点。在风云变幻的资本市场大潮中,利润似乎主宰着公司的沉浮。正因为关系到企业的兴衰荣辱,利润计量和披露成为会计工作的重中之重。毫无疑问,如何全面、公允地报告和披露企业真实的业绩和获利能力,以维护资本市场的稳定秩序和健康发展,一直是会计界孜孜以求的目标。根据传统的会计实务,企业经营绩效或经营成果是通过盈亏来表示的,利润表也自然而然地成为一个基本但却十分重要的财务报表。资料表明,利润指标尽管备受质疑,但依然是最受投资者关注而且应用最广泛的绩效评价标准,由此衍生的各项指标,如每股收益、市盈率、投资报酬率、净资产收益率等,也活跃在各大公司的研究报告、全国财经新闻和证券报道之中。

第一节 利润表概述

一、利润表的含义

利润表又称收益表,是总括地反映企业一定期间内经营成果的报表。与资产负债表不同,利润表是一种动态的时期报表。

在利润表内要列示出企业在一个会计期内所发生的收入、费用以及由此计算出来的利润额。通过利润表,可以了解企业利润(或亏损)的形成,分析、考核企业的经营目标及利润计划的执行结果,并分析企业利润增减变动的原因;通过利润表提供的不同时期的比较数据(本月数、本年累计数、上年数),可以评价企业的经营成果和投资效率,分析企业的获利能力以及未来一定时期内的盈利趋势。

二、利润表的作用

利润表的作用表现为以下几个方面:

第一,评价和预测企业的经营成果和获利能力,为投资决策提供依据。

经营成果是一个绝对值指标,可以反映企业财富增长的规模。获利能力是一个相对值指标,它指企业运用一定经济资源获取经营成果的能力。经济资源可以是资产总额、净资产,可以是资产的耗费,还可以是投入的人力。因而衡量获利能力的指标包括资产收益率、净资产(税后)收益率、成本收益率以及人均实现收益等指标。经营成果的信息直接由利润表反映,而获利能力的信息除利润表外,还要借助于其他会计报表和注释附表才能得到。

根据利润表所提供的经营成果信息,股东和管理部门可评价和预测企业的获利能力,对是否投资或追加投资、投向何处、投资多少等作出决策。

第二,评价和预测企业的偿债能力,为筹资决策提供依据。

偿债能力指企业以资产清偿债务的能力。企业的偿债能力不仅取决于资产的流动性和资产结构,也取决于获利能力。获利能力不强甚至亏损的企业,通常其偿债能力不会很强。债权人通过分析和比较利润表的有关信息,可以评价和预测企业的偿债能力,尤其是长期偿债能力,对是否继续向企业提供信贷作出决策。

财务部门通过分析和比较利润表的有关信息和偿债能力可以对筹资的方案和资本结构以及财务杠杆的运用作出决策。

第三,企业管理人员可根据利润表披露的经营成果作出经营决策。

企业管理人员通过比较和分析利润表中各种构成因素,可了解各项收入、成本费用以及收益的增减趋势,发现各方面工作中存在的问题,作出合理的经营决策。

第四,评价和考核管理人员的绩效。

董事会和股东从利润表所反映的收入、成本费用以及收益的信息可以评价管理层的业绩,为考核和奖励管理人员作出合理的决策。

利润表的主要内容是一定时期(月、季、年)的收入、成本、费用和损失,以及由此计算出来的企业利润(或亏损)情况。利润分配的内容要另行编制利润分配表。

三、利润表的格式

利润表的表头应标明企业名称和报表的名称。表的名称下面标明编制的期间。由于利润表反映企业某一时期的经营成果,因而其时间应标明一段时期。

为了提供与报表使用者的经营决策相关的信息,收入和费用在利润表中有不同的列示方法,因而利润表的主体部分可以分为单步式和多步式两种格式。

(一)单步式利润表

利润表的编制依据是收入、费用与利润三者之间的相互关系,即"收入－费用＝利润"。单步式是将收入全部列示在上方,费用全部列示在下方,然后将收入类合计减去成本费用类合计,计算出本期净利润(或亏损)。单步式利润表的基本特点是:集中列示收入要素项目、费用要素项目,根据收入总额与费用总额直接计算列示利润总额。其基本格式如表3-1所示。

表3-1 利润表(单步式)

编制单位:××××　　　　　　××××年××月　　　　　　单位:元

项　　　目	本年实际	上年实际
一、收入	×××	×××
主营业务收入	×××	×××
其他业务收入	×××	×××
公允价值变动	×××	×××
投资收益	×××	×××
营业外收入	×××	×××
二、费用	×××	×××
营业成本	×××	×××
营业税金及附加	×××	×××
销售费用	×××	×××
管理费用	×××	×××
财务费用	×××	×××
资产减值损失	×××	×××
营业外支出	×××	×××
所得税费用	×××	×××
费用合计	×××	×××
净利润	×××	×××

单步式的优点是:比较简单,便于编制,对于营业收入和一切费用支出一视同仁,不分彼此先后,不像多步式利润表中必须区分费用和支出与收入配比的先后层次。

单步式的缺点是:缺少利润构成情况的详细资料,不利于企业不同时期利润表与行业之间利润表的纵向和横向的比较、分析。

(二) 多步式利润表

多步式利润表是通过对当期的收入、费用、支出项目按性质加以归类,按利润形成的主要环节列示一些中间性利润指标,分步计算当期净损益。多步式利润表是常用的格式,它将企业日常经营活动过程中发生的收入和费用项目与在该过程中发生的收入与费用分开。适当划分企业的收入和费用项目,并以不同的方式在利润表上将收入与费用项目组合起来,还可以提供各种各样的有关企业经营成果的指标。其格式如表3-2所示。

表3-2 利润表(多步式)

编制单位:××××　　　　　　××××年××月　　　　　　单位:元

项　目	本期金额	上期金额
一、营业收入	×××	×××
减:营业成本	×××	×××
营业税金及附加	×××	×××
销售费用	×××	×××
管理费用	×××	×××
财务费用	×××	×××
资产减值损失	×××	×××
加:公允价值变动收益	×××	×××
投资收益(损失以"－"号填列)	×××	×××
二、营业利润	×××	×××
加:营业外收入	×××	×××
减:营业外支出	×××	×××
三、利润总额	×××	×××
减:所得税费用	×××	×××
四、净利润	×××	×××

在多步式利润表上,净利润是分若干个步骤计算出来的,一般可以分为以下几步:

第一步,计算营业利润。

营业利润 = 营业收入 − 营业成本 − 营业税金及附加 − 销售费用 − 管理费用 − 财务费用 − 资产减值损失 + 公允价值变动收益 + 投资收益

第二步,计算利润总额。

利润总额 = 营业利润 + 营业外收入 − 营业外支出

第三步，计算净利润。

净利润＝利润总额－所得税费用

股票公开上市的公司还要在净利润下列示普通股每股收益的数据，以便报表使用者评价企业的获利能力。

多步式利润表的优点是：便于对企业生产经营情况进行分析，有利于不同企业之间进行比较，更重要的是利用多步式利润表有利于预测企业今后的盈利能力。我国会计制度规定利润表编制应当采用多步式。

第二节 利润表项目分析

企业利润质量可以从两个方面进行分析：第一，从利润结果来看，根据权责发生制，企业利润与现金流量并不同步，而没有现金支撑的利润质量较差；第二，从利润形成的过程来看，企业利润的来源有多种，包括主营业务、其他业务、投资收益、营业外收支和资产价值变动损益等，不同来源的利润的可持续性不同，只有当企业利润主要来自于持续性较强的经济业务时，利润的质量才较高。下面对利润表每个项目进行具体的质量分析。

一、营业收入

营业收入是指企业在从事销售商品、提供劳务和让渡资产使用权等日常经营业务过程中所形成的经济利益的总流入，分为主营业务收入和其他业务收入。

主营业务收入在会计核算中经常发生，一般占企业营业收入的比重较大，对企业的经济效益产生较大的影响。其他业务收入主要包括固定资产出租取得的收入、技术转让取得的收入、销售材料取得的收入、包装物出租取得的收入等。其他业务收入在会计核算中一般不经常发生，占企业营业收入的比重较小。收入业务核算复杂，因此，在对营业收入进行分析时，要注意以下几个问题。

（一）营业收入的确认是否符合条件

确认销售商品收入，一般应具备以下五个条件：

（1）企业已将商品所有权上的主要风险和报酬转移给买方。

（2）企业既没有保留通常与所有权相联系的继续管理权，也没有对已售出的商品实施控制。

（3）收入的金额能够可靠地计量。

（4）与交易相关的经济利益能够流入企业。

（5）相关的成本能够可靠地计量。

目前,我国企业普遍采用的收入确认时点为开具销售发票时,而有些企业为了在当期增加利润,确认收入时实际上并不满足以上几个条件。比如,企业刚刚签订销售合同,并未发出商品,就开出销售发票,确认收入。

【例3-1】 华夏建通2007年年报附注显示,电子产品销售占主营业务收入的94.81%,华夏建通在2007年度只有5家客户。与主营业务收入相对应的应收账款期末余额中欠款金额前五名单位也占应收账款期末余额的100%。其中第一大欠款单位为北京亿信,占应收账款期末余额的93.16%。华夏建通年报显示,该笔欠款账龄为1年以内,属于2007年度实现收入。然而,北京亿信与华夏建通确实在2007年度签订长期购销协议,但合同规定,北京亿信将于2008年分批购入产品并支付货款。

(二)营业收入的品种构成及变动情况

在从事多种经营的情况下,企业不同种类商品或劳务的收入构成对信息使用者有十分重要的意义:占总收入比重大的商品或劳务是企业过去业绩的主要增长点。如果企业的利润主要来源于主营业务收入,那就说明企业的经营成果是稳定的;如果企业的利润主要来源于非主营业务收入,即使当年利润再高,企业的经营都可能是不稳定的。

分析营业收入的构成,一般是计算各经营项目的收入占全部营业收入的比重,再通过分析比重的变化了解企业各经营项目的变化幅度。由此考量企业提供的产品和服务是否与市场的需求一致。同时,企业提供的产品或劳务种类的变化也反映了企业发展战略的变化。

(三)营业收入的区域构成

对收入的区域构成进行分析,有助于预计企业未来期间的收入状况。分析方面包括:

(1)企业主要的收入是来源于国外还是国内。

(2)国内销售的部分主要集中于哪个区域。

(3)对企业尚未占领的区域是否有相应的推进计划。

(4)企业产品的配置是否适应了消费者的不同偏好。

(四)关联方交易收入占营业收入的比重

在对资产负债表进行分析时,我们提到过,为了实现企业所在集团的整体利益,关联方交易的交易价格很可能是非公允的。因此这种收入并不一定真实,报表使用者应当关注以关联方交易为主体形成的营业收入在交易价格、交易的实现时间等方面的非市场化因素。

(五)行政手段造成的收入占企业收入的比重

很多地方政府利用手中的行政权力干涉企业经营,最为明显的手段就是歧视外地企业,限制外地产品流入本地,从而为本地企业减少竞争和增加收益。通过这种手段增加的收入与企业自身的竞争力无关,质量不高,应当在财务分析中予以剔除。

二、营业成本

营业成本是指企业所销售商品或者提供劳务的成本,包括主营业务成本和其他业务成本。营业成本应当与所销售商品或者所提供劳务而取得的收入进行配比。

由于营业成本可以税前抵扣,在对营业成本进行分析时,应注意以下几方面:第一,随意改变结转产品销售成本的方法;第二,随意调节成本差异率;第三,不按比例结转成本;第四,少结转在产品完工程度,增加营业成本。

必须指出,影响企业营业成本水平的高低,既有企业不可控的因素(如受市场因素的影响而引起的价格波动),也有企业可以控制的因素(如在一定的市场价格水平条件下,企业可以通过选择供货渠道、采购批量等来控制成本水平),还有企业通过成本会计系统的会计核算对企业制造成本的处理。因此,对营业成本降低和提高的质量评价,应结合多种因素来进行。

【例3-2】 如某企业年初销售一批产品价款500万元,成本400万元,在1年内分4次收款,每次收款比率为25%,按季度收款,在4月份本应收取款项125万元,结转成本100万元,但该企业为了体现上半年的利润,采用人为少转成本的方法,只结转成本80万元,来达到虚增利润的目的。

三、销售费用

销售费用是指企业在销售产品、自制半成品和工业性劳务等过程中发生的各项费用,包括由企业负担的包装费、运输费、装卸费、展览费、广告费、租赁费(不包括融资租赁费),以及为销售本企业产品而专设的销售机构的费用,包括职工工资、福利费、差旅费、办公费、折旧费、修理费、物料消耗和其他经费。销售费用属于期间费用,在发生的当期就计入当期的损益。

对于销售费用的质量分析,主要注意以下几个方面。

(一) 查看销售费用的划归是否正确合理

设有独立销售机构(如门市部、经理部)的工业企业,其独立销售机构所发生的一切费用均列入销售费用。未设立独立销售机构且销售费用很小的工业企业,按规定,可将销售费用并入管理费用。商业企业在商品销售过程中所发生的各项费用属于商品流通费,一般不计入商品的销售成本,而是通过商品的售价来直接补偿。在安全投资的经济分析中,销售费用是计算经济效益的基础数据。

(二) 应当注意其支出数额与本期收入之间是否匹配

从销售费用的作用上看,一味地降低企业销售费用,减少相关开支,从长远来看不一定有利,所以在对销售费用的分析上,不应简单看其数额的增减。比如,企业在

第三章 利润表解读

新地域和新产品上投入较多的销售费用,在新地域设立销售机构和销售人员的支出,这些新的支出不一定能够在本期增加销售收入,但也许能给企业未来的发展带去新的活力。因此,对销售费用进行分析时应当慎重,应结合今后销售收入增长的可能性。

【例 3-3】 2008 年,伊利股份的营业收入同比增加了 11.87%,销售费用同比增加了 41.45%。公司的营销费用增幅巨大,一方面由于"三聚氰胺事件"以后,企业为了重新树立消费者对国内乳制品的消费信心,加大了广告费用投入以及进行巨额促销;另一方面伊利在 2008 年加强了奥运营销,提升伊利品牌形象、体现伊利责任,最终经过努力成为了北京奥运会赞助商。2008 年,伊利的销售费用比重较大,减少了当年的利润,但从此后的影响来看,2008 年巨额的广告投入也给伊利带去了强大的广告效应,树立了良好的品牌形象,为伊利后续的发展打下了较好的基础。

四、管理费用

管理费用是指企业的行政管理部门为管理和组织经营而发生的各项费用,包括管理人员工资和福利费、公司一级折旧费、修理费、技术转让费、无形资产和递延资产摊销费及其他管理费用(办公费、差旅费、劳保费、土地使用税等)。

对管理费用进行分析时应注意以下几个方面。

(一)管理费用与主营业务收入的配比

通过与同行业的比较,以及本企业历史水平的分析,考察管理费用与主营业务收入的配比是否合理。一般认为,费用越低,收益越高,但事实并非一直如此。正如以上对销售费用的分析一样,管理费用的支出情况还要结合以前各期支出水平、企业当前的经营状况以及企业未来的发展方向来进行合理性分析。

(二)管理费用与财务预算比较

从成本特性角度来看,企业的管理费用基本属于固定性费用,在企业业务量一定、收入量一定的情况下,有效地控制、压缩那些固定性行政管理费用,将会给企业带来更多的收益。管理费用既然是一种与企业的成本不直接相关的间接费用,它也在一定程度上代表了企业生产一线与管理二线的比重。其数额的大小代表了该企业的经营管理理念和水平。管理费用具有种类繁杂、数额较大、管理不便的特点。对此,可将其与财务预算的数额比较,分析管理费用的合理性。

(三)查看是否存在任意扩大开支范围,提高费用标准的现象

按照财务会计制度的规定,各项开支均有标准,但在实际工作中,却存在着许多乱花、乱摊、乱计费用的问题。有些企业为了自身的经济利益,违反财务会计制度的规定,任意扩大开支范围和提高开支标准,从而提高企业费用水平,减少当期利润。另外,需要注意的是,企业是否存在将管理费用转作待摊处理的现象。有些企业为了实现既定利润目标,就采用从本期发生的期间费用总额中转出一部分数额列作待摊费用的作假手法来达到目的。

【例 3-4】 某企业年计划利润 300 万元,1~11 月份已实现利润 270 万元,尚需实现 30 万元的利润才可达到计划,但该企业根据实际情况预计 12 月份至多能实现利润 20 万元。为了完成 300 万元的利润目标,该企业财务人员从管理费用中转出 10 万元记入"预付账款"账户,并结转下年度挂账,从而使当期利润达到既定目标。

五、财务费用

财务费用是指企业为筹集生产经营所需资金等而发生的费用,包括企业生产经营期间发生的利息支出(减利息收入)、汇兑净损失(有的企业如商品流通企业、保险企业进行单独核算,不包括在财务费用)、金融机构手续费,以及筹资发生的其他财务费用,如债券印刷费、国外借款担保费等。对财务费用的分析主要从以下几方面进行。

(一)利息支出的审查

(1)是否存在混淆资本性支出与收益性支出界限的现象。企业当年列支的利息支出是否确实属于当年损益应负担的利息支出,有无将应由上年度或基建项目承担的利息支出列入当年损益。

(2)利息支出列支范围是否合规,注意审查各种不同性质的利息支出的处理是否正确。一般而言,企业流动负债的利息支出应计入财务费用,而对于企业长期负债的利息支出,筹建期间产生的利息支出应计入开办费,生产经营期间产生的利息支出应计入财务费用,清算期间产生的利息支出应计入清算损益;与购建固定资产或无形资产有关的在其竣工之前所发生的利息支出应计入购建资产价值;企业的罚款违约金应列入营业外支出。

(3)审查存款利息收入是否抵减了利息支出,计算是否正确,特别应注意升降幅度较大的月份,分析其原因。有些企业在实务操作中,违反财务会计制度的规定,将利息收入转作"小金库",不冲销财务费用,而虚增期末利润。

(二)汇兑损失的审查

(1)审查企业列支的汇兑损益是否确已发生,即计算汇兑损益的外币债权债务是否确实收回或偿还,调剂出售的外汇是否确已实现。

(2)审查汇兑损益计算的正确性,计算方法的前后一致性。

(3)审查有无将不同数量的外币之间的记账本位币差额当成汇兑损益的现象。

(4)审查企业经营初期发生的汇兑损益,尤其是外汇调剂、汇兑损失应查明发生的具体时间,有无为了延续减免税期,而人为地将筹建期间发生的汇兑损失计入生产经营期间汇兑损失的行为。

（三）各种手续费的审查

主要审查各种手续费的真实性、合法性、合理性及计算正确与否；有无将应列入其他费用项目的或者应在前期、下期列支的手续费计入当期财务费用。

总之，财务费用由企业筹资活动而发生，因此在进行财务费用分析时，应当将财务费用的增减变动和企业的筹资活动联系起来，分析财务费用的增减变动的合理性和有效性，发现其中存在的问题，查明原因，采取对策，以期控制和降低费用，提高企业利润水平。

【例3-5】 某制造企业于2008年年初向银行借款用于厂房扩建，2009年年底竣工。但企业在2010年1月的账务处理中依然将这笔费用记入"在建工程"账户，少计财务费用，虚增了利润。

六、资产减值损失

资产减值损失是指企业根据资产减值准则等计提各项资产减值准备时，所形成的或有损失。根据企业会计准则的规定，企业应当在会计期末对各项资产进行全面检查，并根据谨慎性原则的要求，合理地预计各项资产可能发生的损失，对可能发生的各项资产减值损失计提相应的减值准备。计提资产减值准备，一方面减少了资产的价值，另一方面也形成了一项费用，减少企业的利润。

资产减值准备的计提对提高会计信息质量起着十分重要的作用。

对资产减值损失的分析应从以下几方面入手：

第一，结合会计报表附注，了解资产减值损失的具体构成情况，即企业当年主要是哪些项目发生了减值。

第二，结合资产负债表中有关资产项目，考察有关资产减值的幅度，从而对合理预测企业未来财务状况提供帮助。

第三，将当期各项资产减值情况与企业以往情况、市场情况及行业水平配比，以评价过去、现在，分析其变动趋势，预测未来。

第四，查看企业是否存在滥用资产减值准备转回的情况。

七、投资收益

投资收益是对外投资所取得的利润、股利和债券利息等收入减去投资损失后的净收益。投资收益包括对外投资所分得的股利投资收益和收到的债券利息，以及投资到期收回的或到期前转让债权取得款项高于账面价值的差额等。投资活动也可能遭受损失，如投资到期收回的或到期前转让所得款低于账面价值的差额，即为投资损失。投资收益减去投资损失则为投资净收益。

随着企业握有的管理和运用资金权力的日益增大，资本市场的逐步完善，投资活动中所获取的收益或发生的亏损,虽不是企业通过自身的生产或劳务供应活动所得,却是企业营业利润的重要组成部分,并且其比重发展呈越来越大的趋势。因此,对投资收益这一项目的重视程度也必须加以提高。投资收益的分析主要从以下几个方面进行。

(一)投资收益的确认和计量过程分析

企业的投资收益是企业投资活动带来的收益,从投资收益的确认和计量过程来看,债权投资收益将对应企业的货币资金、交易性金融资产、持有至到期投资等项目;股权投资收益将对应企业的货币资金、交易性金融资产、持有至到期投资等项目。在投资收益对应企业的货币资金、交易性金融资产的条件下,投资收益的确认不会导致企业现金流转的困难;在投资收益对应企业的长期投资而企业还要将此部分投资收益用于利润分配的条件下,这种利润分配将导致企业现金流转的困难。也就是说,对应长期投资增加的投资收益,其质量较差。

(二)投资收益的构成分析

投资收益明细表如表3-3所示。

表3-3 投资收益明细表

项　目	上年数	本年数	差异数
一、投资收入			
1. 债券投资收益	×××	×××	×××
2. 其他股权投资收益(成本法)	×××	×××	×××
3. 在按权益法核算的被投资公司的净损益中所占的份额	×××	×××	×××
4. 股权投资转让损益	×××	×××	×××
投资收入合计	×××	×××	×××
二、投资损失			
1. 债券投资损失	×××	×××	×××
2. 股票投资损失	×××	×××	×××
3. 其他投资损失	×××	×××	×××
投资损失合计	×××	×××	×××
投资净收入	×××	×××	×××

通过投资明细表可以了解企业对外进行股票、债券等各种投资所取得的利润、利息、股利等投资收入减去投资损失后的余额,了解企业投资效益的状况,企业可总结

第三章 利润表解读

经验,争取能取得更多投资收益。

（三）投资收益比重分析

对多数企业来说,对外投资的主要目的是为了获取利润。投资收益增加,自然也增加了企业利润和利润分配能力。但是,如果这部分收益占收入总额比重过大的话,说明企业的盈利结构是不稳定的,风险较大。

一个公司的营业利润应该远远高于其他利润。除了专业投资公司以外,一般企业对外投资的主要目的不是取得投资收益,而是为了控制被投资公司,以取得销售、供应等方面的协同效应。如果企业对外投资是为了赚取投资收益,依靠非经营收益来维持较高的利润是不正常的,也是没有发展前景的。如果一个公司的投资收益占了大部分,则可能意味着公司在自己的经营领域里处于下滑趋势,市场份额减少,只好在其他地方寻求收入以维持收益,这无疑是危险的。

八、营业外收入

营业外收入是指企业发生的与其生产经营无直接关系的各项收入,其核算内容主要包括非流动资产处置利得、非货币性资产交换利得、债务重组利得、政府补助、盘盈利得、捐赠利得、罚没利得、教育附加费返还款和确实无法支付而按规定报批后转作营业外收入的应付款项(相当于债务重组利得)。

虽然营业外收入与企业生产经营活动没有直接关系,但与税收有着密不可分的内在联系。

对营业外收入进行分析时应注意以下几个方面:应属营业外收入的项目,有无不及时转账,长期挂在"其他应付款"、"应付账款"账户的情况;应属营业外收入的项目,有无将营业外收入直接转入企业税后利润,甚至作账外处理或直接抵付非法支出的情况。

需要指出的是,营业外收入基本为非持续性利润,属偶然利润,此项利润没有保障,不能期望它经常或定期地发生,偶然交易利润比例较高的企业,其收益质量低,不代表企业的盈利能力。

【例3-6】 京东方A在2009年发布修正公告称,公司最新2009年净利润预计约为0.2亿～1.2亿元,基本每股收益约0.003 2～0.019 4元。而在2009年三季报中,京东方A预计2009年全年净利润约亏损10亿元,基本每股收益－0.16元。对于业绩巨变的原因,公司表示,主要是公司坚持技术创新,采取了优化产品结构、降成本、降费用等一系列经营改善措施。而分析人士指出,公司罗列的众多扭亏原因中,最关键的实际是各种政府贷款贴息和科研补贴,以及对增发股份的财务处理。因此,公司该年业绩扭亏的因素并不能长久维持,未来的业绩增长还是要看其最新产品的研发和销售情况。

九、营业外支出

营业外支出是指企业发生的与企业日常生产经营活动无直接关系的各项支出，包括非流动资产处置损失、非货币性资产交换损失、债务重组损失、公益性捐赠支出、非常损失、盘亏损失等。营业外支出是偶发性的支出，不具有经常性的特点，一般情况下发生的金额较小，对企业利润的影响也较弱，如果某个期间企业该项损失的金额较大，就得关注发生的原因，因为它对企业业绩的影响也不容小觑。

在对营业外支出项目进行分析时，可从以下方面着手：

(1) 结合考察企业的盈利能力对营业外支出项目的异常进行分析。与营业活动的收入和费用不同，营业外收入和营业外支出不存在对应或配比关系，某种事项的发生可能有收入而不需要为此付出什么；同样，有些事项的发生仅仅有"付出"而不会得到什么"回报"。因此，这类事项如果出现异常，则需要财务报告使用者作一些特殊处理，如考察企业的盈利能力。

(2) 结合公司大事对营业外支出中的大额支出项目进行分析。基于营业外支出偶发性和在未来没有持续性的特性，一些重大的营业外支出项目会在公司的公告中予以披露，因此，结合公司大事来分析该项目支出的合理性也是一种方法。

【例3-7】 深圳A股上市公司农产品(000061)发布公告，公司为深圳市民润农产品配送连锁商业有限公司提供贷款担保，但民润公司却未能如期履行还款义务，导致农产品被扣划1.36亿元，预计此事件对上市公司2010年度损益的影响约为−7107万元。预计负债损失成为农产品亏损的一个重要影响因素。

十、所得税费用

所得税费用是指企业为取得会计税前利润应交纳的所得税。由于会计和税法之间的分离，会计上核算的所得税费用与按照税法计算应交纳的所得税并不相同，它并非简单地根据利润总额的数字乘以相应的所得税率计算而得。在很多情况下，利润总额并不等于应纳税所得额，造成两者差异的根本原因在于存在许多纳税调整因素。因此，所得税费用包括两个部分：一个是当期应当交纳的部分，即按照税法计算的应交所得税，另一部分是在当期发生但是在以后期间交纳的部分，即递延所得税。所得税费用的计算公式为：

所得税费用 = 当期应交所得税 + 递延所得税负债 − 递延所得税资产

所得税费用的分析主要也是从当期所得税和递延所得税两方面进行。

(一) 当期所得税

当期所得税存在问题的可能性不大。因为企业在当期所得税方面的节约，属于

第三章 利润表解读

企业税收筹划的范畴,与企业常规的费用控制具有明显的不同,因此,企业对当期所得税不存在常规意义上的降低或控制问题。

(二) 递延所得税

分析所得税费用,应结合资产负债表的递延所得税资产、递延所得税负债和应交税费项目来分析本项目的质量。应关注企业对于资产负债的计税基础确定是否公允,同时应注意如果存在非同一条件下的合并,则递延所得税应调整商誉,以及对于可供出售金融资产公允价值变动导致的递延所得税应计入所有者权益,对于这两项资产负债账面价值与计税基础导致的递延所得税不能计入所得税。同时,还需关注企业确认的递延所得税资产是否以未来期间可能取得的用来抵扣可抵扣暂时性差异的应纳税所得额为限,超出的部分因在后期不能转回,所以在本期不能确认为递延所得税资产。

【例 3-8】 ST 平能公司与平煤集团进行了资产置换。在置换前,公司截至 2006 年年末累计亏损 1 363 754 813.04 元,在资产置换后,以目前公司盈利能力来计算,公司有能力在 5 年内弥补以前年度亏损。2007 年 8 月 9 日,经该地方税务局批复同意允许 ST 平能公司在税法允许的年限内对 2002 年至 2006 年的亏损额用以后不超过 5 年的应纳税所得额弥补亏损,累计可弥补亏损额 1 318 050 919.89 元。因此,本期根据内蒙古自治区赤峰市元宝山区地方税务局确认的可弥补亏损额,分别追溯调整增加 2006 年期末的公司递延所得税资产以及调整增加 2006 年期末未分配利润 434 956 803.56 元,会计报表相关项目期初数已按调整后金额列示。

第三节 利润表趋势分析

利润表的趋势分析是对企业盈利状况及变化趋势所进行的总体性分析。它通过编制比较利润表,将企业利润表中各项目的本期数与上期数进行比较,采用增减变动额和增减百分比相结合的方式,对企业各损益项目的增减变动情况进行分析,从而了解企业的盈利状况及其变化趋势。

下面我们以 MDDQ 公司为例,选取其 2009 年度及 2010 年度的利润表进行分析,通过整理,计算得到比较利润表,见表 3-4。

表 3-4 MDDQ 公司比较利润表

(2009 年度至 2010 年度)

项目	2009 年	2010 年	增减额	增减百分比
一、营业收入	2 720 194.20	10 765 861.01	8 045 666.81	295.78%
减:营业成本	2 379 373.57	10 132 465.66	7 753 092.09	325.85%

(续表)

项目	2009年	2010年	增减额	增减百分比
营业税金及附加	24 944.76	31 382.55	6 437.79	25.81%
销售费用				
管理费用	238 482.79	449 519.20	211 036.41	88.49%
财务费用	11 483.48	−79 411.23	−90 894.71	−791.53%
资产减值损失	393.71	247.25	−146.46	−37.20%
加:公允价值变动损益				
投资收益	594 181.47	860 922.39	266 740.92	44.89%
二、营业利润	659 697.36	1 092 579.97	432 882.61	65.62%
加:营业外收入	7 393.84	15 058.13	7 664.29	103.66%
减:营业外支出	9 182.90	9 694.10	511.20	5.57%
三、利润总额	657 908.30	1 097 944.00	440 035.70	66.88%
减:所得税费用	8 015.32	96 052.07	88 036.75	1 098.36%
四、净利润	649 892.98	1 001 891.93	351 998.95	54.16%

通过对 MDDQ 公司 2009 年及 2010 年的数据进行趋势分析,可以初步得到以下几个结论:

(1) MDDQ 的营业收入在 2010 年得到大幅增长。2010 年较 2009 年增长达到 295.78%,主要系本年销售规模扩大所致。

(2) 营业收入增长的同时,营业成本的增长幅度更快于营业收入,2010 年,营业成本较 2009 年的增长幅度达到 325.85%,这直接导致了 2010 年净利润水平的下降。其主要原因在于原料成本上升。同时公司实施规模优先,提升市场占比的经营策略使营业收入的增长速度没有赶上营业成本的增幅。

(3) 管理费用在 2010 年增长 88.49%。主要原因在于规模增长及研发投入有所增加。公司总部大楼的建成,收购无锡小天鹅之后,企业规模进一步扩大,因此相关的管理费用增加。同时,为了在竞争极其激烈的家电行业中异军突起,必须不断研发新产品,加大研发投入。从该项目,我们看到了企业扩张和重视创新。

(4) 财务费用在本期为负数,较 2009 年降低了 791.53%,可见该公司在该年度获得了大额的利息收入。货币资金在本期得到较大增加,而企业的短期借款和长期借款数额均为零,企业的自有资金质量良好,因此,2010 年,企业的财务费用为负数。但同时也看到,企业还可以充分利用财务杠杆进行融资。

(5) 资产减值损失在 2010 年较 2009 年降低了 37.20%,结合资产负债表,我们可以看到,资产减值损失较上年大幅减少,主要是应收账款余额下降,计提的坏账准备也相应减少所致。

(6) 营业外收入在 2010 年有所增长,且增幅达到 103.66%,这对公司最后的利润作出了一定贡献,但也应该注意到靠营业外收入的增加来提升净利润值不是长远之计。

(7) 所得税费用的增长幅度比较大,企业可以考虑是否存在税收筹划的空间。

(8) 2010 年,MDDQ 公司的净利润相较 2009 年增长 54.16%。净利润的增幅虽然不大,但这是该公司产业规模、行业地位与竞争实力全面提升的体现。

第四节 利润表结构分析

利润表的结构分析实质上是要求报表分析者关注利润的组成结构,以及收入、费用、成本的组成结构。利润的来源有很多,不同来源的收益会影响到企业的盈利质量。同时,我们还要关注收入、成本、费用组成结构,因为它关系到企业的盈利能力。

通过趋势分析,可以判断单一项目在连续期间的变化,但是这种分析有一定的局限性,首先,趋势分析难以判断分析的重点项目;其次,趋势分析不能从整体角度来分析利润表,人为地割裂了各个项目之间的关系。因此还应当进行利润表结构分析,主要的方法仍然是构建共同比报表,将利润表中的每个项目与一个共同项目(一般是主营业务收入)相比,计算比率,以此分析企业利润的产生过程和结构。进而还可以通过每年的共同比报表中的比率数据,形成比较共同比利润表,从而分析利润表结构随时间的变动情况及变动原因。

下面我们以 MDDQ 公司为例,选取其 2008 年度至 2010 年度的利润表进行分析,通过整理,计算得到共同比利润表,见表 3-5。

表 3-5 MDDQ 公司共同比利润表

(2008 年度至 2010 年度)

项　　目	2008 年	2009 年	2010 年
一、营业收入	100.00%	100.00%	100.00%
减:营业成本	19.59%	87.47%	94.12%
营业税金及附加	5.61%	0.92%	0.29%
销售费用	0.00%	0.00%	0.00%
管理费用	112.80%	8.77%	4.18%
财务费用	−18.38%	0.42%	−0.74%
资产减值损失	−0.21%	0.01%	0.00%
加:公允价值变动损益	−6.84%	0.00%	0.00%
投资收益	249.67%	21.84%	8.00%

(续表)

项　　目	2008年	2009年	2010年
二、营业利润	223.42%	24.25%	10.15%
加:营业外收入	1.52%	0.27%	0.14%
减:营业外支出	10.29%	0.34%	0.09%
三、利润总额	214.64%	24.19%	10.20%
减:所得税费用	0.45%	0.29%	0.89%
四、净利润	214.19%	23.89%	9.31%
五、其他综合收益	0.00%	0.04%	0.13%
六、综合收益总额	214.19%	23.93%	9.44%

经过分析,我们可以得到以下结论:

(1) 近两年,营业成本不断提高,说明公司的主营业务能够给它带来的利润空间越来越小。

(2) 通过利润表的趋势分析,我们看到,2010年,管理费用的绝对值有所提升,但是该数额仅占营业收入的4.18%,且与前两年相比降低的幅度大,说明企业在进行扩张的同时,管理水平也在不断提高。

(3) 2010年,投资收益占营业收入的比重仅为8%,且逐年下降,可见,投资收益对该公司的利润贡献率越来越低。

(4) 企业的营业利润和利润总额比重都有大幅降低,2010年两者均占营业收入的10%左右。可见,近年来,家电行业竞争日益激烈的环境,使该行业的利润空间越来越小,企业如何提升自己的实力,提高利润质量是其目前急需解决的问题。

第五节　利润质量分析

作为反映企业经营成果的指标,会计利润在一定程度上体现了企业的盈利能力。同时也是目前我国对企业经营者进行业绩考评的重要依据。然而会计分期假设和权责发生制原则却使得某一期间的利润并不一定具有可持续性、利润带来的资源不一定具有确定的可支配性。因此,人们在关注企业盈利能力的同时,更应该重视对企业利润质量的分析。

一、影响利润质量的因素

利润质量是指企业利润的形成过程以及利润结果的合规性、效益性及公允性。从概念上来讲,可以对利润质量从高和低两个极端情况作出区分。如果报表利润是

第三章 利润表解读

对公司过去、现在和将来经济价值创造能力的可信任和可靠的评价,那么这项利润就被认为是高质量的。相对而言,所谓低质量,是指公司财务报表上的利润对公司过去的、目前的经济成果以及将来经济前景的描述具有误导性。利润质量定义中的着重点是关于报告利润反映公司实际情况的程度。

影响上市公司利润质量的因素错综复杂,仅从公司财务管理和会计核算的角度看,影响上市公司利润质量的因素主要有会计政策、财务状况、利润构成、利润的稳定性、现金流量、信用政策及存货管理水平等。

(一) 会计政策

影响上市公司利润质量的会计政策主要有以下方面:

第一,虚拟资产的处理。不及时确认、不正确摊销已经发生的费用和损失,会对利润产生一定的影响。

第二,"利润储存器"的设置。不切实际地估计退货、票据贴现损失等"或有事项",会对利润产生一定的影响。

第三,资本性支出和收益性支出的混淆。人为地混淆资本性支出和收益性支出,会对利润产生一定的影响。

第四,不良资产的长期挂账。对高龄应收账款、存货跌价和积压损失、投资减值损失等不良资产不作消化处理,长期挂账,会造成虚盈实亏。

第五,会计政策的变更。如通过对长期投资核算成本法和权益法、固定资产折旧的直线法和非直线法的转换,都会对利润产生一定的影响。

(二) 财务状况

影响上市公司利润质量的财务状况的指标主要体现在以下三个方面:

一是资金营运能力的强弱。如固定资产周转速度,应收账款、存货等流动资产周转速度的快慢反映出不同的上市公司使用同样数量的资金创造盈利的能力不同。如果一个公司资金周转速度快,其利润质量更高,盈利能力的发展后劲更大。可以说,资金营运能力在某种程度上体现了一个公司的财务管理水平和公司应付重大不确定事项和危机的能力。

二是偿债能力的强弱。如流动比率、速动比率、资产负债率等指标的高低。一般而言,偿债能力强的公司利润质量好。

三是资产质量水平高低。所谓资产质量实际上就是资产的盈利能力。利润相同,资产质量水平高的上市公司,利润质量肯定要高。

(三) 利润构成

利润由三个主要部分组成:营业利润、投资收益和营业外收支净额。在利润的总体构成内容中,营业利润特别是主营业务利润及其所占比重大小是决定企业利润是否稳定可靠的基础。营业利润是公司营业活动中所实现的利润,它是企业营业收入与营业成本、销售费用、管理费用、财务费用的配比结果,是企业净利润的主要源泉。它产生于日常经营,具有长久性和可重复性,体现了企业的总体经营管理水平和效果。同时,营业利润也是企业生存发展的基础,它的多少代表了企业相对稳定的盈利能力和企业竞争能力的强弱程度。因此,营业利润是衡量利润质量高低的重要参考标准,它可以使会计信息使用者更准确地把握公司利润质量,通过连续地考察此项指标,可以判断公司未来发展前景。营业利润占利润总额比重越高,公司利润的持续性就越强,利润质量就越高;反之,利润质量就越低。

(四)利润的稳定性

利润的稳定性是指公司连续几个会计年度利润水平变动的波幅及趋势的平稳性,它取决于公司业务结构、商品结构等稳定性。从企业长期发展的角度来看,保持稳定的利润水平和平稳的增长速度,并且使经济利益真正流入企业是判断利润质量高低的标准。我们可以用两项指标进行判断:

(1) 利润期限比率=本年度利润额÷相关分析期年度平均利润额

这项指标揭示本年度利润水平波动幅度,一般情况下若波动幅度较大,说明利润稳定性较差,利润质量可能较低,应当引起关注。此外,用这项指标还可以评价与判断企业利润的稳定性和未来的发展趋势。

(2) 现金流入量结构比率=经营活动产生的现金流入量÷现金流入总量

现金流入总量包括经营活动产生的现金流入量、投资活动产生的现金流入量以及筹资活动产生的现金流入量。经营活动的现金流量与企业经营活动所产生的利润有一定的对应关系,并能为企业的扩张提供现金流量的支持。

(五)现金流量

净利润来源于损益表,反映的仅是权责发生制下的盈利水平,而经营活动现金流量来源于现金流量表,现金流量表是以收付实现制为基础编制的,该表结构严谨,存在勾稽关系,可相互核对,其真实性较强。将利润同现金流量联系起来,分析利润是否有足够的现金保证,作为评价利润质量的标准。如果营业利润现金保证率(经营活动现金净流量/净利润)、销售收入现金回收率(经营活动现金净流量/销售收入)、资产现金回报率(经营活动现金净流量/资产平均占用额)等指标数值高,说明盈利的现金保障好,利润质量好;反之就是低质量的利润,不仅无能力分配,可能还存在虚假问题。

(六)信用政策及存货管理水平

从静态角度来看,宽松的信用政策和稳健的存货投资策略,会产生较高水平的应收账款和存货占用资金,这意味着存在较高的机会成本和潜在的坏账等,会造成账面利润虚增。同时,由于销售收入有较大部分没有形成现金流入,从而进一步加大了账面利润与净现金流量的差距,降低了利润质量。相反,严格的信用政策和激进的存货

第三章 利润表解读

投资策略,则不会降低利润质量。

从动态角度来看,只有本期的应收账款和存货占用资金大于或小于前一期,才会对利润质量产生影响。这种情况发生在信用政策和存货投资策略执行不力以及信用政策和存货投资策略发生变化等。因此,为了提高利润质量,企业应根据自身实际情况和竞争需要,制定适当的信用政策和存货投资策略,并根据环境变化作适当调整。这要求企业有较高的管理水平,政策一旦制定就应严格执行。

二、利润质量恶化的表现形式

公司利润质量恶化的危险信号必然会反映到公司各方面,对于管理者而言,可从以下信号判断利润质量是否存在恶化的可能性。

(一)企业扩张的速度过快

在企业的发展过程中,业务规模、业务种类的扩张是正常现象。但是,如果企业在一定时期内扩张速度过快,涉及领域过多、过宽,必然出现一系列的问题。如资金分散,管理难度加大,管理成本提高,管理人员的素质不能满足扩张后的要求。由于缺乏对新开拓市场的技术、管理及市场的了解,可能在经营过程中产生决策失误,使得企业利润质量恶化。

(二)企业成本费用的异常下降

在对利润表进行分析时,经常会发现收入项目增加,而成本费用项目下降的情况。如果成本下降的幅度过大,应结合企业内部管理水平的高低、市场环境的变化、供求关系的变化等方面进行分析。另外,还应注意企业是否存在反常压缩成本的可能性。

(三)应收、付账款规模和期限的不正常

在企业赊销政策一定的条件下,企业的应收账款规模应该与企业的营业收入保持一定的对应关系,企业的应收账款平均收账期应保持稳定。但是,如果企业为了刺激销售而放宽信用政策,导致应收账款的规模增加、应收账款的平均收账期延长,则应对这种情况给予足够的关注。应收账款不正常的增加,其增长速度大大高于企业主营业务收入和利润的增长速度,如企业大量的货币不能及时收回,会使企业产生呆账、坏账的风险加大,使得企业利润质量不佳。

应付账款是企业赊购商品或其他存货而引起的债务。在企业供货商赊销政策一定的条件下,企业应付账款规模应该与企业的采购规模保持一定的对应关系。在企业产销较为平稳的条件下,企业的应付账款规模还应该与企业的营业收入保持一定的对应关系。企业的应付账款平均付款期应保持稳定。但是,如果企业的购货和销售状况没有发生很多的变化,企业的供货商也没有主动放宽赊销的信用政策,那么,企业应付账款规模的不正常增加、应付账款平均付账期的不正常延长,表明企业支付能力恶化、资产质量恶化、利润恶化。

（四）企业存货周转速度过于缓慢

如果存货周转速度过于缓慢，则说明企业存货的质量、价格、存货的控制或营销策略等方面存在问题。在营业收入一定的条件下，存货周转速度越慢，企业占用在存货上的资金也就越多。过多的存货占用会增加资金占用，进而增加利息支出，必然会增加企业存货的存储成本、机会成本等，使得企业利润质量下降。

（五）企业无形资产规模的不正常增加

从对无形资产会计处理的一般惯例来看，企业自创无形资产所发生的研究支出和开发支出，一般应计入当期的损益表，冲减利润。在资产负债表上作为无形资产列示的无形资产主要是从外部取得的无形资产。如果企业出现了无形资产的不正常增加，则有可能是企业为了减少研究支出和开发支出对利润的冲击而进行的一种处理。

（六）企业计提的各种准备金过低

虽然企业应当对其短期投资、短期债权、存货以及长期投资计提减值准备，对固定资产计提折旧，但是企业计提减值准备以及计提折旧的幅度，取决于企业对有关资产减值程度的主观认识以及企业会计政策和会计估计的选择。通过计提较低的准备和折旧来使企业利润增加，是不可取的。

（七）过度负债导致的与高利润相伴的财务高风险

公司举债过度，除了发展、扩张性原因外，还可能是公司通过正常经营活动、投资活动难以获得正常的现金流量支持的结果。在回款不利，难以支付经营活动所需现金流量的情况下，只能依靠扩大贷款规模来解决。

（八）企业利润中的非主营业务利润比重偏大

企业的利润主要来自营业利润，当企业营业利润增长的潜力挖尽，而又没有发现新的利润增长点的情况下，为了维持一定的利润水平，有时会通过非主营业务实现的利润来弥补营业利润和投资收益的不足。如通过出售固定资产来获取利润，大量的从事其他业务来获取利润，使得利润表中的利润水平不会下降。这种方法在短期内可以使企业维持表面的繁荣，但是会与企业的长期发展战略产生冲突。这种经营上的短期行为可能会导致未来收入的下降。

（九）企业利润多，却不采用现金股利分配

目前，我国股份企业的股利分配形式主要采用两种，即股票股利和现金股利。是否分配现金股利，要考虑企业的股利分配政策、企业的投资机会和是否有充足的现金来源。如果企业可供分配的利润较多，并且没有合适的投资机会，又不分配现金股利，则可以认为企业目前处于现金支付能力较差、资产的流动性较弱、获利能力较低的状态，或者表明企业的管理层对未来的前景信心不足。

(十)非正常的企业会计政策和会计估计变更

按照会计的一致性原则的要求,企业的会计政策和会计估计前后各期应保持一致,不得随意变更。按照我国《企业会计准则——会计政策、会计估计变更和会计差错更正》的要求,会计政策的变更必须符合下列条件之一:①法律、行政法规或国家统一的会计制度等要求变更;②改变原有会计政策、按新的会计政策进行核算可以对外提供更可靠、更相关的会计信息。不符合条件的变更,应当被认为是企业利润状况恶化的一种信号。

三、上市公司利润质量分析应注意的问题

(一)盈利能力分析和风险分析相结合

对企业的盈利能力进行分析评价的指标主要有销售利润率、净资产收益率和总资产报酬率等。一般来说,如果企业的各项盈利能力指标高于行业平均值,那么可以认为其盈利能力较好。但是,在分析盈利能力时,不能仅看计算出的比率,必须要考虑上文提到的影响利润质量的因素。

(二)利润构成因素分析时,要采用不良资产、关联交易、异常利润剔除法

首先,通过主营业务利润在利润总额中所占比重的大小,分析本期利润构成是否合理;其次,将连续若干期的利润构成进行比较,以掌握利润构成的变动趋势和发展规律;最后,利润质量分析一般只涉及公司正常的经营情况,因此应采用不良资产、关联交易和异常利润剔除法将非正常或非经营性项目及会计政策变更的影响排除在外。

(三)现金流量因素分析时,要采用现金流量和利润的对比法

对公司的净利润和经营活动的现金净流量进行比较来说明公司利润质量的高低程度时,要注意两者的可比性问题。应当将经营活动产生的现金净流量、投资活动产生的现金净流量、公司总的现金净流量分别与主营业务利润、投资收益、公司净利润进行比较,这样不仅更具有可比性,而且可以分别判断公司主营业务利润、投资收益和净利润的质量状况。

(四)要注重上市公司成长性的分析

成长性分析可通过以下评价指标进行:公司利润留存率和再投资率的高低;公司近几年盈利趋势如何;公司今年利润的取得,是否是真正意义上的本年绩效;公司属于技术密集型、资本密集型,还是劳动密集型企业,产品的科技含量如何,公司未来发展战略等。

本章小结

本章主要介绍了利润表的概念、作用和格式。利润表反映了企业一定期间内的

经营成果,我国利润表的格式分为单步式利润表和多步式利润表。

在此基础上,分别对利润表各个项目的内容及分析方法进行了阐述。利润表的趋势分析主要采用比较利润表分析法。利润表的结构分析可以通过利润共同比利润表来完成。

利润质量恶化的表现形式多种多样,影响利润质量的因素主要有会计政策、财务状况、利润构成、利润的稳定性、现金流量、信用政策及存货管理水平等。在对上市公司利润质量进行分析时,应注意以下问题:盈利能力分析和风险分析相结合;利润构成因素分析时,要采用不良资产、关联交易、异常利润剔除法;现金流量因素分析时,要采用现金流量和利润的对比法;要注重上市公司成长性的分析。

复习思考题

一、简答题

1. 利润质量恶化的具体表现有哪些?
2. 影响主营业务利润增减的因素有哪些?
3. 怎样进行利润表的趋势分析?
4. 怎样进行利润表的结构分析?
5. 试以某上市公司的年报为例,对该公司的利润表进行趋势分析。

二、计算分析题

1. 某公司简化的2010年及2011年利润表数据如表3-6所示。

表3-6 利 润 表 单位:千元

项 目	2010年	2011年
一、营业收入	100 000	120 000
减:营业成本	30 000	36 000
营业税金及附加	6 500	7 400
加:投资收益	10 000	1 000
二、营业利润	73 500	77 600
加:营业外收入	4 000	6 000
减:营业外支出	5 000	8 000
三、利润总额	72 500	75 600

要求:计算各项目2011年相对2010年的差异额及差异百分比,并对其进行趋势分析。

2. 某公司2009年度和2010年度简化的利润表如表3-7所示。

第三章 利润表解读

表 3-7 利 润 表   单位:万元

项　目	2009年	2010年
一、营业收入	40 938	48 201
减:营业成本	26 801	32 187
营业税金及附加	164	167
销售费用	1 380	1 537
管理费用	2 867	4 279
财务费用	1 615	1 855
加:投资收益	990	1 250
二、营业利润	9 101	9 426
加:营业外收入	344	364
减:营业外支出	59	33
三、利润总额	9 386	9 757

要求:

(1) 编制结构百分比财务报表,计算百分比至小数后两位。

(2) 简要评述该公司两年的各项财务数据变动情况,并分析原因。

第四章 现金流量表解读

学 习 目 标

1. 了解现金流量表的概念、作用、分类、编制方法及结构
2. 理解并掌握现金流量三大项目的内容及其质量分析
3. 重点掌握现金流量表趋势分析
4. 重点掌握现金流量表结构分析
5. 理解并掌握现金流量表分析时应注意的问题

美国前证券管理委员会主席罗德·威廉斯曾经说过,如果让他在拥有利润信息和现金流量信息之间作一个比较选择,那么今天他就选现金流量。流动的现金是企业的血液,企业的收入与支出最终都表现为现金的流入和流出。一旦大量的收入最终无法表现为现金的流入,企业就会面临诚信危机,最终面对万般无奈的选择——申请破产保护。现实中,企业的投资收益率及利润状况良好,却面临现金短缺的问题,常常是企业经营者所面临的困扰。所以,目前许多企业和投资者在重视资产负债表和利润表的同时开始关注和看重现金流量表。现金流量表不再是每年年终财务部门的例行公事,而是经营者进行经营分析不可或缺少的重要工具之一。特别是随着市场经济发展日趋成熟的今天,在企业组织规模较大、结构日趋复杂的大型企业管理中,现金的管理与控制已成为企业财务管理的关键。

第一节 现金流量表概述

一、现金流量表的含义

现金流量表是反映企业在一定时期现金流入和现金流出动态状况的报表。现金

第四章　现金流量表解读

流量表直观地反映出企业的经营活动、投资活动和筹资活动对其现金流入流出的影响,因此相较于利润表而言,企业的现金流量表能够更好地反映出企业的利润构成、财务状况及财务管理等方面的情况。

阅读现金流量表,首先应了解现金的概念。这里所说的现金,包括现金和现金等价物,两者构成了现金流量表的编制基础。其中,现金是指企业库存现金以及可以随时用于支付的存款。会计上所说的现金通常指企业的库存现金,而现金流量表中的"现金"不仅包括"现金"账户核算的库存现金,还包括"银行存款"账户核算的存入金融企业、随时可以用于支付的存款,也包括"其他货币资金"账户核算的外埠存款、银行汇款存款、银行本票存款和信用证保证金存款等。值得注意的是,银行存款和其他货币资金中有些不能随时用于支付的存款,如不能随时支取的定期存款等,不应视为现金,而应列作投资;提前通知金融企业便可支取的定期存款则应包括在现金范围内。

现金等价物是指企业持有的期限短、流动性强、易于转换为已知金额现金、价值变动风险很小的投资。根据会计惯例,现金等价物通常是指在3个月内到期的短期债券投资,至于企业持有的股票等权益性投资,因其变现金额通常具有不确定性,所以不可作为现金等价物。

二、现金流量表的作用

现金流量表与现金流量息息相关,其反映的内容与利润表形成鲜明的对比关系,进而占据着财务报告体系中"第三把交椅"的位置。现金流量表根据收付实现原则进行编制,而利润表则是在权责发生制的基础上进行计量的。具体来讲,现金流量表可以起到以下4个方面的作用:

第一,揭示企业现金流入流出的来龙去脉,使企业可以掌握现金流动的信息,搞好资金调度,最大限度地提高资金的使用效率。

现金流量表能够为报表使用者提供一定期间内企业的现金"从哪里来,到哪里去"的信息,即提供企业在一定期间内现金流入、流出的动向以及现金数额的增减变动的原因和结果。这是现金流量表最基本的作用。

【例4-1】某公司在2008年度增加了1 000万元的现金。通过阅读公司的现金流量表可以发现,公司的经营活动所产生的现金流量增加了900万元,来自投资活动的现金流量减少了300万元,来自筹资活动的现金流量增加了400万元,如此等等。报表使用者可以据此对公司的资金使用情况和运作思路有一个大致的认识和把握。

第二,有助于评价企业的支付能力、偿债能力和周转能力。

借助于现金流量表提供的信息,可以了解企业现金的充足程度和增减变动数额,从而使其基本的支付能力和短期偿债能力得以体现。如果经营活动的现金流量充足,则意味着企业充满活力,并在靠自身经营来赚钱。靠自身经营创造出现金流,可以使企业抵御风险的能力增强,而企业的支付能力和偿债能力也就有了坚实的基础和后盾。

第三,有助于评价企业利润的质量和经营绩效。

借助现金流量表提供的信息,可以分析企业净利润与相关现金流量产生差异的原因。"钱是赚回来的,利润是算出来的"。这两者之间因为会计处理方法的不同而存在一定的差异,我们可以借助于现金流量表,了解经营活动的现金流量与净利润之间产生差异的原因以及大小,进而对利润的质量予以透视,进一步深入考察企业的经营绩效。

【例4-2】 某公司授意销售部门经理在2008年度要完成2000万元的销售指标。如果仅仅为了完成销售收入和利润计划,销售部门经理就会放宽信用条件,只管把东西卖出去就行了,而不用考虑收钱的问题。从而使公司存在大量的应收账款和坏账风险,利润和现金流量之间的出入较大,从中可以测知企业利润虚胖,盈余质量大打折扣。如果同时告诉销售经理必须拿回2 000万元,销售经理的销售行为就会变得积极而谨慎,有了现金保障的利润才是可靠的、健康的利润指标。

第四,有助于预测企业未来的现金流量和规划企业的财务前景。

借助于现金流量表提供的信息,可以掌握企业经营活动、投资活动和筹资活动所形成的现金流量,据以预测企业在未来产生现金的能力,并为分析和判断企业的财务前景提供信息。例如,如果公司的经营活动的现金流量是一个较大的正数,而投资活动的现金流量却是一个较大的负数,则意味着企业可能正在利用当前较好的经营形势和财务状况进行投资性的扩张,进一步壮大公司实力,从而获取今后更大的组织绩效。这样的财务前景通常也是值得期待的。

第五,排除通货膨胀的影响,减少投资者利用会计报表信息的决策失误。

在通货膨胀的环境下,货币的购买力下降,传统会计报表披露的利润失去了真实性。因而无论公司向外融资或缩小经营规模,传统会计模式都会使利润与现金资源的差距扩大。在资本市场上这种情形会反过来降低公司股票的吸引力,使公司财务问题更加恶化。对投资者、债权人而言,由于通货膨胀侵蚀货币购买力,在复杂的不确定的经济环境下,他们更关心的是持有资产(股票、债券)是否有高度的变现能力。现金流量表提供的有关现金流量的信息可以真实反映企业资金状况,促使企业采取相应的措施应对通货膨胀的影响。

三、现金流量表的分类与结构

(一)现金流量的分类

企业会计准则将现金流量分为三类,即经营活动产生的现金流量、投资活动产生的现金流量、筹资活动产生的现金流量。

1. 经营活动产生的现金流量

经营活动是指企业投资活动和筹资活动以外的所有交易和事项。就工商企业来说，经营活动主要包括销售商品、提供劳务、经营性租赁、购买商品、接受劳务、广告宣传、推销产品、交纳税款等。企业的经营活动产生的现金流量反映了企业的造血能力。

一般来说，在正常情况下企业的现金流入量主要应依靠经营活动来获取，"经营活动产生的现金流量（净额）"体现了企业经营活动获取现金流量的能力。实际上就是企业实现的可变现的经营收入与企业实际发生的需要支付现金的成本费用的差额，相当于采用收付实现制的原则计算的净收益，或者说就是企业变现收益。变现收益是企业市场竞争力的根本体现。因此，这部分的收益相对于按权责发生制的原则计算的账面收益来说，更具有现实意义。

各类企业由于行业特点不同，对经营活动的认定存在一定差异，在编制现金流量表时，应根据企业的实际情况，对现金流量进行合理的归类。由于金融保险企业比较特殊，《企业会计准则》对金融保险企业经营活动的认定作了提示。

2. 投资活动产生的现金流量

投资活动是指约定期限在3个月以上的、与资产有关的交易活动，包括企业长期资产的购建和不包括在现金等价物范围内的投资及其处置活动。投资活动产生的现金流量，主要包括购建和处置固定资产、无形资产等长期资产，以及取得和收回不包括在现金等价物范围内的各种股权与债权投资等收到和付出的现金。其中，分得股利或利润、取得债券利息收入而流入的现金，是以实际收到为准，而不是以权益归属或取得收款权为准。这与利润表中确认投资收益的标准不同。

投资活动的目的主要有：①为企业正常生产经营活动奠定基础，如购建固定资产、无形资产和其他长期资产；②为企业对外扩张和其他发展性目的进行权益性投资和债权性投资；③利用企业暂时不用的闲置货币资金进行短期投资，以求获得较高的投资收益。前两种投资一般都应与企业的长期规划和短期计划相一致。第三种投资则在很多情况下是企业的一种短期理财安排。

通过对投资活动产生的现金流量进行分析，可以了解企业通过投资获取现金流量的能力，以及投资产生的现金流量对企业现金流量净额的影响程度。

3. 筹资活动产生的现金流量

筹资活动是指企业根据其生产经营、对外投资和调整资本结构等需要，通过筹资渠道和金融市场，运用筹资方式，经济有效地筹措和集中资本的活动。筹资活动会导致企业资本及债务规模和构成发生变化。这里所说的资本，包括实收资本（股本）和资本溢价（股本溢价）。现行现金流量表中的筹资活动所产生的现金流量，既包括所有者权益性筹资的现金流入量和流出量,又包括债务性筹资的现金流入量和流出量。

因此,通过对筹资活动产生的现金流量分析进行分析,可以了解企业筹集资金的能力,企业是否有大量筹资的需求,以及筹资产生的现金流量对企业现金流量净额的影响程度。

(二)现金流量表的基本结构及编制方法

现金流量表分为主表和附表(即补充资料)两大部分。主表的各项目金额实际上就是每笔现金流入、流出的归属,而附表的各项目金额则是相应会计账户的当期发生额或期末与期初余额的差额,按照间接法编制。现金流量表的两个组成部分也展示了编制现金流量表的两种方法,即直接法和间接法。

1. 现金流量表主表

现金流量表主表是用纯粹的业务语言来描述企业现金的流入量和流出量以及由此引起的净现金流量的大小和结果。现金流量表主表的编制方法被称为直接法。直接法通常是指通过现金收入和现金支出的主要类别来反映来自企业经营活动的现金流量的一种方法。采用直接法编制经营活动的现金流量时,一般以利润表中的营业收入为起算点,调整与经营活动有关的项目的增减变动,然后计算出经营活动的现金流量。

现行《企业会计准则》规定,现金流量表主表应当分别以经营活动、投资活动和筹资活动列报现金流量。具体到每一种活动类型,现金流量还应当分别按照现金流入和现金流出额列报。现金流量表主表的基本格式和结构见表 4-1。

表 4-1 MDDQ 公司 2010 年现金流量表

编制单位:MDDQ　　　　　　　　2010 年度　　　　　　　　单位:千万元

项　　目	本期金额	上期金额
一、经营活动产生的现金流量		
销售商品、提供劳务收到的现金	8 301 724.02	1 757 419.55
收到的税费返还	—	
收到其他与经营活动有关的现金	862 619.02	3 646 290.49
经营活动现金流入小计	9 164 343.04	5 403 710.04
购买商品、接受劳务支付的现金	4 802 546.34	1 585 521.57
支付给职工以及为职工支付的现金	57 036.30	50 146.79
支付的各项税费	44 182.90	38 280.07
支付其他与经营活动有关的现金	3 514 002.34	1 454 204.69
经营活动现金流出小计	8 417 767.88	3 128 153.12
经营活动产生的现金流量净额	746 575.16	2 275 556.92

第四章 现金流量表解读

(续表)

项　　目	本期金额	上期金额
二、投资活动产生的现金流量		
收回投资收到的现金	—	—
取得投资收益收到的现金	766 464.12	674 531.51
处置固定资产、无形资产和其他长期资产收到的现金净额	—	—
处置子公司及其他营业单位收到的现金净额	—	—
收到其他与投资活动有关的现金	—	—
投资活动现金流入小计	766 464.12	674 531.51
购建固定资产、无形资产和其他长期资产支付的现金	482 187.40	242 636.41
投资支付的现金	—	20 334.68
取得子公司及其他营业单位支付的现金净额	812 500.00	2 069 852.38
支付其他与投资活动有关的现金	—	—
投资活动现金流出小计	1 294 687.40	2 332 823.47
投资活动产生的现金流量净额	−528 223.28	−1 658 291.96
三、筹资活动产生的现金流量		
吸收投资收到的现金	—	2 913 149.27
取得借款收到的现金	—	1 545 160.12
收到其他与筹资活动有关的现金	—	—
筹资活动现金流入小计	—	4 458 309.39
偿还债务支付的现金	143 365.29	3 066 784.83
分配股利、利润或利息支付的现金	209 129.02	230 523.28
支付的其他与筹资活动有关的现金	—	—
筹资活动现金流出小计	352 494.31	3 297 308.11
筹资活动产生的现金流量净额	−352 494.31	1 161 001.28
四、汇率变动对现金及现金等价物的影响	—	—
五、现金及现金等价物净增加	−134 142.43	1 778 266.24

2. 现金流量表补充资料

现金流量表补充资料包括将净利润调解为经营活动现金流量、不涉及现金收支的重大投资和筹资活动、现金及现金等价物净变动情况等项目。其中,将净利润调节为经营活动现金流量所采用的方法被称为间接法。这是会计利用其专业语言来具体描述现金流量和相关利润指标之间的关系。现行《企业会计准则》规定,企业应当采用间接法在现金流量表附注中披露将净利润调节为经营活动现金流量信息。补充资料的参考格式见表 4-2。

表 4-2　MDDQ 公司 2010 年现金流量表补充资料

编制单位：MDDQ　　　　　　　2010 年度　　　　　　　　　　　单位：千万元

补 充 资 料	本期金额	上期金额
1. 将净利润调节为经营活动现金流量：		
净利润	4 043 238.62	2 513 866.25
加：资产减值准备	−16 053.17	168 626.88
固定资产折旧、投资性房地产折旧	774 658.91	653 118.15
无形资产摊销	34 615.67	33 745.39
长期待摊费用摊销	135 692.08	160 108.19
处置固定资产、无形资产和其他长期资产的损失	14 474.99	29 065.78
固定资产报废损失	7 290.91	1 883.73
公允价值变动损失	−118 069.08	−27 126.91
财务费用	40 088.49	75 531.26
投资损失	−134 312.45	−32 124.94
递延所得税资产减少	−34 705.55	−382 391.33
递延所得税负债增加	3 121.36	1 376.54
存货的减少	−4 608 741.15	−694 725.42
经营性应收项目的减少	733 347.31	−5 809 143.37
经营性应付项目的增加	3 682 956.06	3 449 039.31
其他	888 118.00	1 915 617.47
经营活动产生的现金流量净额	5 445 721.00	2 056 466.98
2. 不涉及现金收支的重大投资和筹资活动：		
债务转为资本	—	—
一年内到期的可转换公司债券	—	—
融资租入固定资产	—	—
3. 现金及现金等价物净变动情况：		
现金的期末余额	4 670 133.74	3 259 500.35
减：现金的期初余额	3 251 600.36	1 571 986.95
加：现金等价物的期末余额		
减：现金等价物的期初余额		
现金及现金等价物净增加	1 418 533.38	1 687 513.40

第四章 现金流量表解读

第二节 现金流量表项目分析

由于现金流量表是在收付实现制的基础上编制而成的,即以现金及其等价物的收付时间为确认标准。凡是当期收到或付出的款项,不论其相关具体业务行为的归属期如何,一律作为当期的现金流入或流出量列示在现金流量表中,因此,虽然现金流量表的编制比较繁琐,但阅读起来却比较简单易懂。以下是对现金流量表中一些主要项目的必要解读。

一、经营活动现金流量项目

(一) 经营活动现金流入项目分析

1. "销售商品、提供劳务收到的现金"项目

销售商品、提供劳务收到的现金是指企业销售商品或提供劳务等经营活动所收到的现金。该项目可根据"主营业务收入"、"其他业务收入"、"应收账款"、"应收票据"、"预收账款"及"库存现金"、"银行存款"等账户分析填列。

分析该项目时,应注意以下几点:

(1) 此项经营活动包括企业所有的经营活动,其中经营性租赁除外;该项目不包括随销售收入和劳务收入一起收到的增值税销项税额;该项目应包括收回前期的货款和本期预收的货款;发生销货退回而支付的现金应从该项目中扣除。

(2) 正常情况下,企业的资金所得,主要依赖于日常经营业务,而销售商品、提供劳务收到的现金反映了企业日常经营活动中所能够提供的、有一定可持续性的资金流入。同时,将这一金额与利润表中"营业收入"项目作比较,还有助于我们了解企业收入及利润实现的质量水平。

(3) 分析"销售商品、提供劳务收到的现金"项目,进而判断公司预收账款交易的真实性。若公司大额预收账款缺少相关的销售或建造合同,则表明公司主营业务现金流入缺乏真实性。

2. "收到的税费返还"项目

"收到的税费返还"项目反映企业收到返还的各种税费,包括收到的增值税(不包括销项税)、消费税、营业税、所得税、教育费附加返还等。可以根据"库存现金"、"银行存款"、"应交税费"、"营业税金及附加"等账户的记录分析填列。值得注意的是,本项目只包括企业上交后由税务等政府部门返还的款项,不包括其他方面的补贴或返还款项。

此项目体现了企业在税收方面享受国家政策优惠所获得的已交税金的回流金额,也构成企业短期内经营现金流量的一项补充来源。但应注意到,"收到的税费返

79

还"不是企业的主要现金来源,且该项来源不具有可持久性,因此,如果企业一直依赖于此项目来创收,那么其现金质量也是值得推敲的。

3."收到其他与经营活动有关的现金"项目

"收到其他与经营活动有关的现金"项目反映企业除了上述各项目以外收到的其他与经营活动有关的现金流入,包括罚款收入、流动资产损失中由个人赔偿的现金收入等。可根据"营业外收入"、"营业外支出"、"库存现金"、"银行存款"、"其他应收款"等账户的记录分析填列。

通常情况下,该项目金额应该较小,如果出现金额较大的情况,应加以注意。另外,分析该项目时,还应注意关联方归还欠款、占用关联方资金以及现金流量项目类别归属等情况。

(二) 经营活动现金流出项目分析

1."购买商品、接受劳务支付的现金"项目

"购买商品、接受劳务支付的现金"项目反映企业购买商品、接受劳务支付的现金(包括支付的增值税进项税额),主要包括:本期购买商品接受劳务本期支付的现金、本期支付前期购买商品、接受劳务的未付款项和本期预付款项等。本期发生购货退回而收到的现金应从购买商品或接受劳务支付的款项中扣除。可根据"应付账款"、"应付票据"、"预付账款"、"库存现金"、"银行存款"、"主营业务成本"、"其他业务成本"、"存货"等账户的记录分析填列。

该项目是企业正常经营活动中支付现金的主要部分,在未来的持续性较强,分析人员应注意以下两方面内容:

(1) 该项目为经营活动的现金流出的绝大部分。该部分数额较多是正常的,但要与企业的生活经营规模相适应。将其与利润表中的主营业务成本相比较,可以判断企业购买商品付现率的情况,借此可以了解企业资金的紧张程度或企业的商业信用情况,从而可以更加清楚地认识企业目前所面临的形式是否严峻。

(2) 该项目与销售商品、提供劳务收到的现金配比。一般情况下,该项目小于后者是正常的。

2."支付给职工以及为职工支付的现金"项目

"支付给职工以及为职工支付的现金"项目反映企业实际支付给职工,以及为职工支付的工资、奖金、各种津贴和补贴等(含为职工支付的养老、失业等各种保险和其他福利费用),但不含为离退休人员支付的各种费用和固定资产购建人员的工资。此项目可根据"库存现金"、"银行存款"、"应付职工薪酬"、"生产成本"等账户的记录分析填列。

在对该项目进行分析时应关注项目内容,关注企业是否将不应纳入其中的部分计算在内,同时该项目也可以在一定程度上反映企业生产经营规模的变化。解读此

第四章　现金流量表解读

项目应注意以下几方面：

（1）将其与企业历史水平相比较。很多企业单从工资费用看，人工费用在成本中并没有特别大的比重，但实际上，支付给职工以及为职工支付的现金的数额在这几年增长相当快，远远超过工资费用的增长幅度。

（2）将其与行业水平配比，以此衡量企业在人力资源管理方面的水平。

（3）将其与职工人数配比，同时结合职工学历构成和企业组织架构中的人员设置，分析企业的人均工资水平是否正常。

【例 4-3】　据 WIND 资料统计的数据显示，在 1 509 家 A 股公司中，2006 年在册的员工总数约为 701 万人，上市公司支付给职工以及为职工支付的现金总额约为 4 233 亿元，即上市公司给每位职工支付的现金平均约为 60 385 元。根据国家统计局的数据，2006 年，我国城镇单位在岗职工平均工资为 21 001 元。那么，该如何解释这其中的差距呢？有分析人士认为，应该说有一部分原因是上市公司普遍效益好，所以上市公司职工待遇较非上市公司好也可以理解。但有一个原因可能被忽略了，那就是上市公司实际用工数可能要远远高于在册职工人数。

3."支付的各项税费"项目

"支付的各项税费"项目反映的是企业按规定支付的各项税费和有关费用，包括所得税、增值税、营业税、消费税、印花税、房产税、土地增值税、车船税、教育费附加等，但不包括已计入固定资产原价而实际支付的耕地占用税和本期退回的所得税。此项目应根据"应交税费"、"库存现金"、"银行存款"等账户的记录分析填列。分析该项目时要注意以下方面：

（1）企业支付的各项税费应当与其生产经营规模相适应。但增值税是价外税，在考虑时可予以剔除。

（2）将企业支付的各项税费项目与利润表中的营业税金及附加和所得税项目进行比较，借此对企业报告期间的相关税费支付状况作出判断。

通过此项目，分析人员可以得到企业真实的税负状况，分析企业的税负是否合理。

【例 4-4】　某公司存在明显欠税现象：上市前的 2006 年年末欠税余额高达 6 167 万元，据 2007 年报附注，公司主要欠增值税 4 751 万元及企业所得税 841 万元，到了 2007 年年末，这个数据变成 4 695 万元，增值税欠税 3 018 万元，企业所得税欠税 1 211 万元，其上市前 3 年欠税余额逐年上升。

4."支付其他与经营活动有关的现金"项目

"支付其他与经营活动有关的现金"项目反映了企业除上述各项目外，发生的其他与经营活动有关的现金支出，包括罚款支出、差旅费、业务招待费、保险费支出、支付的离退休人员的各项费用等。该项目应根据"管理费用"、"销售费用"、"营业外支出"等账户的记录分析填列。

一般来说,此项目的数额不大,且不具有稳定性。如果其在本报告期间的数额较大,应加以关注,查明原因。

(三) 企业经营活动的现金质量分析

经营现金流量质量是指经营现金流量对公司真实经营状况的客观反映程度,以及对公司财务状况与经营成果的改善、对持续经营能力的增强所具有的推动作用。从广义上讲,经营现金流量质量主要包括经营现金流量的真实性、充足性、稳定性和成长性四个方面。而经营活动是公司经济活动的主体,也是公司获取持续资金的基本途径。因此,在公司各类现金流量中,经营现金流量显得更为重要。

对企业经营活动的现金质量的分析,应着重从以下几个方面进行。

1. 经营现金流量真实性分析

(1) 对比中期财务报表和年度财务报表的经营现金流量,考察年度经营现金流量的均衡性,初步认定经营现金流量的真实水平。

(2) 重点分析现金流量表有关明细项目,进一步明确经营现金流量的真实水平。

2. 经营现金流量充足性分析

(1) 绝对量角度的充足性。经营现金流量的充足性是指公司是否具有足够的经营现金流量满足其正常运转和规模扩张的需要。从绝对量方面认识充足性,主要是分析经营现金流量能否延续现有的公司经营,判断经营现金净流量是否正常。

(2) 相对量角度的充足性。从相对量角度考察充足性,主要是了解经营现金流量能否满足公司扩大再生产的资金需要,具体分析经营现金流量对公司投资活动的支持力度和对筹资活动的风险规避水平。主要评价指标有:

$$\frac{\text{现金流量资}}{\text{本支出比率}} = \frac{\text{经营活动产生}}{\text{的现金净流量}} \div \text{资本性支出额}$$

$$\frac{\text{到期债务}}{\text{偿付比率}} = \frac{\text{经营活动产生}}{\text{的现金净流量}} \div \left(\frac{\text{到期债}}{\text{务本金}} + \frac{\text{本期债}}{\text{务利息}}\right)$$

3. 经营现金流量稳定性分析

经营现金流量稳定性的衡量主要从以下指标衡量:

(1) 经营现金流入量结构比率。其计算公式为:

$$\frac{\text{经营现金流入}}{\text{量结构比率}} = \frac{\text{销售商品、提供}}{\text{劳务收到的现金}} \div \frac{\text{经营活动产生}}{\text{的现金流入量}}$$

该指标反映公司全部经营现金流入量中主营业务活动所占的比重,同时也揭示了公司经营现金流量的主要来源和实际构成。该比率高,说明公司主营业务活动流入的现金明显高于其他经营活动流入的现金,公司经营现金流入结构比较合理,财务基础与经营现金流量的稳定程度较高,经营现金流量的质量较好;反之,则说明公司

第四章 现金流量表解读

主营业务活动的创现能力不强,维持公司运行和支撑公司发展的大部分资金由非核心业务活动提供,公司缺少稳定可靠的核心现金流量来源,其财务基础较为薄弱,经营现金流量的稳定性与品质较差。

(2) 经营现金流出量结构比率。其计算公式为:

$$\text{经营现金流出量结构比率} = \frac{\text{购买商品、接受劳务支付的现金}}{\text{经营活动产生的现金流出量}}$$

考虑该指标是因为,现在如何使用现金决定公司未来现金的来源状况,公司经营现金流出同样应当具有一定的稳定性。通过该比率主要考察公司经营现金支出结构是否合理以及公司当期有无大额异常的现金流出,从而对关联方占用公司资金的情况进行有效的识别,对公司以后各期现金流入的主营业务活动作出合理的估计,进而对公司未来经营现金流量的稳定性给予客观的评价。

应当注意的是,若该比率连续几期下降且都比较低,则预示着公司经营现金流量质量的稳定性将会受到不利影响。

4. 经营现金流量成长性分析

经营现金流量成长性分析,主要采用以下指标:

$$\text{经营现金流量成长比率} = \frac{\text{本期经营活动产生的现金净流量}}{\text{基期经营活动产生的现金净流量}}$$

该指标反映公司经营现金流量的变化趋势和具体的增减变动情况。一般来说,该比率越大表明公司的成长性越好,经营现金流量的质量越高。

值得一提的是,在分析经营现金流量成长比率时,应进行多期比较,成长率不仅要大于1,而且还要具有较强的稳定性,如果上下波动较大,则公司未来发展将会受到一定程度的影响。此外,若本期或基期经营现金净流量为负数,则不必计算该比率。

5. 经营活动现金净流量<0("入不敷出")

在对企业经营活动现金流量进行分析时,我们可以通过企业净流量分析企业的财务状况和发展趋势。

经营活动现金净流量为负数,意味着企业不能维持正常经营所需货币运行,需通过其他活动补偿,如消耗现成的货币积累、挤占投资活动、对外融资、拖延债务支付等。从企业成长过程来分析:

(1) 在企业开始从事经营活动的期初,由于在生产的各个环节都处于"磨合"状态,设备、人力资源的利用率相对较低,材料的消耗相对较高,因而导致企业的成本消耗较高。同时,为了开拓市场,企业有可能投入较大资金,采用各种手段将自己的产品推向市场,从而有可能使企业在这一时期的经营活动现金流量表现为"入不敷出"的状态。如果是由于上述原因导致的经营活动现金流量小于零,这是企业在发展过程中不可避免的正常状态。

（2）如果企业在正常经营期间经营活动现金流量小于零，就应当认为企业经营活动现金流量的质量不高。

因此，企业应具体结合企业目前所处的发展阶段，正确判别经营活动现金净流量为负数的原因。

6. 经营活动现金净流量＝0（"收支平衡"）

经营活动现金净流量为零，意味着企业通过正常的商品购、产、销所带来的现金流入量恰恰能够支付因上述经营活动而引起的货币流出。企业经营活动现金流量处于"收支平衡"状态时，企业正常经营活动不需要额外补充流动资金，但企业的经营活动也不能为企业的投资活动以及融资活动贡献现金。

值得注意的是，在企业的成本消耗中，有相当一部分属于按照权责发生原则的要求而确认的摊销成本（如无形资产、递延资产摊销、固定资产折旧等）和应计成本（如对预提费用的处理等）（以下我们把这两类成本通称为"非付现成本"）。在经营活动现金流量等于零时，企业经营活动产生的现金流量是不可能为"非付现成本"的资源消耗提供货币补偿的。因此，从长期来看，经营活动产生的现金流量等于零的状态，根本不可能维持企业经营活动的货币"简单再生产"。因此，如果企业在正常生产经营期间持续出现这种状态，企业经营活动现金流量的质量不高。

7. 经营活动现金净流量＞0，但不小于"非付现成本"

在此情况下，意味着企业通过正常经营活动所带来的现金流入量不但能够支付因经营活动而引起的货币流，而且还有余力补偿一部分当期的非付现成本。如果企业这种状态长期持续，也不可能维持企业经营活动的货币"简单再生产"。

8. 经营活动现金流量＞非付现成本，能部分为企业"扩大再生产"提供货币

应该说，在这种状态下，企业经营活动产生的现金流量已经处于良好的运行状态。如果这种状态持续，则企业经营活动产生的现金流量将对企业经营活动的稳定与发展、企业投资规模的扩大起到重要的促进作用。

【例4-5】 某公司2008年经营活动产生的现金流量为5.70亿元，约为公司2008年净利润的2倍，可见公司的净利润"含金量"非常高，每年从日常生产活动中的产生现金非常充裕，偿还借款较有保证，而且公司发展壮大也有相当雄厚的自有资金实力。

二、投资活动产生的现金流量

（一）投资活动的现金流入项目分析

1. "收回投资收到的现金"项目

"收回投资收到的现金"项目，反映企业出售、转让或到期收回除现金等价物以外

的短期投资、长期股权投资而收到的现金,以及收回长期债权投资本金而收到的现金。企业收回的投资款项中包括两部分内容:一是投资本金,二是投资收益。但不包括长期债权投资收回的利息,以及收回的非现金资产。本项目可以根据"短期投资"、"长期股权投资"、"长期债权投资"、"投资收益"等账户的记录分析填列。

本项目一般没有数额,或金额较小,如果金额较大,属于企业重大资产转移行为,此时应与会计报表附注披露的相关信息联系,衡量投资的账面价值与收回现金之间的差额,考察其合理性。

2. "取得投资收益收到的现金"项目

"取得投资收益收到的现金"项目反映企业因股权性质投资而分得的现金股利,从子公司、联营企业或合营企业分回利润而收到的现金,以及因债权性投资而取得的现金利息收入。包括在现金等价物范围内的债券投资,其利息收入也应在该项目中反映,但不包括股票股利。本项目可以根据"应收股利"、"投资收益"等账户的记录分析填列。

投资收益的金额标明企业进入投资回收期,通过分析可以了解投资回报率的高低。解读本项目需要注意以下几个方面:

(1) 取得投资收益所收到的现金与利润表的投资收益配比。企业能够通过投资收益及时收到现金,反映了企业对外投资的质量。一般而言,前者占后者的比重越大越好。但也要关注企业生产经营战略,有时为了控制被投资企业,没有投资收益也是正常的。

(2) 确认投资收益的时间差。企业因股权性投资而分得的股利或利润,往往在下一年度才能收到。因此,分得股利或利润所收到的现金,通常包括了收到前期分得的现金股利或利润。所以,在很多时候,本年现金流量表上取得投资收益收到的现金需要和上年利润表中确认的投资收益配比,才能保证两者口径一致,真实反映投资收益的收现水平。

【例4-6】 表4-3为东方宾馆自2001年至2006年9月的"取得投资收益收到的现金"的变化情况,从中可以看出,自2004年开始,该公司一直处于投资收益的疯狂增长期。良好的社会经济环境给东方宾馆的投资回收提供了条件,同时,也需结合该公司的利润表查看该投资收益在利润表中的比重,与主营业务金额进行比较,观察其合理性。

表4-3 东方宾馆"取得投资收益收到的现金"项目变化情况表

报告期	取得投资收益收到的现金(元)	比上期变化(元)
2006-09-30	2 439 200	+505 505
2005-12-31	1 933 695	+116 055

(续表)

报告期	取得投资收益收到的现金(元)	比上期变化(元)
2005-09-30	1 817 640	
2005-06-30	1 817 640	+857 640
2004-12-31	960 000	
2004-09-30	960 000	
2004-06-30	960 000	+480 000
2003-12-31	480 000	−1 254 432
2001-12-31	1 734 432	

3. "处置固定资产、无形资产和其他长期资产收到的现金"项目

"处置固定资产、无形资产和其他长期资产收到的现金"项目反映出售固定资产、无形资产和其他长期资产所取得的现金扣除为出售这些资产而支付的有关费用后的净额,包括固定资产报废、毁损的变卖收益以及遭受灾害而收到的保险赔偿收入等,但不包括融资租赁租入固定资产所支付的租金。

该项目根据"固定资产"、"固定资产清理"、"无形资产"、"交易席位费"、"现金"、"银行存款"等账户的记录分析填列。比如,处置固定资产、无形资产和其他长期资产所收回的现金净额为负数,则应作为投资活动现金流出项目反映,列在"处置固定资产、无形资产和其他长期资产支付的现金"项目中。分析该项目时,应注意以下几个方面:

(1) 该项目一般金额不大。如果金额较大,属于企业重大资产转移行为。此时应与会计报表附注披露的相关信息联系,考察其合理性。如果该项目与"处置固定资产、无形资产和其他长期资产支付的现金"项目均较大,可能意味着企业产品、产业结构将有所调整;否则,如果该项目与筹资活动中的"偿还债务支付的现金"项目数额均较大,可能表明企业已经陷入深度的债务危机,靠出售长期资产来维持经营,未来的生产能力将受到重大影响。

(2) 净额反映。现金流量表中的大部分项目是按现金流入和现金流出分别反映的,但该项目反映的是上项资产的净额。之所以如此,主要是考虑到处置固定资产、无形资产和其他长期资产而收到的现金,与处置活动支付的现金,两者在时间上比较接近,且由于数额不大,可以净额反映。

4. "处置子公司及其他营业单位收到的现金净额"项目

"处置子公司及其他营业单位收到的现金净额"项目反映企业处置子公司及其他营业单位所取得的现金减去子公司或其他营业单位持有的现金和现金等价物,以及相关处置费用后的净额。

该项目一般金额为零,如果有发生额,表明企业在缩小经营范围,此时数额较大,

第四章 现金流量表解读

但这种情况在企业发生的次数并不频繁。对该项目的分析要结合企业的重大事项公告和会计报表附注中的有关说明进行,查清具体原因,以便合理地预测其对企业未来财务状况和经营业绩的影响。

5."收到其他与投资活动有关的现金"项目

"收到其他与投资活动有关的现金"项目反映企业除上述各项之外,收到的其他与投资活动有关的现金流入。比如,收到的工程前期款、工程往来款等。

此项目一般数额较小,如果数额较大,应分析其合理性。

(二)投资活动的现金流出项目分析

1."购建固定资产、无形资产和其他长期资产支付的现金"项目

"购建固定资产、无形资产和其他长期资产支付的现金"项目反映企业购买、建造固定资产,取得无形资产和其他长期资产所支付的现金。根据"固定资产"、"在建工程"、"无形资产"、"交易席位费"、"现金"、"银行存款"等账户的有关记录分析填列。

值得注意的是,该项目不包括为购建固定资产而发生的借款利息资本化的部分,以及融资租入固定资产支付的租赁费(这两部分在筹资活动产生的现金流量中反映)。企业以分期付款方式购建的固定资产,其首次付款支付的现金作为投资活动的现金流出,以后各期支付的现金作为筹资活动的现金流出。

分析该项目时,应注意以下几个方面:

(1)购建固定资产、无形资产和其他长期资产支付的现金持续很高,说明公司有好的发展前景才进行扩张。同时要关注长期负债是否增加,如果长期负债没有增加,说明该公司使用自有资金进行长期资产的投资,这时需要关注营运资本(流动资产-流动负债)是否为正数;如果长期负债有较大增加,说明该公司举债投资于长期资产,这时要关注负债的比例是否过高,是否有偿债力。

(2)关注利润表中的销售是否每年都有增长,通常进行长期资产投资后,销售会有一定的增长;另外关注毛利率是否提高(成本是否下降),因为进行投资后有可能实现规模经济;同时关注市场占有率是否提高,竞争能力是否增强,如果没有,说明该公司盲目扩张或决策失败。

2."投资支付的现金"项目

"投资支付的现金"项目反映企业进行权益性投资和债权性投资所支付的现金,包括支付的佣金、手续费等附加费用。企业以非现金的固定资产、商品等进行的投资,在现金流量表的附注中单独反映,不包括在本项目内。

此项目表明企业参与资本市场运作、实施股权及债券投资能力的强弱,在分析此项目时,要注意以下几个方面:

(1)分析企业的投资方向与企业战略目标是否一致。如果一个企业将资金投资于一个完全陌生的行业,与企业目前的战略目标无关,那么未来面临的投资风险较

大,同时,也很有可能对企业的发展毫无益处。

(2)分析企业用于投资的数额。结合资产负债表的长期股权投资和利润表的利润构成分析,观察企业是否存在不断进行投资规模扩张,挤占主营业务份额的现象。

3."取得子公司及其他营业单位支付的现金净额"项目

"取得子公司及其他营业单位支付的现金净额"项目反映企业购买子公司及其他营业单位购买出价中以现金支付的部分,减去子公司及其他营业单位持有的现金和现金等价物后的净额。

一般情况下,此项目无金额。但如果数额较大,则表明企业在扩大经营范围,应结合财务报表附注中披露的事项具体分析其合理性。

4."支付其他与投资活动有关的现金"项目

"支付其他与投资活动有关的现金"项目反映公司支付的除上述现金支出以外的其他与投资活动有关的现金。根据"库存现金"、"银行存款"账户和"其他长期资产"账户的记录分析填列。

该项目一般金额不大,如果金额较大,则应当单独列示,并分析其合理性。

(三)投资活动的现金流量质量分析

在观察现金流量表的投资活动产生的现金流量时,应该仔细研究投资活动中的对内投资和对外投资的关系。通常,公司要发展,长期资产的规模必须增长,一个投资活动中对内投资的现金净流出量大幅度提高,往往意味着该公司面临着一个新的发展机遇,或者一个新的投资机会;反之,如果公司对内投资中的现金净流入量大幅度增加,表示该公司正常的经营活动没有能够充分地吸纳其现有的资金。

现金流量表中的投资活动所产生的现金流量信息,可以帮助投资人和债权人对企业投资活动及其效益进行评价,从而帮助他们作出正确的经济决策。对投资活动产生的现金流量的分析,可以先从投资活动现金净流量开始。

1. 投资活动现金净流量$\geqslant 0$

投资活动现金流入量大于或等于流出量,这种情况的发生可能由以下原因引起:

(1)企业在本会计期间的投资回收活动的规模大于投资支出的规模。

(2)企业在经营活动与筹资活动方面急需资金而不得不处理手中的长期资产以求变现等。因此,必须对企业投资活动的现金流量原因进行具体分析。

如果投资活动现金净流量是正值,除了利息收入及债权性投资的收入外,还包括固定资产、无形资产等投资活动所产生的收入,则说明企业有可能处于转轨阶段,或有可能调整其经营战略等。

【例4-7】 某公司2008年在经营活动现金流量净流入5.70亿元,同时投资活动的现金流量为净流出5.20亿元,说明公司正处于不断发展壮大之中,投资规模不断扩大。

第四章　现金流量表解读

2. 投资活动现金净流量＜0

在企业的投资活动符合企业的长期规划和短期计划的条件下,若投资活动现金净流量为负值,而且主要是由于非债权性投资活动所引起的,则说明企业可能处于扩张性阶段,表明了企业经营活动发展和企业扩张的内在需要,也反映了企业在扩张方面的努力与尝试。在一般情况下,预示着企业在将来会有相应的现金流入。

如果公司的对外投资产生的现金净流入量大幅度增加,说明该公司正大量地收回对外投资额,公司内部的经营活动可能需要大量资金,该公司内部现有的资金不能满足公司经营活动的资金需要;如果一个公司当期对外投资活动的现金净流出量大量增加,说明该公司的经营活动没有能够充分地吸纳公司的资金,从而游离出大笔资金,通过对外投资为其寻求获利机会。但在分析时,还应结合企业投资的方向分析其投资风险,从而进一步确定投资活动现金流入的风险、时间和金额。

实际上在分析投资活动产生的现金流量时,还应该联系到筹资活动产生的现金流量来综合考查。在经营活动产生的现金流量不变时,如果投资活动的现金净流出量主要依靠筹资活动产生的现金净流入量来解决,这就说明公司的规模扩大主要是通过从外部筹资来完成的,意味着该公司正在扩张。

三、筹资活动产生的现金流量

(一) 筹资活动产生的现金流入项目分析

1. "吸收投资收到的现金"项目

"吸收投资收到的现金"项目反映企业以发行股票、债券等方式筹集资金实际收到的款项净额(发行收入减去支付的佣金等发行费用后的净额)。需要注意的是,以发行股票、债券等方式筹集资金而由企业直接支付的审计、咨询等费用,不在本项目中反映,而在"支付的其他与筹资活动有关的现金"项目中反映;由金融企业直接支付的手续费、宣传费、咨询费、印刷费等费用,从发行股票、债券取得的现金收入中扣除,以净额列示。解读该项目,应注意以下几个方面:

(1) 现金流入的性质。由定义可知,吸收投资所收到的现金有两个渠道,即发行股票和发行债券。前者是投资人投入的,属于所有者权益,代表了企业外延式扩大再生产;后者是债权人投入的,属于负债,在一定程度上代表了企业商业信用的高低。

(2) 现金流入的范围。该项目以净额反映。即对于以发行股票方式筹集的权益资金要以实际收到的发行收入减去支付的佣金等发行费用后的股款净额反映;对于以发行债券所收到的现金要以发行收入减去印刷费、支付的佣金等发行费用后实际收到的现金净额反映。

2. "取得借款收到的现金"项目

"取得借款收到的现金"项目反映企业举借各种短期、长期借款而收到的现金。

这是企业最常见的现金流量项目之一。解读本项目需注意以下几个方面：

（1）本项目与短期借款、长期借款相配比。要结合资产负债表，进一步分析增加的借款是短期的还是长期的。短期借款主要满足企业的日常生产经营的需要，而长期借款主要满足企业的扩大再生产的需要。以此考察企业从金融渠道取得资金的合理性、稳定性和风险程度。

（2）本项目与购建固定资产、无形资产和其他长期资产所支付的现金等项目配比，以此对企业借款合同的执行情况作出分析和判断。如果企业购建固定资产所发生的现金支出与原借款合同所规定的时间和额度相同，则说明企业执行合同情况较好；反之，当企业将流动资金借款用于购建固定资产时，就会对企业近期的偿债能力产生不良影响。

3."收到其他与筹资活动有关的现金"项目

"收到其他与筹资活动有关的现金"项目反映企业除上述各项外，收到的其他与筹资活动有关的现金。其他与筹资活动有关的现金，如果价值较大的，应单列项目反映。本项目可根据有关账户的记录分析填列。

此项目一般数额较小，如果数额较大，应进一步分析其具体内容和合理性。

（二）筹资活动产生的现金流出项目分析

1."偿还债务支付的现金"项目

"偿还债务支付的现金"项目反映企业以现金偿还债务的本金，包括归还金融企业的借款本金、偿付企业到期的债券本金等。需要注意的是，企业偿还的借款利息、债券利息，在"分配股利、利润或偿付利息所支付的现金"项目中反映，不在本项目中反映。解读本项目需注意以下几个方面：

（1）偿还债务所支付的现金与举债所收到的现金配比。举债所收到的现金包括从金融企业借入的短期借款、长期借款和发行的企业债券。两者配比的结果（是现金净流入还是现金净流出）能够反映企业的资金周转是否已经进入良性循环阶段。分析时应结合行业、企业生产经营规模、企业经营生命周期，以及企业的历史情况进行，以衡量企业生产经营状况和财务风险程度。

（2）现金流出的范围。本项目只包括偿还债务支付的本金部分，企业偿还的借款利息、债券利息，不在此项目反映。

2."分配股利、利润或偿付利息支付的现金"项目

"分配股利、利润或偿付利息支付的现金"项目反映企业实际支付的现金股利、支付给其他投资单位的利润或用现金支付的借款利息、债券利息所支付的现金。

需要说明的是，修订前的《企业会计准则》中的"分配股利或利润所支付的现金"、"偿付利息所支付的现金"项目，在修订后的《企业会计准则》中的"分配股利、利润或偿付利息支付的现金"项目中反映。此外，不同用途的借款，其利息的开支渠道不一

样,如在建工程、财务费用等,但均在本项目中反映。

该项目代表了企业的现实支付能力。因此,应结合企业的资产规模、所有者权益规模和负债规模以及当期利润水平进行分析。

3. "支付其他与筹资活动有关的现金"项目

"支付其他与筹资活动有关的现金"项目反映企业除上述各项目外,支付的其他与筹资活动有关的现金。其他与筹资活动有关的现金,如果价值较大的,应单列项目反映。

需要说明的是,修订前的《企业会计准则》中的"发生筹资费用支付的现金"、"融资租赁支付的现金"、"减少注册资本支付的现金"项目,在修订后的《企业会计准则》中的"支付其他与筹资活动有关的现金"项目中反映。

此项目一般金额较小,如果数额较大,则应注意分析其合理性。

(三)筹资活动的现金流量质量分析

企业筹资能力的大小及其筹资环境是债权人和投资人共同关心的问题。通过对筹资能力和筹资环境的分析,有助于他们正确地进行经济决策。这是因为,筹资活动现金流量信息,不仅关系到企业未来现金流量的多少,而且还关系到企业未来现金流量的大小,以及企业资本结构和资金成本等问题。而现行现金流量表中的筹资活动所产生的现金流量,既包括所有者权益性筹资的现金流入量和流出量,又包括债务性筹资的现金流入量和流出量。因此,在分析时,分析者不能仅仅看筹资活动产生的现金净流量是正还是负,而更应注意筹资活动产生的现金净流量是由权益性筹资引起的,还是由债务性筹资活动引起的。

1. 筹资活动产生的现金流量>0

筹资活动产生的现金流量大于零,意味着企业在吸收权益性投资、发行债券以及借款等方面所收到的现金之和大于企业的偿还债务、支付筹资费用、分配股利和利润、偿付利息、融资租赁所支付的现金以及减少注册资本等方面所支付的现金之和。在企业处于发展的起步阶段,投资需要大量资金,企业经营活动的现金流量小于零的条件下,企业的现金流量的需求主要通过筹资活动来解决。因此,分析企业筹资活动产生的现金流量大于零是否正常,关键要看企业的筹资活动是否已经纳入企业的发展规划,是企业管理层以扩大投资和经营活动为目标的主动筹资行为还是企业因投资活动和经营活动的现金流出失控、企业不得已的筹资行为。

2. 筹资活动产生的现金流量<0

筹资活动产生的现金流量小于零,意味着企业在吸收权益性投资、发行债券以及借款等方面所收到的现金之和小于企业在偿还债务、支付筹资费用、分配股利或利润、偿付利息、融资租赁所支付的现金以及减少注册资本等方面所支付的现金之和。这种情况的出现,可能是由于企业在本会计期间发生偿还债务、支付筹资费用、分配股利或利润、偿付利息、融资租赁等业务,或者是因为企业经营活动与投资活动在现金流量方面运转较好、有能力完成上述各项支付。但是,企业筹资活动产生的现金流量小于零,也可能是企业在投资和企业扩张方面没有更多的作为的一种表现。

投资活动与筹资活动均是企业的理财活动。在任何期间,企业均有可能因此而引起现金流量的变化。但是,处于开业初期的企业,其理财活动引起的现金流量变化较大,占企业现金流量变化的比重也较大。

四、汇率变动对现金的影响分析

汇率变动对现金的影响,反映企业外币现金流量及境外子公司的现金流量折算为人民币时,所采用的现金流量发生日的汇率或平均汇率折算为人民币金额与"现金及现金等价物净增加额"中外币现金净增加额按期末汇率折算为人民币金额之间的差额。

此项目如果数额较大,需要借助于附注的相关内容分析其原因及其合理性。

五、现金流量表补充资料涉及的项目

随着我国会计制度和国际会计制度的接轨,作为三大主表之一的现金流量表越发显现出它的重要性,而如何运用现金流量表,尤其是运用现金流量表的补充资料来进行收益质量的分析也成为企业及投资人各方所关注的问题。现金流量表提供的信息虽然比较全面地反映了企业的现金支付能力和经营运转态势,但一些不涉及当期的现金收支,却对以后期间的现金收支有影响。与此同时,由于按权责发生制会计处理原则,其中有些收入、费用项目账务虽已反映,但实际并没有发生现金流入流出,也需调整或对这类信息、要求予以解释性说明,这就是现金流量表附注的内容。

第三节 现金流量表趋势分析

通过编制比较财务报表,从各类和各个项目的增减变动及其差异中,可以观察和发现它的变化,包括有利变化和异常变化。现金流量的差异分析也可以采用这种形式,通过现金流量的趋势分析可以帮助报表使用者了解企业财务状况的变动趋势,了解企业财务状况变动的原因,在此基础上预测企业未来的财务状况,从而为决策提供依据。

现根据 MDDQ 公司 2009 年及 2010 年的现金流量表资料,编制经营活动、投资活动和筹资活动的现金流量对比分析表,见表 4-4。

表 4-4 MDDQ 公司现金流量比较分析表

2009—2010 年度　　　　　　　　　　　　　　　　　　单位：千万元

项　目	2009 年	2010 年	差额	差异百分比
一、经营活动产生的现金流量				
销售商品、提供劳务收到的现金	1 757 419.55	8 301 724.02	6 544 304.47	372.38%
收到的税费返还				
收到其他与经营活动有关的现金	3 646 290.49	862 619.02	−2 783 671.47	−76.34%
经营活动现金流入小计	5 403 710.04	9 164 343.04	3 760 633.00	69.59%
购买商品、接受劳务支付的现金	1 585 521.57	4 802 546.34	3 217 024.77	202.90%
支付给职工以及为职工支付的现金	50 146.79	57 036.30	6 889.51	13.74%
支付的各项税费	38 280.07	44 182.90	5 902.83	15.42%
支付其他与经营活动有关的现金	1 454 204.69	3 514 002.34	2 059 797.65	141.64%
经营活动现金流出小计	3 128 153.12	8 417 767.88	5 289 614.76	169.10%
经营活动产生的现金流量净额	2 275 556.92	746 575.16	−1 528 981.76	−67.19%
二、投资活动产生的现金流量				
收回投资收到的现金				
取得投资收益收到的现金	674 531.51	766 464.12	91 932.61	13.63%
处置固定资产、无形资产和其他长期资产收回的现金净额				
处置子公司及其他营业单位收到的现金净额				
收到其他与投资活动有关的现金				
投资活动现金流入小计	674 531.51	766 464.12	91 932.61	13.63%
购建固定资产、无形资产和其他长期资产所支付的现金	242 636.41	482 187.40	239 550.99	98.73%
投资支付的现金	20 334.68		−20 334.68	−100.00%
取得子公司及其他营业单位支付的现金净额	2 069 852.38	812 500.00	−1 257 352.38	−60.75%
支付其他与投资活动有关的现金				
投资活动现金流出小计	2 332 823.47	1 294 687.40	−1 038 136.07	−44.50%
投资活动产生的现金流量净额	−1 658 291.96	−528 223.28	1 130 068.68	−68.15%
三、筹资活动产生的现金流量				
吸收投资收到的现金	2 913 149.27		−2 913 149.27	−100.00%
取得借款收到的现金	1 545 160.12		−1 545 160.12	−100.00%
收到其他与筹资活动有关的现金				

(续表)

项　目	2009 年	2010 年	差额	差异百分比
筹资活动现金流入小计	4 458 309.39		−4 458 309.39	−100.00%
偿还债务支付的现金	3 066 784.83	143 365.29	−2 923 419.54	−95.33%
分配股利、利润或利息支付的现金	230 523.28	209 129.02	−21 394.26	−9.28%
支付其他与筹资活动有关的现金				
筹资活动现金流出小计	3 297 308.11	352 494.31	−2 944 813.80	−89.31%
筹资活动产生的现金流量净额	1 161 001.28	−352 494.31	−1 513 495.59	−130.36%
四、汇率变动对现金及现金等价物的影响				
五、现金及现金等价物净增加	1 778 266.24	−134 142.43	−1 912 408.67	−107.54%

通过对 MDDQ 公司近 3 年的数据进行趋势分析，可以初步得到以下几个结论：

（1）2010 年，销售商品、提供劳务收到的现金相较 2009 年增长 372.38%。可见，推行规模化策略对企业经济的发展有比较明显的促进作用。

（2）2010 年，购买商品、接受劳务支付的现金相较 2009 年增长 202.90%，成本数额随着销售规模的扩大而增长，且其增长速度低于销售的增长速度。可见，企业目前保持良好的主营业务盈利能力。

（3）2010 年支付的其他与经营活动有关的现金相较 2009 年增长 141.64%，增幅明显。2010 年该公司用于管理费用支付的现金和销售费用支付的现金增长显著。公司总部大楼的建成和规模的不断扩大使管理费用和销售费用增加明显。

（4）投资活动产生的现金流量净额呈逐年递减的趋势。该公司的投资活动现金流入项目较少，且取得投资收益所收到的现金也不高，2010 年的增幅较小，与利润表的投资收益配比。2010 年度，该公司除了购建固定资产、无形资产和其他长期资产支付的现金所有增加以外，其他的投资项目付出的现金都有所减少，可见该公司正着重进行战略扩张。

（5）2010 年，该公司的筹资活动现金流入为零，现金流出与上一年相比也有大幅减少。可见，即使在进行规模扩张时期，该公司也不依赖于外部资金，说明其自有资金十分充足，现金流非常好。

第四节　现金流量表结构分析

现金流量的结构分析，可以使报表使用者进一步了解企业的财务状况的形成过程、变动过程及其变动原因。

第四章 现金流量表解读

一、现金流量结构分析的意义

现金流量结构可以划分为现金流入结构、现金流出结构和现金流入流出比结构。现金流量结构分析就是以这三类结构中某一类或一类中某一个项目占其总体的比重所进行的分析,故又称比重分析。通过结构分析,可以具体了解现金主要来源、主要用途,以及净流量的构成,并可进一步分析个体(即项目)对总体所产生的影响、发生变化的原因和发生变化的趋势,从而有利于对现金流量作出更准确的判断和评价。所以,现金流量的结构分析有着重要意义。现金流量结构分析一般采用结构百分比法。

二、现金流入的结构分析

现金流入结构反映经营活动、投资活动和筹资活动这三类活动的现金流入在全部现金流入中的构成和所占的比重,以及这三类活动中的各个项目在该类现金流入中的构成和所占的百分比。通过分析现金收入结构,可以明确企业的现金究竟来自何方以及要增加现金收入主要的依靠来源等等。现金流入结构的分析包括总流入结构以及经营活动、投资活动、筹资活动三项活动流入的内部结构分析。其计算公式为:

$$现金总流入结构比率 = \frac{各类活动现金流入量}{总现金流入量} \times 100\%$$

$$现金流入内部结构比率 = \frac{某单项活动现金流入量}{某类活动现金流入量} \times 100\%$$

一般而言,经营活动现金流入占总现金流入比重大的企业,特别是销售商品、提供劳务收到的现金占经营活动现金流入比例较大的企业,可以表明企业的经营状况良好,财务风险较低,现金流入结构较为合理。但是,对于经营风格差异较大的企业来说,可能这一比重也存在着较大的差异,宏观上并不便于比较。现以 MDDQ 公司的现金流量资料为例加以说明,见表 4-5。

表 4-5 MDDQ 公司现金流入结构分析表

项 目	2008 年	2009 年	2010 年
一、经营活动的现金流入	10.33%	51.29%	92.28%
其中:销售商品、提供劳务收到的现金		16.68%	83.60%
收到其他与经营活动有关的现金	10.33%	34.61%	8.69%
二、投资活动的现金流入	9.78%	6.40%	7.72%
其中:收回投资收到的现金			

(续表)

项　　　目	2008年	2009年	2010年
取得投资收益收到的现金	8.43%	6.40%	7.72%
处置子公司及其他营业单位收到的现金净额	1.36%		
三、筹资活动的现金流入	79.89%	42.31%	
吸收投资收到的现金		27.65%	
取得借款收到的现金	79.89%	14.66%	
现金流入合计	100.00%	100.00%	100.00%

经过分析，我们可以得到以下结论：

（1）该公司经营活动的现金流入逐年上升，且比重由2008年的10.33%上升到2010年的92.28%，公司的现金流入主要依赖于经营活动产生的现金。可见，该公司的现金流入来源稳定且质量高。

（2）近3年，投资活动产生的现金流入一直保持稳定的水平。可见，企业的投资收益并没有给企业的现金流入带来较大的波动。

三、现金流出结构的分析

现金流出结构反映经营活动、投资活动和筹资活动者这三类活动的现金流出在全部现金流出活动中的构成和所占的比重，以及这三类活动中的各个项目在该类现金流出中的构成和所占的比重，具体反映了企业现金的用途。现金流出结构的分析包括总流出结构以及经营活动、投资活动、筹资活动三项活动流出的内部结构分析。其计算公式为：

$$现金总流出结构比率 = \frac{各类活动现金流出量}{总现金流出量} \times 100\%$$

$$现金流出内部结构比率 = \frac{某单项活动现金流出量}{某类活动现金流出量} \times 100\%$$

一般而言，企业经营活动产生的现金流出量在企业总现金流出量中所占比重较大，而且具有一定的稳定性，各期变化幅度不会太大。而投资活动和筹资活动产生的现金流出量从量上看会因企业财务策略的不同而存在较大差异，同时相较于经营活动产生的现金流出量的稳定性来说，投资活动和筹资活动产生的现金流出量常常波动较大，具有偶发性。因此，在对企业现金流出结构进行分析时，应结合企业具体情况，不同时期不能采用统一衡量标准。现以MDDQ公司的现金流量资料为例加以说明，见表4-6。

第四章 现金流量表解读

表 4-6 MDDQ 公司现金流出结构分析表

项 目	2008 年	2009 年	2010 年
一、经营活动的现金流出	1.72%	35.72%	83.63%
购买商品、接受劳务支付的现金		18.10%	47.72%
支付给职工及为职工支付的现金	0.55%	0.57%	0.57%
支付的各项税费	1.09%	0.44%	0.44%
支付其他与经营活动有关的现金	0.09%	16.60%	34.91%
二、投资活动的现金流出	31.38%	26.64%	12.86%
购建固定资产、无形资产和其他长期资产支付的现金	2.64%	2.77%	4.79%
投资支付的现金		0.23%	
取得子公司及其他营业单位支付的现金净额	28.74%	23.63%	8.07%
支付其他与投资活动有关的现金			
三、筹资活动的现金流出	66.90%	37.65%	3.50%
偿还债务支付的现金	61.37%	35.02%	1.42%
分配股利、利润或利息支付的现金	5.53%	2.63%	2.08%
现金流出合计	100.00%	100.00%	100.00%

经过分析,我们可以得到以下结论:

(1) 2010 年,该企业经营活动产生的现金流出在整个企业现金流出中所占的比重达到 83.63%。结合现金流入结构分析表,该公司的现金流出有相应的现金流入作配比,因此,其质量较高。结合现金流量的趋势分析,经营活动的现金流入高于现金流出,且两者的差额逐渐扩大,可见,其盈利空间也越来越大。

(2) 购买商品、接受劳务支付的现金占所有现金流出的 47.72%,支付的其他与经营活动有关的现金占 34.91%。在该结构比重中,支付于管理费用和销售费用的现金流出还有调减的空间,期间费用的合理管理将有助于提升企业的盈利水平。

(3) 2010 年,投资活动产生的现金流出较前两年有大幅降低,目前仅为 12.86%,且其中的 4.79%用于购建固定资产、无形资产和其他长期资产。可见,公司目前减缓了对外投资的进度,着重于不断提升自身的主营业务水平。

(4) 筹资活动的现金流出目前仅占现金流出总量的 3.50%,可见,目前企业的对外筹资需求较小。

四、现金流入流出比分析

现金流入流出比是指在一定会计期间某类活动现金的流出取得了多少现金流入。流入流出比,按照现金流的主要来源与去向分为经营活动的现金流入流出比、投资活动的现金流入流出比、筹资活动的现金流入流出比。其计算公式为：

$$现金流入流出比 = \frac{各类活动现金流入量}{各类活动现金流出量} \times 100\%$$

一般而言，经营活动的现金流入流出比越大越好，投资活动的现金流入流出比在企业成长期此比值通常比较小，因为这一阶段往往需要大量现金投出；相反，当企业处于衰退期或缺少投资机会时，此比值应该大一些比较好，因为，此时主要是为了尽快收回投资或减少投资；筹资活动的现金流入流出比在企业处于成长与扩张期时比值比较大属于一种正常现象，因为这表示企业正在积极筹集资金以满足发展的需要；相反，如果企业处于成熟期，则此比值要小一些，因为此时企业现金流一般很充裕，不再需要从外部大量筹集资金，而且开始偿还前期债务。以下以 MDDQ 公司 2008—2010 年的现金流量表为例，见表 4-7。

表 4-7　MDDQ 公司现金流入流出结构分析表

项　　目	2008 年	2009 年	2010 年
经营活动现金流入：现金流出	564.94%	172.74%	108.87%
投资活动现金流入：现金流出	29.36%	28.91%	59.20%
筹资活动现金流入：现金流出	112.47%	135.21%	0.00%
现金总流入：现金总流出	94.18%	120.30%	98.67%

通过上述 MDDQ 公司的现金流入流出结构分析表，我们可以得到以下结论：

（1）经营活动现金流入流出比自 2008 年以来呈逐年下降的趋势，这和家电行业近年来的竞争日益激烈有关。尽管现金的流入流出比降低，但是企业目前还是保持着流入量大于流出量的状态。那么如何保持这种状态，并努力将该指标提升上去，是目前 MDDQ 公司应该极力解决的问题。

（2）投资活动现金流入流出比逐年上升，且在 2010 年该比值达到 59.20%。结合前面对现金流量的分析可知，该企业目前的对外投资较少，其发展重心主要集中在内部经营规模的扩展。因此，该指标较高，在一定程度上提示企业管理者，应适当关注外部投资机会，充分利用目前的投资资金。

（3）该企业的筹资活动现金流入流出变化大，在 2010 年，该比例为零，主要在于企业未进行外部筹资。

（4）综合以上分析，我们可以看到，MDDQ 公司自有现金充足，现金流量状况良好，偿债能力和支付能力都很强。

总之，现金流量表已成为世界上通行的重要会计报表之一。无论是企业的经营者还是企业的投资者、债权人、政府有关部门以及其他报表使用者，对现金流量表进行分析都具有十分重要的意义。通过现金流量表分析，可以了解企业本期及以前各

第四章 现金流量表解读

期现金的流入、流出及结余情况,从而正确评价企业当前及未来的偿债能力和支付能力,发现企业在财务方面存在的问题,正确评价企业当期及以前各期取得的利润的质量,科学地预测企业未来的财务状况,从而为其科学决策提供充分的、有效的依据。

第五节 现金流量表分析要点

一、整体把握

要正确理解现金流量表,需要从以下几个方面进行整体把握:

(1) 研究现金流量表的分类结构,仔细分析各构成要素对现金流总量的最终影响结果。目前,上市公司的现金流量表一般由五大项和一些补充资料组成,其中,经营、投资、筹资三大活动所产生的现金流量是我们研究的重点。在每一项活动当中,现金流量表都将现金的流入与流出明显地区分开来,相应涉及的一些子项,在进行深入分析之前,可以暂时忽略。首先要关心的是本期流入的净额及流入与流出的总数,当有明显的异常情况时,可以再回过头来研究对应的构成状况。

【例 4-8】 以某公司为例,该企业经营活动产生的现金净流量为 $-58\,687\,776.91$ 元,投资活动产生的现金净流量为 $-9\,251\,679.86$ 元,本期现金及现金等价物净增加额为 $17\,071\,040.40$ 元。造成最终现金净流量增加的原因是筹资活动现金净值增加了 $85\,010\,497.17$ 元(主要是借款筹得)。这一状况结合资产负债表和利润表可以看出,该企业主营业务收入、主营业务利润及利润总额与上年相比增长均在 50% 以上,反映企业具有良好的成长性,但同时应收账款、营业成本也均有大幅加,且增幅大于收入、利润的增幅,说明该企业财务状况尚有可以改进的地方。

(2) 将企业的现金流动情况放在企业持续经营活动的过程中进行历史性的判断。企业经营是一个持续不断的过程,因此企业的财务状况也总处于一个不断变化的过程之中。某一企业某段时间的状况不佳,通过努力是可以改变的。与企业资产负债表、利润表相互对照阅读,并结合其他资料进行综合分析。比如,通过报表附注了解行业情况及公司相关背景,从传媒中了解关于公司的其他信息等,这样可以直接加深对现金流量表的理解。

总的来说,在解读与分析现金流量表时,投资者不能单纯只看几个数据与指标的增减变化,而应和其他有关方面的资料相结合进行综合评价。

一方面要全面、完整、充分地掌握上市公司的信息。不仅要充分理解财务报表上的信息,重视企业重大会计事项的揭示以及注册会计师的审计报告,还要考虑国家宏观政策、国际国内政治气候、所处行业的变化情况等方面的影响;不仅要分析现金流量表,还要将资产负债表、利润表等各种报表有机地结合起来,这样才能全面而深刻地揭示企业的偿债能力、获利能力、管理业绩和经营活动中存在的成绩和问题。另一方面要把特定分析与全面评价相结合。投资者应在全面评价的基础上，选择特定项目进行重点分析，并将全面分析结论和重点分析的结论相互对应，以保证分析结果的有效。

二、分析要点

作为对资产负债表和利润表的补充报表，现金流量表为投资者提供了关于公司现金变动情况的信息，有利于投资者对公司总体财务状况进行客观评价。投资者在对公司现金流量表进行分析时，应当注意如下几个要点：

(1) 经营现金流量是现金流量分析的重点。在对现金流量信息进行分析时，经营活动现金流量应当是重点，原因是经营活动是公司一切活动的核心和重点。公司的投资活动和筹资活动要为经营活动服务。作为一家健康运转的企业，经营活动应当是现金流量的主要来源。

(2) 评价公司偿债能力、利润质量和投资价值是现金流量分析的主要目的。考虑到我国的实际情况，投资者可着重从现金流量表中挖掘有关公司偿债能力和利润质量的信息，并利用现金流量对公司进行估价。

(3) 对未来的预测比历史分析更重要。尽管现金流量表提供了公司财务状况变动的动态信息，但现金流量表毕竟提供的只是历史信息，这只能代表公司的过去。如何运用经验和推理挖掘公司未来发展的信息，比对公司历史财务状况的描述重要得多。

总之，运用合理有效的方法，恰当地对现金流量表进行分析，可以帮助我们得到在其他报表中无法获取的信息，但是现金流量表也不是万能的，它本身也存在着固有的缺陷，需要不断地加以完善。

本章小结

本章主要介绍了现金流量表的概念、作用、分类、编制方法及结构。现金流量是评价企业的财务状况和绩效的一个重要标准。

现金流量表的项目主要由经营活动现金流量、投资活动现金流量和筹资活动现金流量组成。另外，还有以间接法为基础编制的现金流量表补充资料。本章依次介绍了这些组成部分中各个项目的内容构成及分析要点。

在以上内容的基础上，本章进一步介绍了现金流量表的分析方法，包括现金流量表的趋势分析和结构分析。通过趋势分析，可以掌握现金流量增减变动所产生的差异、产生差异的原因及增减变动的发展趋势等信息，并对其作出评价。现金流量的结构分析包括现金流入结构分析、现金流出结构分析和现金流入流出比结构分析。通过结构分析,可以掌握现金主要来源,主要用途,现金流入、流出和净流量构成等信息,并对其作出评价。

复习思考题

一、简答题

1. 现金流量表是由哪几部分组成的?内部构成在什么状态下较为理想?
2. 现金流入结构和流出结构分析的思路是什么?结合实际说明应如何运用?
3. 现金流量趋势分析的方法有哪些?其优点何在?

二、计算分析题

某公司 2010 年和 2011 年度现金流量表资料如表 4-8 所示。

表 4-8 现金流量表

编制单位:A 公司　　　　　　　　　　　　　　　　　　　　　　　　　　单位:万元

项　　目	2010 年	2011 年
一、经营活动产生的现金流量		
销售商品、提供劳务收到的现金	1 240	1 039
收到的税费返还	33	20
收到其他与经营活动有关的现金	59	70
经营活动现金流入小计	1 332	1 129
购买商品、接受劳务支付的现金	985	854
支付给职工以及为职工支付的现金	60	63
支付的各项税费	143	159
支付其他与经营活动有关的现金	109	202
经营活动现金流出小计	1 297	1 278
经营活动产生的现金流量净额	35	-149
二、投资活动产生的现金流量		
收回投资收到的现金	205	260
取得投资收益收到的现金	37	30
投资活动现金流入小计	242	290
购建固定资产、无形资产和其他长期资产支付的现金	155	175
投资支付的现金	104	200
投资活动现金流出小计	259	375
投资活动产生的现金流量净额	-17	-85
三、筹资活动产生的现金流量		

（续表）

项　　目	2010年	2011年
吸收投资收到的现金	150	177
取得借款收到的现金	165	263
筹资活动现金流入小计	315	440
偿还债务支付的现金	175	325
分配股利、利润或偿付利息支付的现金	15	15
支付其他与筹资活动有关的现金	12	10
筹资活动现金流出小计	202	350
筹资活动产生的现金流量净额	113	90
四、汇率变动对现金及现金等价物的影响	0	0
五、现金及现金等价物净增加额	131	－144

要求：

(1) 对现金流量表进行趋势分析。

(2) 对现金流量表进行结构分析。

第五章 企业偿债能力分析

学习目标

1. 了解企业偿债能力的含义、影响以及常用的分析方法
2. 理解短期偿债能力的含义及影响因素
3. 理解长期偿债能力的含义及影响因素
4. 重点掌握短期偿债能力的各项分析指标
5. 重点掌握长期偿债能力的各项分析指标

2010年1月19日,有近50年历史的亚洲最大、世界第三的航空公司——日本航空公司(以下简称"日航")因负债超过250亿美元,被迫向东京地方法院递交了破产保护申请,成为日本历史上除金融业外最大的破产案,令人震惊。究竟是什么原因使日航陷入了财务困境?对于这一问题,学术界众说纷纭。有人将日航破产归因于其管理制度的老化和日常经营的不善;也有人将日航破产归因于日本高铁新干线的影响;还有人将日航破产归因于当前市场需求的低迷,尤其是主要大客户需求的减少。根据相关资料显示,固定资产在日航的资产中占主要地位;负债融资在资金来源中占85%,其中长期负债占负债总额70%。这种资产和资本结构,表明公司长期偿债能力弱,从而面临着较大的破产风险,一旦资金链断裂,破产就成为不得不面对的现实。与此同时,相关财务报告资料显示,日航的利息保障倍数呈逐年递减的变化趋势,尤其是近几年,降低幅度较大且远低于行业平均水平。这一现象表明日航在利息费用支付方面弱于其竞争对手,长期偿债能力较弱。由此可见,此前日本政府否决向其提供更多的经济援助的行为,只是日航破产的一个导火索而已,其较高的经营风险、财务风险及较弱的长期偿债能力才是其破产的真正原因。

财务分析学

第一节　企业偿债能力概述

一、偿债能力的含义

偿债能力是指企业偿还到期债务的能力,即企业支付债务的本金及利息的能力。随着社会主义市场经济的逐步建立与发展,企业筹资方式逐渐多样化,企业为了维持正常经营和长期发展,通常会采用对外举债方式筹集资金。负债有流动负债和长期负债两种类型。流动负债是企业需要在1年或一个营业周期内偿还的债务,具有金额相对较小、偿还期限较短的特点;长期负债则是企业需在1年以上或超过1年的一个营业周期以上偿还的债务,具有金额较大、偿还期限较长的特点。举债经营能够提高企业经营效益,但同时也又会增加企业破产的风险,是一把双刃剑。偿债能力不但决定着企业的借款能力,而且影响企业的信誉,影响着企业的投资能力、发展能力和盈利能力,在经济迅速发展的今天,企业拥有良好的偿债能力是其生存和发展的基本前提。

偿债能力体现着企业的财务状况,具体来说,可以分为短期偿债能力与长期偿债能力。短期偿债能力是指企业以其流动资产偿还流动负债的能力,反映了企业以其流动资产偿付短期债务的物质保障程度,是企业当前财务能力的体现,更是流动资产变现能力的重要标志。长期偿债能力则是企业以其资产或劳务偿还长期债务的能力,反映了企业偿付1年以上未来到期债务的能力,是企业偿还债务本金与支付债务利息的能力的体现,更是反映企业财务稳定程度的重要标志。

短期偿债能力与长期偿债能力不同,应该予以区分。一个企业即使长期偿债能力较好,但如果短期偿债能力出现问题,也会因无力支付其到期债务而被迫出售长期投资或固定资产,使企业的持续经营能力受到质疑,甚至陷入财务困境;反之,一个企业即使现金较充足或资产变现能力较强,但如果长期偿债能力较弱,也将导致缺乏更多的资产进行长期投资,使其经营规模难以扩大,不利于盈利能力的增强。

企业的短期偿债能力和长期偿债能力是相互关联的。这主要表现在以下方面:第一,对长期债务的利息偿还一般是分期的,即每一年度或者是每半年度需要偿还相关的利息,所以实质上可以看成是短期内需要偿还的到期债务;第二,长期负债随着时间的推移,到期日的缩近,最后都将以"一年内到期的长期负债"的形式列于流动负债中,也就是说长期负债最终都是在成为流动负债之后得以偿还的。

二、进行偿债能力分析的意义

偿债能力是企业的基本财务能力之一,企业偿还债务能力的强弱体现着企业财务状况的好坏,它对企业的债权人、投资者和管理者具有较大的影响。因此,企业的债权人、投资者和管理者都十分关注对企业偿债能力的分析。

对于债权人,企业偿债能力决定其本息收回的风险程度。企业具有充分的偿还能力才能保证其债权的安全,按期取得利息,到期取回本金。银行对企业进行评估时,主要是对企业进行偿债能力分析,据此决定是否向企业发放贷款,如果发放,确定贷款的额度。当企业偿债能力较差时,银行承担的贷款风险会增加,企业会面临较高的贷款利率;反之,则比较容易得到资金以及利率优惠。因此,债权人在借款给企业时,应该综合评价借款的风险和可能的收益,谨慎判断其债权的偿还保障程度,维护其合法权益。通常情况下,企业自有资本在总资产中的比重越高,债权的保证程度就越高。

对于投资者,企业偿债能力影响投入资金的安全性与盈利性。由于债权人的本息要优先于企业投资者的利润分配,因此,负债程度直接影响投资者的利益。当然,在债务成本远低于投资报酬率时,股东将会获得由财务杠杆带来的较高报酬率。因此,股东还是愿意承担没有过度的相对较高的财务风险。投资者在投资之前,通过对企业进行偿债能力分析,可以了解企业项目风险的大小以及收益的高低,从而决定是否进行投资。

对于管理者,企业偿债能力影响企业自身生存状况,是企业能否生存下去的关键因素之一。偿债能力高的企业,对外树立较好的形象,能以较低的成本筹措到更多的资金,拥有较多的投资机会;反之,企业继续经营的能力会遭到怀疑,甚至会面临财务危机,并最终导致破产。从长期偿债能力的角度来看,了解企业的长期偿债能力,有利于管理者确定和保持最佳融资结构,实现融资成本的最低,降低企业财务风险。因此,作为企业的管理者,应该重视企业的偿债能力,监督、控制企业的偿债能力,保证生产经营过程正常进行,实现企业持续经营。

企业偿债能力也会影响其他的利益相关主体,如企业的供应商、客户、职工等。举例而言,当企业偿债能力较差时,供货商可能拒绝企业的延期支付;反之,偿债能力较强时,则能够比较容易地得到政策优惠,获得现金折扣等有利机会。

三、偿债能力分析的常用方法

偿债能力分析是判断和评价企业偿债能力和资产质量的一种分析方法,是企业财务分析的重要组成部分。对偿债能力进行分析,可以使财务报告使用者了解企业资产的流动性,判断和评价企业的财务状况,分析企业能否健康成长和发展,预测企业未来的现金流量。偿债能力包括短期偿债能力与长期偿债能力,因此,偿债能力分析可分为短期偿债能力分析和长期偿债能力分析两个方面。短期偿债能力分析和长期偿债能力分析的侧重点是不同的,短期偿债能力分析主要侧重于对企业流动资产、资产变现能力与流动负债的关系研究;长期偿债能力分析则涉及企业的资本结构、盈利能力和变现能力等。

偿债能力的分析方法有两种:一种是比较短期债务与可供偿债资产的存量,资产存量超过债务存量较多,则认为一个企业的偿债能力强;另一种是比较偿债所需现金和经营活动产生的现金流量,如果企业产生的现金超过需要的现金较多,则认为其偿债能力强。对企业进行偿债能力分析时,通常是以资产负债表、现金流量表、利润表以及利润分配表为依据,计算一系列的比率指标,如流动比率、现金流动负债比率、资产负债率、利息保障倍数等,然后与相关评价标准进行比较,判断企业偿债能力的高低。

然而,仅利用某一指标进行单一分析是不够的,还应对指标进行趋势分析,或同行业的横向比较分析,或特定企业的横向比较分析。与此同时,还应结合表外的影响因素进行分析,以达到更加客观地评价一个企业的短期偿债能力和长期偿债能力的目的。

第二节 短期偿债能力分析

一、短期偿债能力概述

(一)短期偿债能力的定义

所谓短期偿债能力,具体而言,就是企业以流动资产偿还流动负债的能力,是衡量企业当前财务能力与财务风险,特别是流动资产变现能力的重要指标。不管一个企业的盈利状况如何,只要它实际持有一定量的现金,即说明其具有相应的短期偿债能力。因此,企业短期偿债能力的强弱通常表现为资产变现能力的强弱。短期偿债能力作为偿债能力的一个方面,对其分析有重要意义,企业能否清偿当期债务,对企业自身的生存与发展至关重要。当一个企业丧失短期偿债能力时,其持续经营能力将遭到质疑,所以企业的短期偿债能力是衡量企业健康与否的重要指标,也是企业管理层、投资者与债权人等利害关系人共同关心的问题。

(二)短期偿债能力的影响因素

短期偿债能力的影响因素主要包括流动资产结构、流动负债结构、经营活动产生的现金流量以及宏观经济形势等。

(1)流动资产结构。流动资产结构是指组成流动资产的各个类别在流动资产中所占的比重。流动资产结构反映了流动资产的组成情况。流动资产是指在1年或超过1年的一个营业周期内变现、出售或耗用的资产,包括货币资金、交易性金融资产、应收票据、应收账款、存货和预付账款等。流动资产是偿还流动负债的物质保证。通常企业用流动资产来偿还到期的短期债务,不同流动资产的变现速度不同,进而对企业的偿债能力产生不同的影响。也就是说,资产流动性的强弱直接影响到企业的短期偿债能力。因此,只有认识到流动资产流动性的特点才能合理配置各种流动资产形态的数量,提高流动资产的变现能力,加速其周转。高质量的流动资产应能按照账面价值或高于账面价值迅速变现。一般而言,如果现金所占比重较大,则企业的偿债能力较强;反之,企业的偿债能力会大大下降。所以,企业资产的结构特别是流动资产的结构会影响其偿债能力。

(2)流动负债结构。流动负债又称短期负债,是指将在1年或者超过1年的一个营业周期内偿还的债务,包括短期借款、交易性金融负债、应付票据、应付账款、预收账款、应付职工薪酬、应付利息、应付股利和应交税费等。短期借款、应付票据等流动负债,需要企业用现金偿还;而预收账款等流动负债,需要企业用商品或劳务偿还。如果需要用现金偿还的短期负债占较大比重,则企业必须拥有足够的现金才能保证及时偿付到期债务,即需要较高的偿债能力;如果需要用商品或劳务偿还的短期负债占较大比重,为及时偿付债务只需有足够的存货就可以了。此外,流动负债组成项目的来源情况及需偿还的紧迫程度也会影响流动负债的质量,进而影响企业短期偿债的风险。因此,流动负债的结构影响企业的偿债能力。

(3)经营活动产生的现金流量。企业通常是用现金偿付短期债务,经营水平较高的企业,现金流入较多、较稳定,能够及时偿付到期债务;反之,如果现金流量不充足,债务到期而没有足够的现金偿付,会使企业陷入财务危机,甚至破产。所以经营活动产生的现金流量水平影响企业的偿债能力。一般来说,企业的现金流量状况主要由企业的经营收益水平决定。通常一个经营收益水平较高的企业,会拥有较稳定和持续的现金流入;相反,如果企业的经营收益水平较低,则会出现现金短缺的状况,削弱企业的偿债能力。

(4)宏观经济形势。一国经济持续稳定增长时,社会的有效需求也随之稳定增长。良好的市场条件,能够促使企业的产品较容易地通过销售转化为货币资金,进而增强企业的短期偿债能力;反之,当国民购买力不足时,会使企业存货积压、资金周转不灵,进而削弱企业的短期偿债能力。因此,宏观经济形势是影响企业短期偿债能力的重要外部因素。

二、短期偿债能力分析指标

对企业的短期偿债能力进行分析有助于判断企业短期资金的营运能力及营运资金的周转状况,为投资者、债权人、经营者及其他利益相关者进行决策提供重要依据。具体而言,对企业的短期偿债能力进行分析,有助于投资者了解投资企业的盈利状况和投资机会,有助于债权人了解企业的支付能力,有助于经营者了解企业财务风险状况,有助于其他利益相关者了解企业履行承诺的能力。通常,反映企业短期偿债能力的指标主要有净营运资本、流动比率、速动比率、现金比率和现金流动负债比率等。

(一) 净营运资本

1. 净营运资本的含义

净营运资本是流动资产减去流动负债的差额,是流动资产超过流动负债的那部分,可用来衡量公司资产的流动性,评估企业的营运资金是否充足,是衡量企业短期偿债能力的一项基本指标。其计算公式为:

$$净营运资本 = 流动资产 - 流动负债$$

式中,流动资产是指在 1 年或超过 1 年的一个营业周期内变现或耗用的资产,包括货币资金、交易性金融资产、应收票据、应收账款、存货及预付账款等;流动负债是指将在 1 年或者超过 1 年的一个营业周期内偿还的债务,包括短期借款、交易性金融负债、应付票据、应付账款、预收账款、应付职工薪酬、应付利息、应付股利及应交税费等。

2. 净营运资本的分析

净营运资本是反映短期债务与可偿还债务资产的存量比较的指标,它在企业偿还短期债务时起到缓冲的作用。在确定流动资产与流动负债的数额时,要注意将不属于应计范围的项目剔除;在计价时,要关注营运资本易被低估的问题。

通常情况下,净营运资本的数额越大,流动资产对于流动负债的保证程度就越高,从而企业短期偿债能力也就越强。当流动资产大于流动负债时,净营运资本为正数,即企业的非流动资产的投资资金全部来自于长期资本,而且还有一部分长期资本用于流动资产投资。此时,企业的营运资本较多,短期偿债能力较强,财务风险较低。反之,当流动资产小于流动负债时,净营运资本为负数,即非流动资产所占用的资金有相当一部分来自流动负债。此时,企业面临的偿债压力较大。另外,应该警惕净营运资本过高或过低的情况,即净营运资本出现异常的情况,此时需要对企业的流动资产和流动负债进行逐项分析以找出相关原因。

确定适当的净营运资本数量是企业应关注的问题。短期债权人希望营运资本越多越好,这样可以保证其权益,减少贷款风险。但过多地持有净营运资本对企业自身未必是一件好事:净营运资本越多,表明企业的流动资产越多、流动负债越少,但此时流动资产获利能力就差,所以过多的流动资产是不利于提高企业盈利能力的;而且长期资本的资金成本高于短期借款,流动负债较少表明企业的筹资方式不够合理。因此,企业应当保持合理的净营运资本数量。

净营运资本是一个反映企业短期偿债能力的绝对值指标。通常将净营运资本与以前年度的该指标进行比较,分析企业的偿债能力变动情况。净营运资本与经营规模有着密切的联系,不同行业之间可能存在显著的规模差异,同一行业不同企业的不同年份之间也可能存在显著的规模差异,此时,它们的净营运资本不便于比较。事实上,在实务中很少直接运用净营运资本对企业的短期偿债能力进行分析,这也体现出净营运资本作为绝对值指标的局限性。

3. 举例

【例 5-1】 根据 MDDQ 2008—2010 年资产负债表的资料,可得表 5-1。

表 5-1　MDDQ 净营运资本计算　　单位:千万元

项　目	2008 年	2009 年	2010 年
流动资产	325.87	278.53	859.57
流动负债	531.12	365.24	1 013.52
净营运资本	−205.25	−86.71	−153.95

由表 5-1 可知,MDDQ 公司 2008—2010 年的流动资产小于流动负债,即营运资本为负。因此,仅从营运资本的角度来看,MDDQ 公司短期偿债的风险较大,公司的短期偿债能力较弱。但是不能仅凭这一个指标来评价企业的短期偿债能力,还需考虑企业所属的行业,同时要注意综合运用其他指标。

(二) 流动比率

1. 流动比率的含义

流动比率是流动资产与流动负债的比率,表示每 1 元的流动负债有多少流动资产作为保障。它是评价企业偿还短期债务能力的一个最基本的指标。其计算公式为:

$$流动比率 = 流动资产 \div 流动负债 \times 100\%$$

2. 流动比率的分析

从公式中可以看出,流动比率越大,表示企业流动资产周转速度越快,短期偿债能力越强;反之,流动比率越小,表示流动资产周转速度越慢,短期偿债能力越弱。

与净营运资本指标类似,债权人认为该指标越高,对其债权越有保障;但对于企业经营者,该指标并不是越高越好,指标过高可能意味着企业资产使用效率低、筹资成本高。流动比率应该确定在合理的范围之内,保障短期偿债能力的同时,又要保证企业资产的获利能力。20 世纪初,美国一般银行业大多以流动比率为其核定贷款的依据,并要求此项比率保持在 200% 以上,故流动比率也被称为"银行家比率"或"二对一比率"。一般认为,流动比率维持在 200% 较为合理。此时,流动性较大的流动资产至少等于流动负债,企业的短期偿债能力较有保障。最近几十年流动比率发生了新的变化,许多企业虽然该指标小于 200%,但经营都取得了成功,所以评价企业短期偿债能力高低的标准可能会随着多种因素的变化而发生变化。

流动比率的分析应该与所在行业的标准相结合,不同行业评价标准不同,因为不同行业的资产、负债占用情况不同;应该与企业自身的生产经营特点相结合,一般情况下,营业周期长的企业的流动比率高于营业周期短的企业,因为企业营业周期较长时,存货量增加,应收账款周转速度较慢;另外,还应将企业不同时期的指标相比较,观察其动态变化趋势,从动态上评价企业不同时期的短期偿债能力变动情况。因此,流动比率的合理性必须通过动态分析、纵向比较和特定行业及企业比较来确定。

3. 流动比率指标的优缺点

流动比率在衡量企业短期偿债能力时具有以下优点:流动比率是一个相对值指标,弥补了净营运资本作为绝对值指标的不足。由于不同企业的规模存在差异,因而净营运资本在不同的企业之间不具有可比性。流动性指标排除了规模差异这一因素的影响,更适合在不同的企业之间进行横向对比,以及在企业不同历史时期进行比较。

流动比率可以衡量企业流动资产抵偿流动负债的能力。流动资产超过流动负债的部分是净营运资本,也是评价安全边际的指标。这部分资金对于企业而言,可以起到缓冲的作用,使企业避免出售长期资产来偿付短期负债。出售长期资产,不仅影响企业资产的正常使用,而且由于降价销售,通常会造成变现损失,必然对流动资产造成侵蚀。因此流动比率的大小,可以显示出企业短期偿债能力的强弱,从而起到警示作用。

流动比率具有易于理解,计算简便,形式直观而且资料易于取得等优点,便于利益相关者对企业的短期偿债能力进行大致判断,因而成为当前最受重视的财务分析指标之一。

当然,流动比率也具有局限性,分析时应注意以下几点:

(1)流动比率假设全部流动资产都可以变为现金并用于偿债,全部流动负债都需要还清。因此,流动比率指标是对短期偿债能力的粗略估计。

(2)流动比率是用来表示资金流动性的,即衡量企业短期债务偿还能力的强弱。但应注意的是,流动比率高的企业并不一定偿还短期债务的能力就很强。因为存货、待摊费用等属于流动资产的项目变现时间较长,尤其是存货很可能发生积压、滞销等情况,流动性较差。

(3)流动比率的客观性易受到主观性因素的影响。流动比率体现的仅仅是账面上的支付能力,企业的销售政策和信用条件会对应收账款的规模和变现速度产生影响,从而影响流动比率。

(4)流动比率从静态分析的角度反映了企业短期的偿债能力,没有考虑企业经营过程中的现金流量。计算流动比率时,其分子、分母的数据大多是来自于资产负债表,而资产负债表体现的是企业在某一时点的资产负债状况,不能代表全年平均的一般状况;而且,在这种情况下,此指标未考虑企业的未来现金流量情况,不能保证企业的流动资产未来能迅速变现。

总之,财务报表使用者在采用流动比率对企业的短期偿债能力进行分析时,需结合其他因素,来作出最后的判断,以克服指标本身的缺陷,避免评价结果发生偏差,误导决策。比如,在分析流动比率时,还应当搜集各项流动资产的可收回金额和重置成本等有关资料,深入分析各项流动资产的构成情况,了解企业日常经营活动的性质,了解企业向银行融通资金的情况等。

4. 举例

【例 5-2】 根据 MDDQ 2008—2010 年资产负债表的资料,可得表 5-2。

表 5-2　MDDQ 流动比率计算　　　　　单位:千万元

项　目	2008 年	2009 年	2010 年
流动资产	325.87	278.53	859.57
流动负债	531.12	365.24	1 013.52
流动比率	61.36%	76.26%	84.81%

由表 5-2 可知,MDDQ 公司流动比率 2008 年仅为 61.36%,短期偿债压力较大;流动比率至 2010 年上升为 84.81%,说明短期偿债能力有所增强。按照经验标准判断,MDDQ 公司 3 年的流动比率都低于 200%,表明企业的短期偿债能力较弱。但企业的短期偿债能力是否陷入危机,还需与同行业公司比较进行判断。此外,随着时间的推移,近年来企业的流动比率呈下降趋势,是否仍以 200% 的水平作为判断标准,是一个值得探讨的问题。

【例 5-3】 根据 MDDQ 以及同行业 GL 公司 2008—2010 年资产负债表的资料,可得表 5-3。

表 5-3　MDDQ 流动比率与同行业 GL 公司数据比较

公司	2008 年	2009 年	2010 年
MDDQ	61.36%	76.26%	84.81%
GL	95.65%	101.80%	105.96%

表 5-3 描述了 MDDQ 公司及同行业 GL 公司的流动比率在 2008—2010 年的变化趋势。从与同行业 GL 公司的对比来看,虽然 MDDQ 的流动比率呈上升趋势,但低于同行业 GL 公司的流动比率水平。

(三) 速动比率

1. 速动比率的含义

速动比率又被称为酸性测试比率,是速动资产与流动负债的比率,表明每 1 元流动负债有多少速动资产作为偿债保障。与流动比率类似,速动比率可以评价流动资产的变现能力,也是测验企业短期偿债能力强弱的有效指标之一。该指标的计算公式为:

$$速动比率 = 速动资产 \div 流动负债 \times 100\%$$

式中,速动资产是指现金、有价证券及应收账款等各项流动资产,是企业能较迅速转变为货币资金的资产。为简单起见,常用流动资产扣除存货之后的差额来代表速动资产。

2. 速动比率的分析

一般情况下,速动比率越大,表示企业流动资产周转速度越快,短期偿债能力越强;反之,流动比率越小,表示流动资产周转速度越慢,短期偿债能力越弱。

速动比率是对流动比率的补充,在计算时将存货从流动资产中剔除出去,主要原因是存货是变现能力相对较差的流动资产的主要组成部分;部分存货可能已损失报废还没做处理;部分存货已抵押给某债权人;存货的价值较容易受市场行情等其他因素的影响,与成本相差悬殊。在剔除存货的影响后会使这一分析偿债能力的指标更加准确,更加让人信服。除扣除存货外,还可以从流动资产中剔除与当前现金无关的待摊费用。所以,速动比率比流动比率更能严密衡量企业的短期偿债能力。在运用速动比率进行分析时,与流动比率配合使用更佳。

与流动比率相同,如果这个指标过高,企业的短期偿债能力虽然有了充足的保障,符合债权人利益,但是由于占用大量资金,减缓了速动资产的周转速度,降低了资金有效的使用效率,进而影响企业的长期发展;如果这个指标过低,表明企业短期偿债能力没有保障,偿债风险增大。通常情况下,认为速动比率等于100%时,较为合理,此时,存货占流动资产的比例为50%左右,企业流动负债的安全性较有保障。

在对速动比率进行分析时,应该根据行业特征加以评价,速动比率与行业差异有着密切的关系,不同行业的速动比率有很大差别,对于某些行业,速动比率大大低于100%是正常的,像大量采用现金结算的超市,通常没有应收账款,计算出来的速动比率可能远低于100%,但实际上是正常的,仍然具备足够的流动性。因此,与行业的平均水平或特定企业比较是十分必要的。此外,要注重对应收账款变现能力这一因素的分析,了解应收账款的流动性是否存在问题;要与该企业过去的速动比率相互对照,从而更好地观察速动比率的动态变化趋势。

3. 速动比率指标的优缺点

速动比率在衡量企业短期偿债能力时具有的优点:弥补了流动比率的不足,将变现能力差、价值易波动的存货剔除出去,使得指标更加准确,比流动比率更为严谨地

第五章　企业偿债能力分析

测验企业短期偿债能力。当一个企业的流动比率较高时,可能是由于其存货占较大比重而且发生滞销、积压等情况导致的表象,会对利益相关者产生误导。所以在消除了存货等变现能力较差的流动项目的影响后,用速动比率来衡量企业短期偿债能力更加准确。

当然,速动比率也具有局限性,分析时应注意以下几点:

(1)影响速动比率可信性的重要因素是应收账款的变现能力。速动资产中的应收账款属于变现能力较差的流动资产项目。如果一个企业的速动资产中含有较多的应收账款,且其成为坏账的可能性较大时,速动比率就不能真实地反映企业的偿债能力,可信度降低,其反映的企业面临的偿债风险与实际情况不符。

(2)速动比率仅从静态分析的角度反映了企业短期的偿债能力,也是一项静态比率,其数值都来自资产负债表,反映某个时点的偿债能力,易受主观因素的影响,而且未考虑企业的未来现金流量情况,不能保证企业的流动资产未来能否迅速变现。

4. 举例

【例 5-4】根据 MDDQ 2008—2010 年资产负债表的资料,得表 5-4。

表 5-4　MDDQ 速动比率计算　　　　　　　　单位:千万元

项目	2008 年	2009 年	2010 年
流动资产	325.87	278.53	859.57
存货	—	79.19	85.44
速动资产	325.87	199.34	774.13
流动负债	531.12	365.24	1 013.52
速动比率	61.36%	54.58%	76.38%

由表 5-4 可知,MDDQ 公司的速动比率 2008 年仅为 61.36%,短期偿债压力较大;速动比率至 2010 年上升为 76.38%,说明短期偿债能力有所增强。按照我国的经验标准判断,MDDQ 公司 3 年的速动比率都低于 90%,表明企业的短期偿债能力较弱。但企业的短期偿债能力是否陷入危机,还需与同行业公司相比较进行判断。

【例 5-5】根据 MDDQ 2008—2010 年资产负债表的资料以及同行业 GL 公司资产负债表的资料,可得表 5-5。

表 5-5　MDDQ 速动比率与同行业 GL 公司数据比较

公司	2008 年	2009 年	2010 年
MDDQ	61.36%	54.58%	76.38%
GL	75.57%	88.69%	84.32%

表 5-5 描述了 MDDQ 公司与同行业 GL 公司的速动比率在 2008—2010 年的变化趋势。从与同行业 GL 公司的对比来看,虽然 MDDQ 的速动比率水平整体上呈上升趋势,但仍略低于同行业 GL 公司的速动比率水平,这与前面流动比率的分析一致。

(四) 现金比率

1. 现金比率的含义

现金比率是现金资产与流动负债的比率,最能反映企业直接偿付流动负债能力或即时付现能力的强弱,表明每 1 元流动负债提供多少现金资产作为保障。现金比率不考虑现金收到以及现金支付的时间。其计算公式为:

$$现金比率 = (货币资金 + 交易性金融资产) \div 流动负债 \times 100\%$$

式中,货币资金和交易性金融资产共同构成了现金类资产,如准备随时出售的短期有价证券等,是速动资产中流动性最强的资产。

2. 对现金比率的分析

现金比率是速动比率的进一步分析。现金比率将存货与各种应收预付款项排除在外,也就是说,现金比率只度量所有资产中相对于当前负债最具流动性的项目。应收账款等项目可能发生坏账以及延期收回的状况,所以将其剔除之后得到的现金比率,能更加客观地反映企业直接偿付流动负债的能力,较有说服力;但是也不能过度追求较高的现金比率,这样可能会降低资金的利用效率。现金比率是从一个极端保守的角度来测验企业资金的流动性,除非企业正处于财务困境,否则很少被采用。因此,现金比率的实用性不大。

通常情况下,现金比率越高,说明资产的流动性越强,企业直接偿付债务的能力越强,可变现损失的风险越小;现金比率越低,说明资产的流动性越差,变现的时间越长,企业直接偿付债务的能力越弱。在企业所有资产中,现金资产是流动性最好的资产,同时也是盈利能力最差的资产。对于债权人来说,现金比率越高越好;但是当这一比率过高时,可能意味着企业管理当局对现金的应用不善,企业的现金类资产较多,而现金类资产的获利能力低,这类资产太多会降低企业的盈利能力。因此,一般情况下,企业没有必要保持过多的现金资产,否则将失去某些良好的投资机会和获利机会。当然,一个企业的现金比率很高时,也不能急于下结论认为企业没有发挥现金的最大作用,因为有可能管理当局早已有了对现金使用的计划,如设备更新等。

应该注意到,不同行业的评价标准是不同的。一般情况下,信息服务和金融服务行业现金比率高。企业应将指标与行业的平均水平相比较。此外,应对企业不同时期的指标进行比较,观察其动态变化趋势。在运用现金比率对企业的短期偿债能力进行分析时,还应该考虑外部环境对企业使用现金的限制,比如,银行规定借款企业必须保留某一特定数额的现金余额在存款账户里,不得动用。现金比率分子分母的数据仍是来自资产负债表,反映一个特定时点上的企业短期偿债能力的强弱,未反映企业经营现金净流量情况。

3. 流动比率、速动比率和现金比率的关系

其关系如图 5-1 所示。

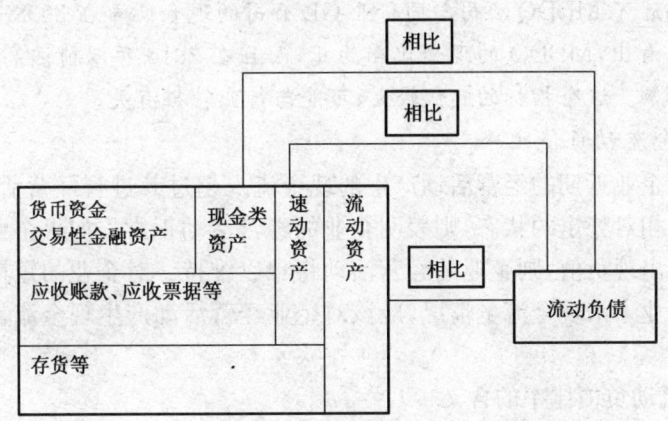

图 5-1　流动比率、速动比率和现金比率的关系

1) 共同点

三个指标的用途一样:从其计算公式可以看出,流动比率、速动比率和现金比率都是有关资产与流动负债的比率,都是反映企业资产流动性的指标,都可用来反映企业偿债能力的强弱。

分母是相同的:流动比率、速动比率和现金比率的分母都是企业的流动负债。

2) 区别

分子(资产)不同:流动比率、速动比率和现金比率分子对应的分别是流动资产、速动资产、现金类资产。分子包括的内容越来越少,所含资产的范围是逐渐缩小,所能反映出的企业资产流动性也越来越强,越来越真实,同时,从流动比率到速动比率再到现金比率,也是越来越保守,越来越谨慎。

应用的广泛性不同:现金比率的实用性不及流动比率与速动比率。此项比率要求严格,计算中包含的资产项目有限。因此,一般只有在企业将其拥有的应收账款和存货抵押或有足够的理由怀疑企业的应收账款和存货已经发生了严重问题或企业处于财务困境时,才会使用该比率,否则很少使用。

4. 举例

【例 5-6】　根据 MDDQ 2008—2010 年资产负债表的资料以及同行业 GL 公司数据,可得表 5-6。

表 5-6　MDDQ 现金比率与同行业 GL 公司数据比较

公司	2008 年	2009 年	2010 年
MDDQ	23.10%	79.18%	31.56%
GL	13.98%	52.53%	33.07%

表 5-6 描述了 MDDQ 公司与同行业 GL 公司的现金比率在 2008—2010 年的变化趋势。可以看出，MDDQ 的现金比率为正，而且在 2010 年以前远高于同行业 GL 公司的现金比率。这个指标的起伏较大，可能与行业特征有关。

（五）现金流动负债比率

如果一个企业近期的经营活动产生的现金流入超过其进行经营活动的支出，且这一水平保持相对稳定的状态，则表明企业的经营活动正常。如果企业经营活动现金净流量长期出现负值，则企业的经营活动将难以维持。对企业的短期偿债能力分析应该考虑企业未来现金流量情况，应该对企业经营活动产生现金流量的能力进行分析。

1. 现金流动负债比率的含义

现金流动负债比率是企业一定时期的经营现金净流量与流动负债的比率，表示每 1 元的流动负债有多少经营净现金流量作为保障。它反映了企业通过经营获取足够现金来偿还本期到期债务的能力，是最能说明企业在短期有无支付能力的指标，这项比率最为短期债权人所关注。其计算公式为：

$$现金流动负债比率 = 年经营现金净流量 \div 年末流动负债 \times 100\%$$

2. 现金流动负债比率的分析

该指标考虑了动态因素。前面阐述的四种比率，都是依据资产负债表确定的，虽然能反映企业资产的流动性，但都是静态指标，没有考虑到企业未来现金流量情况。而现金流动负债比率弥补了这一不足。运用该指标对企业的短期偿债能力进行分析时，需与流动比率和速动比率结合起来，从而更好地评价企业的流动性。

现金流动负债比率越高，则表示企业短期偿债能力越高；反之，则表示企业短期偿债能力越低。经营活动现金流量是偿还企业短期债务最直接的保证。如果经营活动现金流量超过流动负债越多，表明企业即使不动用其他的资产，仅以当期产生的现金流量就能够满足偿债的需要的能力越强；反之，短期偿债能力越弱。

从短期债权人角度看，该指标越高越好，表明其债权越有保障；而从企业资产的合理利用的角度来看却不一定，比率太高，可能是企业拥有过多现金，未能很好地在经营中运用，会提高企业的机会成本。因此企业应根据行业具体情况确定最佳比。

第五章 企业偿债能力分析

3. 举例

【例 5-7】 据 MDDQ 2008—2010 年资产负债表和现金流量表的资料以及同行业 GL 公司数据,可得表 5-7。

表 5-7 MDDQ 与同行业 GL 公司数据比较

公司	2008 年	2009 年	2010 年
MDDQ	13.74%	62.47%	7.40%
GL	12.32%	32.53%	2.51%

表 5-7 描述了 MDDQ 公司与同行业 GL 公司的现金流动负债比率在 2008—2010 年的变化趋势。从与同行业 GL 公司的对比来看,MDDQ 的现金流动负债比率高于同行业 GL 公司的现金流动负债比率水平。从表 5-7 可以看出,MDDQ 公司的现金流动负债比率,从 2008 年的 13.74% 上升到了 2009 年的 62.47%,而到了 2010 年却又下降到了 7.40%,表明 MDDQ 公司 2010 的短期偿债能力有所下降。这个指标的起伏较大,可能与行业特征有关,这与前面现金比率的分析一致。

三、影响企业短期偿债能力的其他因素

(一)增强企业短期偿债能力(提高企业变现能力)的因素

1. 可动用的银行贷款指标

可动用的银行贷款指标是指银行已同意、企业未办理贷款手续的银行贷款限额,在此限额之内,企业可以在需要资金时随时向银行提出申请取得贷款,从而增加企业的现金,提高其现金支付能力,对其流动性产生正向影响。通常情况下,这一数据会在财务状况说明书中予以说明,不反映在报表中。

2. 准备很快变现的长期资产

企业可能拥有一些长期资产可以迅速变现,对其流动性产生正向影响。长期资产一般属于企业的生产资料,是经营活动中所必需的,但是由于转变经营方式等某些原因,企业可能将一些长期资产很快出售变为现金,这会增强企业的短期偿债能力和流动性。例如,部分房屋因位置等原因准备将其转让。企业出售长期资产时都是要经过谨慎分析的。

3. 企业偿债的声誉

如果企业在长期偿债方面享有良好的声誉,没有不良记录,那么当企业出现短期债务偿还困难时,可以比较容易地通过与债权人协商得到解决方案;或者很快地通过发行债券或股票等办法解决资金短缺问题,增强资产的流动性,增强短期偿债能力。因此,享有良好的信誉会增强企业的短期偿债能力。

(二)削弱企业短期偿债能力(降低企业变现能力)的因素

1. 未作记录的或有负债

未作记录的或有负债不在财务报表中反映,是削弱企业短期偿债能力的主要表外因素。在我国或有损失指或有负债。或有负债是过去的交易或事项形成的一种潜在债务,像售出产品可能发生的质量事故赔偿、尚未解决的税额争议或未决诉讼可能出现的不利后果等。按照我国《企业会计准则》规定均不作为负债登记入账,也不在报表中反映。一旦这些或有负债成为事实上的负债,将会增加企业的偿债负担,进而削弱短期偿债能力,影响企业的流动性。

2. 担保责任引起的负债

企业有可能以自己的流动资产为他人提供担保,如为他人履行有关经济责任提供担保或为他人提供购物担保等。如果一旦被担保人无法偿还债务或无法履行其承诺的义务,这种担保有可能成为企业的负债,一旦转为负债会增加企业的短期支付要求,进而削弱企业的短期偿债能力或使企业陷入偿债危机中。由于这一数据在会计报表中并未得到反映,因此,在进行财务分析时,必须要注意到此方面的数据。

除了未作记录的或有负债和担保责任引起的负债,如果企业存在已出售的应收账款或已贴现的应收票据,而另一方如有追索权,也会增加企业短期债务的风险。

综上,以财务报表为基础进行企业短期偿债能力分析是一项比较复杂的工作,在进行财务分析时不能仅仅依据短期偿债能力指标的结论,还必须通过其他途径来寻求决策的支持,以排除相关主观因素的干扰。具体而言,应注意以下事项:

(1)不同的行业、不同的企业和不同的利益相关者在分析时应重视行业差距、企业差异的横向比较和企业自身的纵向比较。这是因为短期偿债能力的复杂性导致人们用以评价的指标也有综合性和多样性,且衡量指标的标准也带有经验性和争议性。

(2)衡量短期偿债能力指标所需数据都是从财务报表资料中取得的,还有一些财务报表中没有反映出来的因素,如企业可动用的银行贷款指标、准备很快变现的长期资产、偿债能力的信誉和未作记录的或有负债等也会影响企业的短期偿债能力,甚至影响很大,在分析时应多了解这些方面的状况。

(3)在计算短期偿债能力指标时使用的计算口径可能会不统一。企业在计算时的选择具有较大的灵活性,影响指标的可比性和应用性。比如,有的企业将逾期1年以上未收回的应收账款、积压的存货仍然作为企业流动资产核算并在资产负债表中列示。

第三节 长期偿债能力分析

一、长期偿债能力概述

（一）长期偿债能力的定义

所谓长期偿债能力，是企业偿还长期债务的能力，包括偿还长期债务本金和支付债务利息的能力，是反映企业财务状况稳定与安全程度的重要标志。企业的长期负债主要有长期借款、应付债券、长期应付款等。对一个企业的长期偿债能力进行分析，能够确定该企业偿还债务本金和支付债务利息的能力，确定企业财务风险的大小，是长期债权人、投资者、管理层以及其他利害关系人等关心的话题。

（二）长期偿债能力的影响因素

保证企业长期负债偿还的基本前提是企业能够偿还到期债务而不会破产清算，因此，短期偿债能力是长期偿债能力的基础。长期负债一般数额较大，本金的偿还需有一个积累的过程，从长远的角度来看，企业现金流量的变化最终取决于其获取利润的能力。因此，分析盈利能力与长期偿债能力之间的关系是十分必要的。企业的长期负债数额大小与企业资本结构的合理性有着密切的关系，所以，对长期债务不仅要从偿债的角度考虑，还要从保持资本结构合理性的角度来考虑，良好的资本结构能增强企业的偿债能力。影响长期偿债能力的因素，具体说来，有以下几个方面：

（1）企业的资本结构。长期偿债能力与资本结构密切相关。资本结构是指企业各种长期筹资来源的比例关系。这种比例关系，表明企业总资产或总资金中，有多大部分是可以自由永久使用的，又有多大部分是需要到期偿还的。在企业筹集的长期资金当中，一部分来自股东的投资和留存收益；另一部分是来自企业外部的长期债权人。资本结构能影响企业权益资本为长期负债提供保障的程度，影响财务风险的大小，进而影响企业的长期偿债能力，是评价企业长期风险的关键因素。通过对资本结构的合理分析，可得知一个企业财力是否雄厚，能否承担各种经营上和财务上的风险，是否具有继续举债的能力。资本结构中债务比率越高，表明大部分经营风险转移到债权人身上，企业偿还债务的风险就越大。因此，资本结构越合理，企业就越能够顺利地偿还各种债务。影响资本结构的主要因素包括长期负债与所有者权益。长期负债与所有者权益共同构成企业的长期性资本。

（2）企业的盈利能力。长期偿债能力与盈利能力密切相关。企业是否有充足的现金流入偿还长期负债，很大程度上取决于企业的生产经营成果，取决于企业的盈利能力。长期债务与短期债务不同，支付利息和归还本金多依靠企业的生产经营所得，一个处于正常情况下的企业不会出售长期资产。一般来说，企业的盈利能力越强，拥有的现金流入越充足越稳定,为及时足额地偿还各项债务提供坚实的物质基础,长期偿债能力越强;反之,长期偿债能力越弱。因此,对管理层来说,要提高企业的长期偿债能力,就必须不断地改善企业的经营,提高企业的盈利能力,改善资金结构,降低资产负债率,增强偿债能力。

(三)长期偿债能力分析的方法

长期偿债能力分析的方法主要有两种:一是根据资产负债表或资产负债表与现金流量表相结合所反映的情况来判断企业的长期偿债能力;二是按利润表反映的情况来判断企业的长期偿债能力。

二、企业长期偿债能力分析的指标

反映企业长期偿债能力的指标主要有资产负债率、股东权益比率与权益乘数、净资产负债率比率与有形净资产负债率、长期资产适合率、利息保障倍数及现金负债总额比等。通过这些指标,可以了解企业的资本结构、盈利能力和现金流量情况,对投资者、债权人、管理者以及其他利益相关者有重要意义。具体而言,对企业进行长期偿债能力分析,有助于投资者判断其投资的风险大小与收益状况,有助于债权人判断其债权的保证程度,有助于管理者优化资本结构,有助于其他利益相关者判断企业的信用状况和长期支付能力。

(一)资产负债率

1. 资产负债率的含义

资产负债率又称负债比率,是企业的负债总额与资产总额间的比率关系。资产负债率表示企业资产总额中债权人提供的资金所占的比重,以及企业在清算时保护债权人利益的程度,反映了企业的资本结构。其计算公式为:

$$资产负债率 = 负债总额 \div 资产总额 \times 100\%$$

式中,公式中的负债总额指企业的全部负债,包括长期负债和流动负债。包括流动负债是因为其被长期占用,可视为企业长期性资本来源的一部分。比如,一个"预收账款"的明细账户可能是短期内的,但从长期来看,企业会在其持续经营过程中保持一个相对稳定的预收账款余额,这部分余额可视为企业长期性资本来源。

2. 资产负债率的分析

资产负债率是反映企业负债水平及风险程度的综合指标。该比率越高,说明企业总资产中有越多部分是通过负债筹资的,企业资产对债权人权益的保障程度就越低,偿还长期债务的能力越弱;反之,偿还长期债务的能力则越强。

对债权人而言,资产负债比率越低越好。如果该比率过高,表明在企业总资产中,股东提供的资本所占比重太低,此时,企业的资金力量较弱,企业的财务风险就主要由债权人负担,其贷款的安全性缺乏较可靠的保障。对股东而言,其关心的主要是投资收益率的高低。债务利息率低于资产报酬率时,资产负债率越高越好。因为如果企业负债所支付的利息率低于资产报酬率,资产负债率越高,在财务杠杆的作用下,股东利用举债经营获得的利润就越多。对企业经营者而言,资产负债率要合理。企业经营者既要考虑企业发展前景和预期利润,又要考虑对外来财务风险的承受能力,在两者之间权衡作出正确的决策。比较保守的观点认为资产负债率不应高于50%,国际上一般公认为60%比较好。在西方,一般认为70%为该指标的警戒线。当资产负债率超过100%时,表明企业面临破产的危险。

资产负债率没有一个固定的标准。不同的行业及不同类型企业的资产负债率有显著的差异。一般而言,商贸业的负债比率比交通等基础行业高一些;处于高速成长时期的企业,其负债比率可能高一些,这样企业能得到更多的杠杆利益。即使如此,资产负债率也最好控制在70%以内。此外,分析该比率时与行业平均数比较是十分必要的,同时要注意综合应用其他指标。

3. 举例

【例 5-8】 根据 MDDQ 2008—2010 年资产负债表的资料,可得表 5-8。

表 5-8　MDDQ 资产负债率计算　　　　　　　单位:千万元

项　目	2008 年	2009 年	2010 年
负债总额	531.12	365.27	1 014.02
资产总额	853.04	1 024.67	1 754.20
资产负债率	62.26%	35.65%	57.81%

一般情况下,资产负债率越小,表明企业长期偿债能力越强。由表 5-8 可以看出,2010 年 MDDQ 公司的资产负债率为 57.81%,接近于国际公认的适当水平 60%,比较适中,债权人的债权较有保障;大于 50%,对所有者是有益的。当然仅依据数字本身进行分析是不充分的,具体分析时还应结合其他因素。比如,企业所处行业该指标的平均水平及行业目前的发展状况等。

【例 5-9】 根据 MDDQ 以及同行业 GL 公司 2008—2010 年资产负债表的资料,可得表 5-9。

表 5-9　MDDQ 与同行业 GL 公司的资产负债率比较

公司	2008 年	2009 年	2010 年
MDDQ	62.26%	35.65%	57.81%
GL	77.79%	80.53%	81.17%

表 5-9 描述了 MDDQ 公司与同行业 GL 公司的资产负债率在 2008—2010 年的

变动趋势。从与同行业 GL 公司的对比来看，MDDQ 的资产负债率远低于同行业 GL 公司的资产负债率水平。

(二) 资产权益率与权益乘数

1. 资产权益率与权益乘数的含义

资产权益率是股东权益与资产总额的比率，表示企业资产总额中投资者投入的资金所占的比重。其计算公式为：

$$资产权益率 = 股东权益总额 \div 资产总额 \times 100\%$$

2. 资产权益率的分析

资产权益率较高，说明企业获取资产时主要依赖投资者投入，做偿债保障的企业自有资产较多，企业偿还长期债务的能力强，财务风险小；反之，偿还长期债务的能力弱，财务风险大。

该比率与资产负债率之和为 1，即资产权益率＝1－资产负债率。因此，该比率与资产负债率是此消彼长的关系，两者从不同的侧面反映了企业的长期财务状况。该比率越高，资产负债率越低，企业偿还长期债务的能力越强；反之，企业偿还长期债务的能力越弱。

3. 权益乘数

权益乘数是资产权益率的倒数，表示企业资产总额与股东权益总额的倍数关系。其计算公式为：

$$权益乘数 = 资产总额 \div 股东权益总额 = 1 \div (1-资产负债率)$$

4. 对权益乘数的分析

在计算权益乘数时，资产总额和股东权益总额可以用期末数也可以用平均数。与股东权益比率相反，权益乘数较高时，说明股东投入的资本在资产中所占比重较小，做偿债保障的企业自有资产较少，财务风险较大，偿还债务的能力较弱。

该比率是资产负债率的补充，两者都是衡量企业偿还长期负债能力的指标；但是，前者侧重于说明企业资产总额与股东权益总额的倍数关系，后者侧重于说明企业资产总额中债权人提供的资金所占的比重。

5. 举例

【例 5-10】 根据 MDDQ 的财务报表相关资料，可得表 5-10。

表 5-10　MDDQ 权益乘数计算　　　　　单位：千万元

项　目	2008 年	2009 年	2010 年
资产总额	853.04	1 024.67	1 754.20
股东权益总额	321.92	659.40	740.19
权益乘数	2.65	1.55	2.37

第五章 企业偿债能力分析

由表 5-10 可以看出,2010 年 MDDQ 的权益乘数明显高于 2009 年,上升幅度接近于 60%,表明公司的负债水平有所上升,承担的风险增加。为了更加客观地作出评价,还应进一步与同行业特定公司的数据比较。

【例 5-11】 根据 MDDQ 的财务报表以及同行业 GL 公司相关资料,可得表 5-11。

表 5-11 MDDQ 与同行业 GL 公司的权益乘数比较

公司	2008 年	2009 年	2010 年
MDDQ	2.65	1.55	2.37
GL	4.5	5.14	5.31

表 5-11 描述了 MDDQ 公司与同行业 GL 公司的权益乘数在 2008—2010 年的变动趋势。从与同行业 GL 公司的对比来看,MDDQ 的权益乘数远低于同行业 GL 公司的权益乘数,一方面说明 MDDQ 公司的偿债保障程度相对较高,债权人利益有一定的保障;另一方面也说明公司的经营理念趋向保守,没有充分发挥负债的财务杠杆作用。

(三) 产权比率与有形净资产负债率

1. 产权比率的含义

产权比率是负债总额与股东权益总额的比率,也称净资产负债率或负债股权比率。表明债权人提供资金与所有者投入资金的对比关系,也是衡量长期偿债能力的指标之一。其计算公式为:

$$产权比率 = 负债总额 \div 股东权益总额$$

2. 对产权比率的分析

结合前面介绍的指标,产权比率等于资产负债率与资产权益率之商,因此,该指标可以反映企业的财务风险以及股东权益对债务的保障程度。该比率越低,说明企业长期财务状况越好,企业财务风险越小,股东对债权人承担的责任越大,债权人承担的风险越小。但当该比率过低时,虽然企业财务风险较小,却不能充分发挥财务杠杆的作用;反之,表明企业的资本结构具有高风险高收益的特性,虽能获得较多的财务杠杆利益,但会加大企业的财务风险。因此,该比率应保持在适度的水平。

对企业来说,产权比率高,是高风险、高报酬的财务结构。经济发展较好时期会给企业带来额外利润;反之,在经济萎缩时期,巨额贷款会增加企业的财务风险。通常,企业最佳财务结构为总资产中债权人投资和股东投资各占一半。即使企业将来资产清算,债权人的求偿权也在股东前面,其债权能够得到保证。当然,在运用产权比率对企业的长期偿债能力进行分析时,还应该结合行业不同特点、周期变化以及物价变动等因素,更准确地对企业的财务状况与偿债能力作出判断。

3. 有形净资产负债率的含义

有形净资产负债率，是企业负债总额与有形净资产的比率。其计算公式为：

$$有形净资产负债率 = 负债总额 \div 有形净值总额$$

其中

$$有形净值总额 = 股东权益 - 无形资产及其他资产总额$$

4. 对有形净资产负债率的分析

企业用资产偿还到期债务时，并不是所有的资产都可以作为偿债的物质保证。无形资产能否用于偿债，存在极大的不确定性；像长期待摊费用、递延资产等，其本身无直接的变现能力，难以作为偿债的物质保证。有形净资产负债率，其分母剔除了无形资产和长期待摊费用等价值具有极大不确定性的净资产项目，是产权比率的延伸，是股东权益对负债的保障程度的保守分析。从公式可以看出，该比率越低，企业偿还长期债务的能力越强，企业有形资产对其负债的保障程度越高；反之，企业偿还长期债务的能力越弱。

因为该比率比产权比率更为保守地反映了债权人投入的资本与股东权益的保障程度，要求严格，所以多在企业处于清算、陷入财务危机等非正常情况下使用。在这些情况下，该指标对于衡量一个企业的长期偿债能力更有意义。

5. 举例

【例 5-12】 根据 MDDQ 的财务报表以及同行业 GL 公司相关资料，可得表 5-12。

表 5-12 MDDQ 与同行业 GL 公司的产权比率比较

公司	2008 年	2009 年	2010 年
MDDQ	1.65	0.55	1.37
GL	3.50	4.14	4.31

表 5-12 描述了 MDDQ 公司与同行业 GL 公司的产权比率在 2008—2010 年的变动趋势。从与同行业 GL 公司的对比来看，MDDQ 的权益乘数远低于同行业 GL 公司的权益乘数，说明 MDDQ 公司的偿债保障程度相对较高，债权人利益有一定的保障。与前面的权益乘数指标分析结果一致。

（四）非流动资产适合率

1. 非流动资产适合率的含义

非流动资产适合率，是股东权益与非流动负债之和同非流动资产的比率，反映企业长期的资金占用与长期的资金来源之间的配比关系。其计算公式为：

$$非流动资产适合率 = (股东权益 + 非流动负债) \div 非流动资产 \times 100\%$$

2. 对非流动资产适合率的分析

该指标从企业资源配置方面反映企业的偿债能力。该指标越高,非流动负债的保障程度越高,财务风险越小,企业的财务结构越稳定;但是过高也会带来融资成本增加的问题。

理论上认为,指标值大于100%时较合理。此时,企业的长期资金来源充足,短期债务风险小;否则,表明其中一部分长期资产占用了由短期负债提供的资金,存在难以偿还短期负债的风险。不同行业该指标的评价标准不同,应该结合行业的平均水平进行分析。

3. 非流动资产适合率的局限性

(1)非流动资产适合率是一种静态分析的方法,计算数据来自于资产负债表,只反映了企业某一时点的财务状况,侧重于考虑对企业长期偿债能力产生影响的企业资本结构因素。

(2)没有考虑企业经营中产生的现金流量。现金流量与企业的长期偿债能力密切相关。企业支付利息的能力在短期内主要依赖于企业的现金支付能力,依赖于企业的现金流入。因此,我们还应该从现金流量角度,分析企业的长期偿债能力。

(3)没有考虑企业盈利能力对长期偿债能力的影响。仅仅用资本结构分析来衡量企业的长期偿债能力,是片面的。还应该结合企业的盈利能力进行分析,因为现金流入有直接影响到企业支付利息的能力,而企业的现金流入取决于企业的生产经营状况,即盈利状况。

4. 举例

【例5-13】 根据MDDQ的财务报表以及同行业GL公司相关资料,可得表5-13。

表5-13 MDDQ与同行业GL公司比较

公司	2008年	2009年	2010年
MDDQ	61.06%	88.34%	82.74%
GL	86.77%	108.03%	130.79%

表5-13描述了MDDQ公司与同行业GL公司的非流动资产适合率在2008—2010年的变动趋势。由表可以看出,MDDQ公司的非流动资产适合率在2008—2009年呈上升趋势,在2009—2010年呈下降趋势;从与同行业GL公司的对比来看,MDDQ远低于同行业GL公司的非流动资产适合率。所以仅从资产结构来看,MDDQ公司的非流动资产适合率不够好。

(五)利息保障倍数

1. 利息保障倍数的含义

利息保障倍数又称已获利息倍数,是企业息税前利润与利息费用的比率,反映企

业以息税前利润偿还利息费用的能力强弱,是测验长期偿债能力的重要指标。其计算公式为:

$$利息保障倍数 = 息税前利润 \div 利息费用$$

式中   息税前利润 = 利润总额 + 利息费用 = 净利润 + 所得税费用 + 利息费用

为了能够更加准确地反映利息的保障程度,利息费用应为本期发生的全部应付利息,包括计入财务费用的利息费用与应计入固定资产成本的资本化利息两部分。在我国会计实务中,利息费用并没有单独记录,通常用企业当期利润表中的财务费用来估计。

2. 利息保障倍数的分析

企业举借债务,不仅要偿还本金,多数情况下还需要支付利息。利息保障倍数指标反映了企业赚取利润偿还利息费用的能力,用以衡量企业用当期经营收益偿还企业债务利息的能力。对于长期债务来说,每年都需要支付利息。利息保障倍数越大,表明企业支付债务利息的能力越强;反之,企业支付债务利息的能力越弱。

不同行业的利息保障倍数的评价标准不同。国际上公认的利息保障倍数为3。一般来说,企业的利息保障倍数至少要大于1。从长远角度分析,利息保障倍数大于1时,说明企业当期的经营成果可以支付利息,可以维持经营,可以维持正常偿债能力;该指标小于1时,则表明企业当期实现的经营成果难以支付利息,无法维持当前的举债规模,易陷入财务危机。若从短期内分析,一家企业的利息保障倍数指标有可能低于1,但企业支付利息费用可能不存在问题。这是因为企业的一些费用项目在本期是不需要用现金支付的,如折旧摊销费用等。企业利息保障倍数多少才恰当,应根据以前经验并结合具体行业来判断:与过去的利息保障倍数相比较,若发现问题,则应进一步找出原因,并采取相应的改进措施;与同行业平均水平相比较或与特定竞争对手相比较,更准确地衡量企业偿付利息能力的强弱。

谨慎起见,对利息保障倍数进行分析时,应该考察其变化趋势,即应对企业连续几年的利息保障倍数进行比较,通常,选择5年中最低的利息保障倍数指标作为最基本的评价标准,若利息保障倍数提高,则表明企业的偿债能力增强;反之,长期偿债能力降低。当然,该指标也有局限性。比如,本期的息税前利润不一定是本期的现金收入,本期利息费用也不一定与本期的利息支出相符。

3. 举例

【例5-14】 根据MDDQ公司的财务报表,其2009年年末的利润总额为657 908.3千元,利息费用为11 483.48千元,根据上述计算公式,可以计算出其利息保障倍数为:

利息保障倍数 = 息税前利润 ÷ 利息费用 = (657 908.3 + 11 483.48) ÷ 11 483.48 = 58.29

第五章 企业偿债能力分析

通过计算可以看出,公司的利息保障倍数远远高于国际公认水平3,说明偿债能力很强。当然,仅凭单一指标数字来判断公司偿付能力强是不够的,进一步分析还应结合公司以往各年的情况、行业的平均水平等来判断。

（六）固定费用保障倍数

固定费用保障倍数,是企业经营业务收益与固定费用的比率,是利息保障倍数的扩展形式,也可以用来评价企业的长期偿债能力,而且是通过利润表来反映的。其计算公式为:

$$\frac{固定费用}{保障倍数} = \left(息税前利润 + 租赁费中的利息费用\right) \div \left(利息费用 + 租赁费中的利息费用\right)$$

从公式中可以看出,分母的固定费用包括租赁费中的利息费用和利息费用。在实务中,为了简单起见,利息费用多直接用利润表中的财务费用来代替。企业除了因债务产生的利息要从企业本期产生的收益中支付,还有其他一些与负债相关的固定费用。如,租赁费用中含一部分因占用出租方资金而必须支付的利息费用,这部分费用也要从企业本期产生的收益中支付。企业的租赁可分为融资租赁和经营租赁。至于融资租赁,利润表中的利息费用已经包括了与融资租赁租入资产相关的利息;对于经营租赁,其中的长期经营租赁费中的利息部分,也应纳入到固定费用,在实务中,通常做法是将经营租赁租赁费的1/3计入固定费用。

固定费用保障倍数是利息保障倍数的完善与扩展形式,衡量的是企业偿付固定费用的能力,其分析与利息保障倍数类似,该指标越高,表明企业偿付固定费用的能力越强;反之,则表明企业偿付固定费用的能力越弱。

（七）现金负债总额比

1. 现金负债总额比的含义

现金负债总额比,是经营活动现金净流量与负债总额的比率,表明企业经营活动所获得的现金对全部债务的保障程度,是测验企业长期偿债能力的重要指标之一。其计算公式为:

$$现金负债总额比 = 经营活动现金净流量 \div 负债总额 \times 100\%$$

式中,分子使用经营活动现金净流量而非全部现金流量,是因为从长期过程看,经营活动现金净流量比筹资和投资现金流量更具有可持续性;分母负债总额可以用年末负债总额,也可以用全年平均负债总额。

2. 对现金负债总额比的分析

从现金流量表角度分析企业的长期偿债能力,该比率反映了经营活动现金净流量偿还所有债务的能力。一般而言,该比率值越高,企业的长期财务安全性就越强,长期负债的保障程度越高,相对风险越小;反之,表明企业偿债时保障较弱。

不同行业的现金负债总额比有显著差别。通常,主营业务收入中应收账款较少、服务性现金收入较多的行业,该指标较高;反之,该指标较低。像经常采取分期付款销售的行业的流动性较差,收现较少,指标较低,房地产行业就是典型的例子。

3. 举例

【例5-15】 根据MDDQ的财务报表以及同行业GL公司相关资料,可得表5-14。

表5-14　MDDQ与同行业GL公司比较

公司	2008年	2009年	2010年
MDDQ	13.75%	62.47%	7.40%
GL	12.32%	32.51%	2.47%

表5-14描述了MDDQ公司与同行业GL公司的现金负债总额比在2008—2010年的变动趋势。由表可以看出,MDDQ公司的现金负债总额比在2008年、2009年呈连续增长的趋势,达到了62.47%,这样的数据表明MDDQ公司的长期偿债能力呈逐渐增强的现象,但是,到了2009年,却下降到了7.40%,表明MDDQ公司的长期偿债能力到了2009年又出现了有所减弱的现象。从与同行业GL公司的对比来看,虽然MDDQ现金负债总额比到2010年下降较大幅度,但仍略高于同行业GL公司的现金负债总额比水平。

报表使用者在运用前面提到的比率对企业的长期偿债能力进行分析时,不能仅仅依据数字本身,应该利用其他途径或方式,收集别的额外的信息,与之相结合,更加透彻地了解企业的资本结构和长期偿债能力,从而作出科学、合理的判断。

三、影响长期偿债能力的其他因素

(一)长期经营性租赁

当企业继续某种资产而又缺乏足够的资金时,可以通过租赁的方式解决。财产租赁包括融资租赁和经营租赁两种形式。

融资租赁是指实质上转移与资产所有权有关的全部或绝大部分风险和报酬的租赁。通常情况下,在承租方付清最后一笔租金后,其所有权一般归承租人所有,实质上属于分期购买固定资产。所以,在融资租赁形式下,租入的固定资产视同企业购入的固定资产,同时将相应的租赁费用作为长期负债处理。这种资本化的租赁,在分析长期偿债能力时,已经包括在债务比率指标计算之中。

但经营租赁不同于融资租赁,它不计入资产负债表,而是作为租赁费用在附注和利润表中反映。当企业的经营租赁量比较大,期限比较长或具有经常性时,则实际上构成了一种长期性筹资,会影响企业的偿债能力,会增加企业偿债风险。固定费用保

第五章 企业偿债能力分析

障倍数的计算,正是长期经营租赁实质上是一种长期筹资方式,会对企业长期偿债能力产生影响的体现。因此,如果企业经常发生经营租赁业务或经营租赁期限较长,应分析租赁费用对偿债能力的影响。

(二) 承诺

财务承诺是企业对外发出的将要承担的某种经济责任和义务。企业为了经营的需要,往往需要作出一些承诺。比如,为了更好地销售商品向客户承诺在一定时期内提供产品保证或保修;为了更好地合作对合资者承诺为其提供银行担保;采用售后回购方式销售商品时签订的售后回购协议下的承诺等。这种承诺有时会成为企业的长期或有负债,但却没有通过资产负债表反映出来。因此,在评价分析企业的长期偿债能力时,报表使用者应该注意根据报表附注及其他有关资料,判断财务承诺带来的潜在长期负债问题,判断其转为负债的可能性,并在评价企业的长期偿债能力时考虑其影响,作出相应的决策。

(三) 或有事项

或有事项是其结果需由某些未来项目的发生与否才能决定的不确定事项,但现在无法确定是否发生。或有事项的特征在于现存条件下最终结果不能确定,它的存在需要通过未来不确定事项的发生或不发生予以证实,它包括或有资产和或有负债。比如,诉讼判决时得到补偿形成的或有资产;未决诉讼、仲裁形成的或有负债,为其他单位提供债务担保形成的或有负债等。按照我国的会计准则,在资产负债表中不应确认或有事项,企业应在报表附注中恰当揭示或有事项。

或有事项一旦发生便会影响企业的财务状况,会给企业带来收益或损失。产生或有资产会增强企业的长期偿债能力;产生或有负债会削弱企业的长期偿债能力。所以报表使用者在评价企业长期偿债能力时要考虑到或有项目的潜在影响。阅读报表时,应仔细阅读介绍或有事项的报表附注,以便发现在资产负债表没有披露的可能的重大项目,并在评价企业的长期偿债能力时,考虑或有事项的潜在影响。

(四) 资产价值

前面介绍的用于分析偿债能力的指标,其数据大多来源于资产负债表。但是资产负债表上的资产的账面价值是以历史成本进行确认与计量的,有时可能与资产的实际价值不一致。企业的资产账面价值可能被高估或低估。但企业的某些入账资产已无法给企业带来任何经济流入,已失去价值。如企业发生的一些待摊费用,出于配比原则的目的保留在账上,但已经无法给企业带来任何经济流入,几乎不具有流动性,不能作为偿还负债的物质保障,在一定程度上粉饰了企业的长期偿债能力,需要引起财报分析者的注意。

(五) 金融工具

金融工具又称为金融票据,是在信用活动中产生的、能够证明债权债务关系并据以进行货币资金交易的合法凭证。它对于债权债务关系双方所应承担的义务与享有的权利均具有法律约束力。金融工具具有迅速变为货币而不致遭受损失的能力,但购买金融工具的本金有遭受损失的风险。与偿债能力有关的金融工具主要是债券和金融衍生工具。企业为筹集资金发行的长期债权,包含以下两点承诺:在约定日期偿还本金;定期支付债券利息。

对于与金融工具有关的信息,应反映在财务报表的附注说明中,包括面值、合同金额、金融工具的性质、工具的信用风险和市场风险、契约一方未履行义务及给企业带来的损失等。金融工具对企业偿债能力的影响主要体现在两方面:一是金融工具的公允价值与账面价值发生重大差异,但并没有在财务报表中或报表附注中揭示;二是未能对金融工具的风险程度恰当披露。报表使用者在分析企业的长期偿债能力时,要注意结合具有资产负债表表外风险的金融工具记录,综合对企业偿债能力作出判断,从而准确评价企业的长期偿债能力。

(六)企业的软资源

在知识经济时代的今天,企业的市场资源、人力资源、知识产权和组织管理资源等软资源对企业的生存和发展起到的作用不断加大,且成长空间较优。从长远的角度来看,一个企业在这些资源方面的好坏,也会影响到企业长期偿债能力的强弱。因此,为了准确地判断企业的偿债能力,报表分析者应结合有关资料,关注只在报表附注中列示的软资源。

(七)内部的公司治理结构

所有权与控制权相分离是现代公司的特点之一,它导致了委托人与代理人之间的"代理问题",公司治理结构就是为了解决这种问题而在不断完善。西方投资者认为,公司治理与公司财务业绩一样重要,一个好的公司治理结构可以减少公司代理成本,保证经理层按照所有者和利害相关者的最佳利益运用公司资产,实现公司价值最大化。例如,安然公司破产导致作为债权人的银行界损失高达 200 亿美元左右,而在安然公司的丑闻曝光之前,美国的一家投资者保护协会就将安然公司的公司治理评为最差级"E"。在我国,目前企业的公司治理结构较西方国家企业而言还很不规范,无论是公司内部的董事会、股东会及监事会三会的运转和经营透明度方面,还是外部的政治、法律、监管、信息披露制度及资本市场发育程度方面,都存在着较严重的制度性缺陷。因此,在分析我国企业的偿债能力时尤其要注意这方面的影响。

(八)行业信息

具有战略性质的行业信息也会对一个企业的偿债能力特别是长期偿债能力产生影响,对行业的选择正确与否关系着企业的生存和发展。行业信息主要包括行业生命周期、行业发展前景、行业的竞争状况、行业的技术发展状况及政府政策对行业的影响等方面的信息。一般而言，处于发展潜力大、风险小、竞争不充分和政府政策支持的行业的企业，其偿债能力比较强。报表分析者应收集有关资料，对被评价企业此方面的信息进行分析。

影响企业偿债能力的因素有很多，也许会使企业实际的偿债能力与报表中所反映的偿债能力不一致。目前对企业偿债能力进行分析时通常是以资产负债表为依据，通过计算流动比率、速动比率、现金比率、资产负债率、产权比率、权益乘数、利息保障倍数等一系列的指标，并将其与行业标准值比较来评价，但仅仅这样做还是不全面的，不够客观，应该与其他影响因素相配合来评价企业的偿债能力。总而言之，财务报表分析者在采用各项比率对企业的偿债能力进行分析时，须尽可能地充分结合其他影响因素，以克服指标本身的缺陷，避免因为评价结果发生偏差而对决策产生误导，作出最后的判断。

四、基于财务报告的偿债能力分析的局限性

（一）分析信息的历史性

在进行偿债能力分析时，一般都是直接使用企业的财务报表资料，目前企业的财务报表是以历史成本为基础编制的，而复杂的现实却在不断地变化，可能有些信息已经事过境迁，故以历史成本为计量基础的财务报表虽然可靠性较强，但相关性较低，会对偿债能分析产生不利的影响。因此，在分析时一定要注意信息的及时性。同时，要加强对未来现金流量、行业发展趋势等的预测。

（二）会计理论的局限性

分析时使用的财务报表是会计的产物，会计有特定的假设前提，并要执行统一的规范。财务报表分析者在规定意义上使用报表数据计算相关指标时，不能认为报表揭示了企业的全部实际情况。这种情况下，财务报表分析者应通过其他途径收集资料，更好地评价企业的资产结构与质量。

（三）分析信息易被粉饰

真实可靠的信息是得出正确的分析结论的关键所在。财务分析通常假定相关信息是真实可靠的。但是有些信息还是容易被主观操纵，如在流动比率大于1的前提下，企业提前支付某项流动负债就会使流动比率提高，从而使表面上的短期偿债能力强于实际的偿债能力。

总之，关注这些局限性，能提高我们进行偿债能力分析的质量，为企业利害关系者作出决策提供准确的依据。

本章小结

在本章的学习当中，我们对通过企业的资产负债表、现金流量表和利润表来分析

企业的偿债能力的基本原理与方法进行了探讨。偿债能力不但决定企业的借款能力，而且影响企业的信誉、投资能力、发展能力和盈利能力。偿债能力分析是判断企业偿债能力和资产质量的一种分析方法，是企业财务分析的重要组成部分。偿债能力包括短期偿债能力与长期偿债能力，因此，偿债能力分析可分为短期偿债能力分析和长期偿债能力分析两个方面。

企业短期偿债能力是指企业用流动资产偿还流动负债的保障程度，因此，短期偿债能力主要取决于企业资产的流动性。资产的流动性是企业资产的流动性和周转性的综合反映。影响短期偿债能力的因素中，要特别注意增强企业变现能力和削弱变现能力的因素。短期偿债能力分析指标主要包括：净营运资本、流动比率、速动比率、现金比率和现金流动负债比率，各种指标既有各自的优缺点，又存在着密切的联系。在此基础上，还应该同时注意对短期偿债能力产生影响的其他因素。

企业长期偿债能力主要反映企业偿还长期负债的能力，其强弱主要取决于一个企业的资本结构，这是因为资本结构是企业风险与价值的集中反映。当然，长期偿债能力也受盈利能力以及其他报表未反映因素的影响。长期偿债能力指标主要由资产负债率、股东权益比率与权益乘数、净资产负债率比率与有形净资产负债率、长期资产适合率、利息保障倍数、现金负债总额比这一系列指标构成。在了解有关指标基础上，还应该特别注意对长期偿债能力产生影响的其他因素。

影响企业偿债能力的因素有很多，也许会使企业实际的偿债能力与报表中所反映的偿债能力不一致。总而言之，财务报表使用者在采用各项比率对企业的偿债能力进行分析时，须尽可能地充分结合其他影响因素，来作出最后的判断，以克服指标本身的缺陷，避免因为评价结果发生偏差而对决策产生误导。

复习思考题

一、简答题

1. 简述偿债能力分析的意义。
2. 影响短期偿债能力的因素有哪些？反映短期偿债能力的指标主要包括哪些？
3. 影响长期偿债能力的因素有哪些？反映长期偿债能力的指标主要包括哪些？
4. 简述流动比率的优缺点。
5. 简述资产负债率、权益乘数和产权比率之间的关系以及它们的侧重点。
6. 对企业的长短期偿债能力进行分析时，应注意哪些其他影响因素？
7. 为什么要计算有形净资产负债率？
8. 简述资本结构的含义及意义。

二、计算分析题

1. 东方公司是钢铁生产企业，部分资产负债表资料如表5-15所示。

第五章 企业偿债能力分析

表 5-15　部分资产负债资料表　　　　　　　　　　　　单位:元

项　目	2011 年	2010 年	行业标准
库存现金	20 000	26 000	24 000
银行存款	2 010 000	1 800 000	2 200 000
短期投资——债券投资	63 000	50 000	45 000
其中:短期投资跌价准备	2 500	1 840	630
应收票据	150 000	60 000	84 000
应收账款	500 800	484 000	160 000
其中:坏账准备	15 024	1 936	10 800
原材料	187 050	124 000	134 000
应付票据	480 000	450 000	290 000
应付账款	982 400	730 000	643 800
应交税金	35 000	90 000	140 000
预提费用	54 000	32 000	80 000

要求:

(1) 计算流动比率、速动比率、现金比率,进行同行业比较分析,作出评价。

(2) 进行多期比较分析,并简要评价。

2. 远方公司是一上市公司,2010 年的简要资产负债表如表 5-16 所示。

表 5-16　资产负债表(简表)

2010 年 12 月 31 日　　　　　　　　　　　　单位:万元

资　产		负债和股东权益	
流动资产	655	流动负债	290
固定资产	1 570	长期借款	540
		应付债券	200
无形资产	5.5	其他长期负债	25
递延资产	7.5	长期负债合计	765
其他长期资产	5	股东权益	1 188
资产总计	2 243	负债和股东权益总计	2 243

要求:计算该公司的资产负债率、产权比率、有形净值债务率,并对该企业的长期偿债能力作出评价。

第六章　企业营运能力分析

学习目标

1. 了解企业营运能力的含义、影响因素以及常用的评价指标
2. 理解并掌握流动资产周转情况分析
3. 理解并掌握固定资产周转情况分析
4. 理解并掌握总资产周转情况分析
5. 重点掌握各营运能力分析指标的计算方法,并能熟练运用各指标对企业的营运能力进行分析

丰田汽车曾经一度领跑世界汽车制造行业,其管理模式 TPS 被全球汽车界乃至产业界奉为"管理圣经"。丰田生产系统(TPS)由丰田公司最初的成本控制理念 JIT 发展而来,丰田生产系统(TPS)于 20 世纪 70 年代在日本全面推广,并于 20 世纪 80 年代被美国企业广泛接受并使用。但是这一低成本战略,也给当前采购、生产、销售均已全球化的丰田埋下了隐患。继 2009 年 9 月,丰田以前排脚垫可能脱落而妨碍油门操作引发事故的质量问题为由,要求 380 万辆汽车的用户取下脚垫后,丰田又陆续召回了千万辆汽车,其管理受到学界和媒体的质疑。此外,德国大众于 2009 年 11 月首次超过丰田,成为全球最大的汽车生产制造商。丰田"老大"地位的失去并非偶然。与大众一直采取相对严格的赊销政策不同,丰田在应收账款管理方面采取比较宽松的赊销政策,营运资金的正常周转受到限制;对固定资产的利用效率低于德国大众,固定资产没有得到充分的利用。从以上内容可以看出,仅仅从管理效率方面来说,丰田就已经落后于大众,营运能力较弱。那么,营运能力的含义是什么?评价一个企业的营运能力时,应该对哪些资产的周转情况进行分析?评价一个企业的营运能力的指标有哪些?又该如何应用?在本章中,我们将对营运能力分析的原理与方法进行系统的探讨。

第六章　企业营运能力分析

第一节　企业营运能力概述

一、营运能力的含义

营运能力主要指企业营运资产的效率与效益，是企业在外部环境的约束下，对内部资源进行有效配置和利用的能力，是企业经营管理、运用资金的能力，又被称为资本周转能力或资产管理效率。其中，营运资产的效率通常是指资产在企业生产经营过程中周转的速度；营运资产的效益是指资产的利用效果，通过资产的产出额与占用额之间的比率来体现。狭义的营运能力又称资产管理效率，是企业的经营业务收入净值对各项营运资产的比例关系，用于检验营业收入与各项营运资产是否保持合理的关系。

资产营运是企业在生产经营过程中实现资本增值的过程，因此，企业的营运能力不仅决定着企业的偿债能力和获利能力，而且是企业整个财务分析的核心。如果一个企业的资产周转能力很低，表明企业资金积压严重，资产未能发挥出其应有的效能，就无法创造出充足的现金流入来扩张规模和偿付债务，会导致其偿债能力和盈利能力的降低。相反，如果一个企业的资产周转能力良好，则表明其利用各项资产经营的效率较高，有助于促进企业的偿债能力和获利能力的增强，从而更好地支持企业的可持续发展。

二、影响营运能力的因素

拥有良好的营运能力是企业持续发展的关键所在，营运能力的影响因素众多，从是否可以量化的角度，可以将其分为量化的影响因素和非量化的影响因素；从影响的深度的角度，可以将其分为表层影响和深层影响因素。

量化的影响因素包括资产结构、销售状况、产品质量等，非量化的影响因素包括无形资产，如管理素质、技术和管理水平等。各因素在不同时期、不同情况下对企业营运能力的影响不同，而资产结构是其中最为重要的方面。营运能力的各项分析指标反映了各项资产的运用效率，同时又会对资产报酬率产生重要的影响。当销售利润率一定时，资产周转率高低直接决定着资产报酬率的情况。因此我们需要了解影响营运能力的因素，从而有针对性地提升营运能力，提高资产的管理效率，进而增强企业的偿债能力和盈利能力。

影响企业营运能力的表层因素是营业收入和各营运资产占用额。当营业收入一定时，企业营运能力的高低取决于各营运资产占用额的多少：各营运资产占用额越少，营运能力越高；反之，亦然。当各营运资产占用额一定时，企业营运能力的高低取决于营业收入的多少：营业收入额越多，企业营运能力越高；反之，亦然。这一部分的内容在后面介绍的衡量企业营运能力的财务指标有较为详细的体现，在此就不一一赘述。下面重点介绍影响企业营运能力的深层因素，即企业的资产结构、销售状况、所处行业性质、技术和管理水平以及营业周期等。

（一）资产结构

资产结构是指组成资产的各个类别在资产中所占的比重，它反映了资产的组成情况。按资产变现速度和价值转移形式的不同，资产可以分为流动资产和非流动资产。流动资产，如存货、应收账款等，周转速度快，价值随着产品的出售得到一次性补偿；非流动资产，如固定资产、无形资产等，周转速度慢，价值转移以及得到补偿的速度慢。因此，资产中流动资产和非流动资产所占比重的不同将导致资产周转速度的不同，即资产结构会影响到企业的营运能力。此外，存货、应收账款等结算资产是能够直接形成企业收益的一类资产；而固定资产、无形资产等资产是抵扣企业一定时期收益的资产。因此，在保持合理比例的前提下，资产结构中直接形成企业收益的资产比重相对越大，将越有利于企业资产收益的增加。销售状况、生产经营周期、企业规模、市场环境等是决定企业资产结构的主要因素。而行业特征是影响企业资产结构的关键因素，企业所处的行业不同，资产结构往往存在重大的差异。此外，资产结构与负债结构有比较密切的关系，应该把两者作为一个有机整体来考察其对营运能力的影响。

（二）销售状况

当一个企业的经营状况、销售趋势较好时，其货币资产的比重会相对提高，存货资产的比重会相对下降，资金周转速度较快；随着销售量的增加，固定资产的规模不断扩大，存货资产比重不变甚至下降。所以，销售情况良好会使得流动资产比重减少，而固定资产比重增加。发达国家固定资产比重逐渐上升以及实行零库存管理就是一个例子。

（三）所处行业性质

不同行业的经营性质不同，而经营性质又会影响到企业的资本结构，从而影响到企业的营运能力。通常情况下，在运转过程中，需要较多借助于流动手段的行业需要的固定资产较多，如制造业需要占用大量的资产，其资产周转相对较慢；而采用先进技术与现代经营策略的行业，资产周转率相对较高，如信息行业除了人力资源，对其他资产的需求很少，资产周转相对较快，营运能力较强。

（四）技术和管理水平

生产技术特点不同的企业，其资产的流动性不同，因此，企业的资产结构也不同。资产管理水平不同的企业，资产构成和资产质量有较大的差异，使得资产周转率不同。管理水平高的企业，能够使资产得到合理地配置和利用，资产质量提高，使资产

第六章　企业营运能力分析

的作用得以充分发挥，进而影响到资产的周转速度和效益，企业的营运能力较强。反之，管理水平低的企业，拥有不太合理的资产结构和较差的资产质量，资产周转速度较慢，企业的营运能力较弱。

（五）营业周期

营业周期是影响流动资产营运能力的一个重要因素，不同的营业周期会导致不同的营运能力，导致不同的资产周转率水平。营业周期又被称为经营周期，是指从取得存货开始到销售存货并收回现金为止的一段时间，因此营业周期可由应收账款周转天数和存货周转天数来估计，即营业周期等于应收账款周转天数与存货周转天数之和。营业周期短，表明资产在同样期间内实现的销售次数多，资金周转速度快；反之，营业周期长，表明资产周转速度慢。有的企业营业周期长，是因为其流动资产所占比重较大，对于这种类型的企业，就不能仅凭存货周转率慢或流动资产周转率慢，而对企业的营运能力作出否定的判断，应该结合营业周期因素的影响作用进行判断。

广义上的企业营运能力是动态的，其影响因素不仅包括资产结构，还包括人力资源、财务资源、技术信息资源和管理资源等，各因素在不同时期、不同情况下对企业营运能力的影响不同，每个时期企业所处生产环境、竞争环境的变化，会使得营运能力的影响因素的构成和比重有所变化。

虽然影响上市公司营运能力的因素有很多，但还是可以通过控制下面几个方面来提升公司的营运能力，加强资产营运管理，提高经营决策水平：

（1）减少被占用的流动资金。占用不必要的流动资金，会使流动资金的周转速度变慢，导致营运能力随之降低，企业应从相应指标的变化中识别出可能存在的问题，采取相应的调整措施。

（2）整合企业资源。以企业为核心，整合资源，尽量避免经营领域的趋同性，以防出现过度竞争的局面。企业应该区分自身竞争力较强与较弱的行业，退出较弱的领域而从事自身具备较强竞争力的行业，从而大幅度增强自身的生产营运能力，增强自身的发展潜力。

（3）更新市场营销策略。科学有效的市场销售手段，有利于企业市场占有率的提高、销售收入的增加，以及产品盈利能力的增强。企业应意识到产品市场营销的手段科学与否对其收入目标的实施意义重大。企业的市场营销策略应该以市场为导向，有助于自己的顾客群的培养、销售渠道的建立。

（4）集约化管理资金的方式。企业通常会存在粗放经营的情况，资产没有得到很好的配置，资产结构不合理，不能很快地转化为生产能力，资产余缺并存，甚至可能会转化成不良资产。企业的资产管理应注意由粗放式管理转向集约化管理，提高资产的使用效率。

三、进行营运能力分析的意义

对企业的营运能力进行分析,是投资者、债权人和管理层都十分关心的话题。营运能力反映了企业资产管理水平和使用效率等重要内容,企业加强资产营运管理的主要目的在于加快资产的周转速度,谋求等量资产创造更多的效益。进行营运能力分析的意义具体体现在以下几个方面:

(1) 对于投资者,通过分析企业的营运能力,有助于其了解企业资产管理的效率水平,了解企业的盈利能力和投入资金的保值增值。加速资金周转是实现资本保值的基本途径,一个企业的营运能力在很大程度上决定了企业的财务状况和盈利能力,决定了企业资产的保值、增值能力。企业的营运能力分析,给股东提供了对企业的经营成果作出正确判断的依据,使他们能够对是否向某一个企业进行投资或是否继续向某一个企业进行投资作出相应的投资决策。对于短期投资者,营运能力分析有助于其了解企业的短期营运能力;对于长期投资者,营运能力分析有助于其了解企业的盈利能力。

(2) 对于债权人,通过分析企业的营运能力,有助于其了解企业的财务状况和经营成果,了解企业对其债权的物质保障程度,了解其债权的安全性并采取相应的信贷决策。流动资产和固定资产是企业营运资产的主体,虽然无形资产在新知识经济时代居于越来越重要的战略地位,但它的作用必须通过或依附于有形资产才能发挥出来。因此,企业营运资产的利用效果,从根本上影响着企业的经营状况,进而影响企业的盈利能力。如果一个企业的资产周转能力较强,资产发挥应有的效能,它的偿债能力和盈利能力也会随之得到增强。所以,债权人可以通过分析评价一个企业的营运能力,间接地了解企业的偿债能力的强弱。

(3) 对于企业管理者,通过分析企业的营运能力,有助于充分利用企业的资源,确立合理的资产规模,对各项资产进行合理的配置,促进企业资产利用效率的提高,最终改善经济效益。通过分析企业的营运能力,有助于有效地评价企业资产的使用效率,发现企业在资产营运中存在的问题,找出资产运用效率高低的影响因素,有针对性地加以改进,从而提高企业的资产管理水平。因此,对企业的营运能力进行分析十分重要,它能够为企业提高经济效益指明方向,促进企业不断挖掘内部资源潜力,最终促进企业偿债能力和获利能力的增强。

四、营运能力评价指标

营运能力是企业在外部环境的约束下,对内部人力资源和生产资料进行有效配置和利用的能力,因此,营运能力指标包括人力资源营运能力指标和生产资料营运能力指标。

第六章　企业营运能力分析

（一）人力资源营运能力指标

人力资源营运能力是指一个企业调动劳动者的积极性、能动性，从而提高经营效率的能力。人力资源营运能力通常采用劳动效率指标来分析。劳动效率是指企业营业收入或净产值与平均职工人数的比率。其计算公式为：

$$劳动效率 = 营业收入或净产值 \div 平均职工人数$$

对企业劳动效率进行考核评价主要是采用比较的方法，例如将实际劳动效率与本企业计划水平、历史先进水平或同行业平均先进水平等指标进行对比，找出差异并分析原因，从而进一步促进企业人力资源营运能力的提高。

（二）生产资料营运能力指标

生产资料的营运能力实际上就是企业的总资产及其各个组成要素的营运能力。企业的资产从货币形态开始，经过一系列环节和形态的改变后，又回到货币形态，这种周而复始的过程称为资产周转。资产周转的快慢直接影响着资产的流动性，影响着企业的营运能力。因此，评价企业的营运能力时，关键是评价资产的周转速度，多采用各项营运资产的周转率或周转天数等指标，来反映营运资产的周转率或周转期。周转率是指一定时期内资产的周转额与同一时期资产的平均占用额之间的比率，可以反映企业资产在一定时期内周转的次数。周转次数越多，表明企业周转速度越快，资产营运能力越强。周转天数是评价资产周转速度的另一指标，是计算期天数与周转率的比值，反映资产周转一次所需时间。周转天数越短，表明企业周转速度越快，资产营运能力越强。其计算公式为：

$$周转率（次） = 周转额 \div 资产平均余额$$

$$周转天数 = 360 \div 周转率$$

流动资产和固定资产是企业营运资产的主体，因此，企业营运能力分析的内容主要包括流动资产周转情况分析、固定资产周转情况分析以及总资产周转情况分析。流动资产周转情况分析和固定资产周转情况分析是对总资产周转情况影响因素的更深入的剖析。此外，应收账款和存货等周转状况的分析又是对流动资产周转状况影响因素的进一步揭示。所以要想较为深入地分析企业流动资产周转状况，还应该展开对应收账款周转情况的分析、对存货周转情况的分析。各项营运资产的周转指标用于衡量企业运用资产经营的效率，衡量企业运用资产赚取收入的能力，将这些指标和反映盈利能力、偿债能力的指标结合在一起使用，可以更全面地评价企业的盈利能力和偿债能力。

具体来说，评价企业的营运能力的指标主要包括以下内容。

1. 流动资产周转情况分析

（1）应收账款周转率。应收账款周转率是指企业营业收入与平均应收账款余额之比,是反映应收账款周转速度的指标。

(2)存货周转率。存货周转率有两种计算形式:一种是以成本为基础的存货周转率,是指企业营业成本与平均存货余额之比;另一种是以收入为基础的存货周转率,是指企业营业收入与平均存货余额之比。该指标是反映存货周转状况的指标。

(3)营业周期。营业周期是指从取得存货开始到销售出去并收回现金为止的时期。

(4)流动资产周转率。流动资产周转率是指企业营业收入与平均流动资产余额之比,是反映企业流动资产周转速度的指标。

2. 非流动资产周转情况分析

固定资产周转率是指企业营业收入与平均固定资产净值之比,是反映企业固定资产管理水平的指标。

3. 总资产周转情况分析

(1)总资产周转率。总资产周转率是指企业营业收入与平均总资产余额之比,是反映企业总资产利用效率的指标。

(2)不良资产比率。不良资产比率是年末不良资产总额占年末资产总额的比率,是从不能参与企业正常资金周转的资产角度,反映企业在资产管理上存在的问题的指标。

通过上述指标的计算,可以初步地了解企业资产运用效率的高低,初步地判断企业利用资产进行经营的效果,初步地判断企业营运能力的强弱,从而找出影响因素,如营业收入、营业成本这些表层因素。为了使计算出的衡量资产运用效率的各个指标更有说服力,还应结合企业前期标准,观察企业营运能力的动态变化趋势;应结合行业平均标准,找出差异,分析影响企业营运能力的深层原因。例如,企业采取的财务政策、企业所处的行业及经营背景、产品的生产周期等,进而采取相应措施改善企业的管理状况,使企业的营运能力向更好的方向发展。

第二节 流动资产周转情况分析

流动资产周转情况分析,即对企业流动资产周转情况进行分析。应收账款、存货资产是流动资产的主要项目,因此,对应收账款、存货资产的周转情况进行分析,可以实现对流动资产周转情况的进一步分析。本节主要从应收账款周转情况、存货周转情况、全部流动资产周转情况三个方面对流动资产周转状况进行分析。反映流动资产周转率状况的主要指标有流动资产周转率、应收账款周转率、存货周转率以及营业周期。

第六章 企业营运能力分析

一、应收账款周转情况分析

应收账款是指企业由于销售商品、提供劳务等而应向客户收取的各种款项。随着市场经济的发展,商业信用被广泛应用,应收账款在企业流动资产中逐渐占据举足轻重的地位。它是企业期望在未来能够收到的现金,必须经过一段时间才能收回,会产生占用资金成本,有发生坏账的可能性,因此,企业应加强对应收账款的管理。应收账款能否及时收回,不仅可以反映出一个企业的短期偿债能力,也可以说明企业运用应收账款生产经营的效率。提高应收账款周转速度,可以减少收账费用和坏账损失,在一定程度上可以使企业流动资产的收益相对增加。

应收账款存在着无法收回的可能性,可能会形成损失,因此需要对应收账款进行质量分析,了解企业债权发生坏账的可能性。通常情况下,未过信用期或已过信用期但拖欠期较短的债权出现坏账的可能性要小于已过信用期拖欠期较长的债权发生坏账的可能性;相对于偿债声誉较差的债务人,对于偿债声誉好、经济实力强的债务人,企业收回债权的可能性要大。因此,报表分析者可以通过对债权的账龄进行分析或通过对企业债务人的偿债信誉进行分析,来评价企业应收账款的质量状况。

应收账款反映着企业资金被无偿占用的程度,如能及时收回,资金使用效率便能大幅提高。但是应收账款周转速度过高或过低都不利于企业自身的发展,因此,确定合理的周转速度是十分必要的。宽松的企业信用政策在增加销售收入的同时,也会带来应收账款的增加。应收账款能否及时收回,对企业的短期偿债能力以及管理应收账款的效率有着重要的影响。严格的企业信用政策会使应收账款总量维持在一定的合理的范围之内,能够分散应收账款管理风险,使应收账款的周转速度加快。反映应收账款周转速度的指标包括应收账款周转率和应收账款周转天数。

(一) 应收账款周转率

1. 应收账款周转率的含义

应收账款周转率又被称作应收账款周转次数,是企业一定时期内营业收入与平均应收账款余额的比率,用以表明年度内应收账款变为现金的平均次数,估计应收账款的收款速度,衡量企业应收账款管理效率的高低。其计算公式为:

$$应收账款周转率(次) = 赊销收入净额 \div 平均应收账款余额$$

其中 $$平均应收账款余额 = (应收账款余额期初数 + 应收账款余额期末数) \div 2$$

公式中的平均应收账款余额是资产负债表中的"应收账款"余额期初数与余额期末数的平均数。计算平均应收账款余额时,应考虑应收账款和应收票据等全部赊销账款,并且应收账款余额应为扣除坏账准备后的净额。当然,已贴现且不在外流通的应收票据不包括在分子当中。

对于生产经营具有季节性的企业,平均应收账款余额应按月计算。分子、分母的数据应注意时间对应性。分子赊销收入净额是指扣除了销货退回、销货折扣及折让后的赊销净额,一般多用营业收入代替赊销收入,这是因为赊销收入的数据取得较为复杂,且属于企业商业机密不对外公布。计算应收账款周转率时,只要保持一贯性,用营业收入代替赊销收入一般不会影响其分析。

2. 应收账款周转率的分析

一般认为,在一定时期内,应收账款周转率越大越好。当应收账款周转率较大时,平均收款期较短,表明企业应收账款回收速度快,账龄短,赊销的比重较小,资产流动性强,企业管理工作的效率高,企业的短期偿债能力也强,生产经营活动的资金周转状况好;而且回收速度快也表明企业的资金得到节约,发生坏账的可能性降低,收款的安全性较有保障,企业流动资产的收益能力随之提升。反之,则表明企业对应收账款的管理效率较低,发生坏账的可能性较大,资产的流动性降低,营运资金的正常周转会受到限制,不利于节约资金。

应收账款周转率并非总是越高越好,若该指标过高,则表明企业的信用政策和付款条件要求严格,在长期会限制企业销售量的扩大,不利于企业产品市场占有份额的保持与增长,从而影响自身的盈利水平;反之,若该指标过低,则表明企业应收账款管理效率太低,或采取了过松的信用政策,如收账方案不适当,这样会严重影响企业资金的正常周转,导致应收账款机会成本的增加。

企业管理者和外部报表使用者在对该指标进行分析时,还应该关注一些特殊情况,如生产经营具有季节性的企业,大量采用分期付款方式,大量使用现金结算的销售,年末大量销售或年末销量大幅度下降等。这些因素都会对指标的计算结果产生较大的影响。应收账款周转率只是分析企业流动资产周转情况的一部分,它还与客户的信用状况、客户的财务状况等因素相关,在分析时应该综合考虑这些因素的变化影响。

此外,财务报表使用者运用该指标对企业的营运能力进行分析时,应该将计算出来的指标同前期进行比较,考察应收账款周转速度的快慢,找出原因,采取相应的调整措施。或与行业的平均水平进行比较,更合理地对指标的高低进行判断,因为不同行业的应收账款可能存在较大差异。另外,如果企业正处于成长发展期,资金运作状况和质量处于良性循环之中,在分析该指标时,最好将其与流动比率和应收账款的账龄结构有机联系起来分析判断,便于对该公司流动比率的含金量和应收账龄结构披露的可靠性作出判断。

在实务中,应收账款周转率也有其不足之处,应收账款周转率公式中的分子为赊销收入净额,当企业应收账款发生较大波动时,如大量增加赊销额或大量收回前期款项,该指标的计算结果反映的营运能力会与实际状况不符。

(二) 应收账款周转天数

1. 应收账款周转天数的含义

应收账款周转天数又被称为应收账款收现期,是指企业从产品销售出去开始,至应收账款收回为止所需要的时间,是反映应收账款周转速度的另一指标,是用时间表示的应收账款周转速度。其计算公式为:

$$应收账款周转天数 = 360 \div 应收账款周转率$$

2. 应收账款周转天数的分析

应收账款在流动资产中占有较大比重,应收账款的周转速度对短期偿债能力有很重要的影响,也表明企业在应收账款管理方面的效率。通常情况下,应收账款周转天数越短越好。应收账款周转天数越短,表明应收账款的收款速度越快,企业对应收账款的管理效率越高,资金的利用率越高,但也不能比同行业水平低太多,否则会影响企业的销售水平。反之,应收账款周转天数越长,企业资金被其他企业占用的时间越长,管理应收账款的效率越低。

分析应收账款周转速度时,应该配合企业的信用政策进行判断。如果企业的应收账款回收期延长,可能是由于企业信用政策过松或收账措施欠佳或坏账过多引起的;如果企业的应收账款回收期延长而销售利润率却没有提高,说明企业产品的竞争力下降,销售战略不到位;如果企业的应收账款回收期缩短而销售利润率却没有提高,说明企业采用了比较严格的信用政策、信用标准和付款条件,可能会限制企业销售规模的扩大,从而影响盈利水平;如果企业的应收账款回收期缩短,企业的净利润较高,说明企业加强了对应收账款的管理,在资金管理方面表现较佳,企业的短期偿债能力和盈利能力有所提高。

财务报表的使用者应将计算出的指标与企业的前期水平、行业平均水平相比较,还应该结合企业的信用政策对其进行分析。前面提到的,在计算应收账款周转率时,应该关注的一些特殊情况,同样适用于应收账款周转天数的计算与分析。

3. 举例

【例 6-1】 根据 MDDQ 公司的财务报表,其 2010 年年末的营业收入为 107.659 亿元;应收票据余额期初数为 48.440 亿元,应收票据余额期末数为 23.102 亿元,应收账款余额期初数为 0.125 亿元,应收账款余额期末数为 0.211 亿元。根据计算公式,可以计算出其应收账款周转率以及应收账款周转天数为:

$$\text{平均应收账款余额} = \left[\left(\text{应收账款余额期初数} + \text{应收票据余额期初数} \right) + \left(\text{应收账款余额期末数} + \text{应收票据余额期末数} \right) \right] \div 2$$

$$= [(0.125 + 48.440) + (0.211 + 23.102)] \div 2 = 35.939 (亿元)$$

$$\text{应收账款周转率} = \text{营业收入} \div \text{平均应收账款余额} = 107.659 \div 35.939 = 3.00 (次)$$

$$\frac{\text{应收账款}}{\text{周转天数}} = 360 \div \frac{\text{应收账款}}{\text{周转率}} = 360 \div 3.00 = 120(\text{天})$$

根据GL公司的财务报表,其2010年年末的营业收入为591.579亿元;应收票据余额期初数为100.284亿元,应收票据余额期末数为180.424亿元;应收账款余额期初数为7.027亿元,应收账款余额期末数为9.249亿元。

根据计算公式,可以计算出其应收账款周转率以及应收账款周转天数为:

$$\frac{\text{平均应收}}{\text{账款余额}} = \left[\left(\frac{\text{应收账款}}{\text{余额期初数}} + \frac{\text{应收票据}}{\text{余额期初数}}\right) + \left(\frac{\text{应收账款}}{\text{余额期末数}} + \frac{\text{应收票据}}{\text{余额期末数}}\right)\right] \div 2$$

$$= [(7.027 + 100.284) + (9.249 + 180.424)] \div 2 = 148.492(\text{亿元})$$

$$\frac{\text{应收账款}}{\text{周转率}} = \frac{\text{营业}}{\text{收入}} \div \frac{\text{平均应}}{\text{收账款余额}} = 591.579 \div 148.492 = 3.98(\text{次})$$

$$\frac{\text{应收账款}}{\text{周转天数}} = 360 \div \frac{\text{应收账款}}{\text{周转率}} = 360 \div 3.98 = 90.45(\text{天})$$

通过以上计算可发现MDDQ公司的应收账款周转率低于GL公司的应收账款周转率水平;MDDQ公司的应收账款周转天数多于GL公司的应收账款周转天数。这说明MDDQ公司的应收账款管理水平低于同行业的GL公司,应收账款利用效率有待于进一步提高。如果结合公司现行的信用政策考虑,这可能是由于MDDQ公司为加大销售力度而放宽信用政策,导致资金回笼速度变慢造成的。当然仅凭此指标某一期间判断MDDQ公司的应收账款管理效率是不够的,还应进行多期趋势分析,观察MDDQ公司应收账款周转速度的整体变动趋势,并找出其中的原因。

(三)应收账款现金比率

应收账款现金比率是指企业经营活动现金流入与应收账款净值的比,反映企业应收账款的收现率。其计算公式为:

$$\text{应收账款现金比率} = \text{经营活动现金流入} \div \text{营业收入}$$

一般而言,该指标越大,表明企业应收账款回收速度越快,信用政策制定合理,应收账款管理水平较高。

二、存货周转情况分析

与其他流动资产相比较,存货的变现能力较弱、获利能力较强。存货往往在企业流动资产中所占比重较大,一般要占到流动资产的50%左右。因此,存货量的多少对企业有重要影响。一方面存货量过多时,会形成积压,增加资金占用量,降低流动资产整体的变现能力;另一方面存货量过少时,也许会造成生产中断或销售紧张,降低资产的获利能力。由于存货在生产经营过程中不断周转,企业可以根据实际需要确定最低限度的存货占用量。而构成存货资产的项目主要有原材料、在产品和库存商品,因此,企业可分别或综合计算其资金定额,即占用量。企业也可以利用经济订货量法来对存货的批量进行分析,找到合理的订货批量,以控制库存。

存货的数额因企业的经营性质、市场环境不同而存在较大的差异。报表使用者通过对存货的周转情况进行分析,尤其是企业管理者,能够从不同角度和环节找出存货管理中的问题,从而使存货管理在保证生产经营连续性的同时,用尽可能少的存货占用、生产尽可能多的产品、实现尽可能多的销售收入,提高企业的资金使用效率,提高企业的流动资产管理水平。因此,对存货周转速度进行分析是十分必要的。

反映存货周转速度的指标包括存货周转率和存货周转天数。

（一）存货周转率

存货周转速度的快慢,不仅可以反映生产经营各个环节工作效率和管理水平的高低,而且会对企业的偿债能力以及盈利能力产生重要的影响。存货周转率有两种计算方式:一种是以成本为基础的存货周转率,侧重于流动性分析;另一种是以收入为基础的存货周转率,侧重于盈利性分析。

1. 存货周转率的含义

存货周转率又称存货周转次数,是企业一定时期内营业成本与平均存货余额的比率,反映企业一定时期内存货资产的周转速度,是衡量和评价企业采购、库存、生产、销售各环节管理状况的综合性指标。其计算公式为:

$$存货周转率(次) = 营业成本 \div 平均存货余额$$

其中

$$平均存货余额 = (存货余额期初数 + 存货余额期末数) \div 2$$

在计算存货周转率时应注意以下几个问题:

（1）营业成本可以从利润表中获得,平均存货余额是存货余额期初数与存货余额期末数的平均数,可以根据资产负债表计算得出。分子采用营业成本而不是营业收入,可以剔除毛利对周转速度的虚假影响。

（2）分子、分母数据应注意时间上的对应性。

（3）存货计价方法对存货周转率具有较大的影响,因此,在分析企业不同时期或不同企业的存货周转率时,应注意存货计价方法的口径是否一致。

2. 存货周转率的分析

存货周转率是对流动资产周转率的补充说明,用于反映存货流动性以及存货占用量是否合理。存货是企业流动资产的重要组成部分,其周转速度表明企业在存货管理方面的效率,对企业短期偿债能力有直接影响。对其加强管理,有利于提高企业的变现能力和盈利能力。该指标表明企业生产的产品在市场上的销售状况,以及产品处在何种生命周期内,借此可以判断公司的成长性或衰退性。一般而言,在一定时期内,企业存货周转率越高,周转次数越多,则表明企业所生产的产品有市场而且适销对路,存货的变现速度较快,占用资金水平较低,存货的运用效率较高,企业营运能力较强;反之,则表明存货的管理效率较低,销售状况不好,可能是存货不适应市场需要积压较多所致,占用着较多的资金,企业的运营能力较差。

但是,在有些情况下,存货周转率过低,也不一定就代表企业的存货管理效率欠佳。因为存货周转率也会受存货批量的影响。当企业的存货批量很小时,存货转换及时,因而存货周转速度较快;而当企业为了自身的长远发展改变自身的销售政策时,会在一定时期导致存货的周转速度偏低,这也是正常的。同样的,该指标过高,也不一定完全说明企业的存货状况良好,也可能是由于企业在管理方面存在一些问题导致的,需要我们结合采购次数等因素进行分析,如采购次数过于频繁导致采购成本增加或者是企业生产规模过小达不到规模效益的要求。合理的存货周转率应结合企业自身的特点决定。适当的存货储存水平与合理的存货结构也应结合企业自身特点、市场状况、行业特征进行确定。

应收账款周转率和存货周转率两者结合起来可以判断出企业产品在市场上的销售状况,应收账款周转率越大和存货周转率越大,表明产品销售良好,而且产品有市场,或者属于市场需求产品,必然能给企业带来较好的收益。

此外,应结合企业的历史水平、同行业的平均水平对存货周转率进行判断与分析,从而更加客观地对企业的存货管理效率和效益作出评价,使存货周转率指标更加具有说服力,找出主要原因,采取相应的改善措施。

3. 反映盈利能力的存货周转率

前面介绍的以成本为基础的存货周转率,主要是反映存货的利用效率,下面介绍另外一种计算存货周转率的方法,即以营业收入为基础计算的存货周转率,既可以反映存货的利用效率,又可以反映企业存货的使用效益,即反映盈利能力。其计算公式为:

$$以收入为基础的存货周转率(次) = \frac{营业收入}{平均存货余额}$$

其中 平均存货余额 =(存货余额期初数 + 存货余额期末数)÷ 2

(二)存货周转天数

1. 存货周转天数的含义

存货周转天数是存货周转一次所需的天数,与存货周转率一样可以用于评价一个企业存货管理效率的高低,即利用存货资产进行经营效果的好坏,用于说明一个企业存货的变现速度,衡量企业的销售能力及存货是否过量。其计算公式为:

$$存货周转天数 = 360 ÷ 存货周转率$$

2. 存货周转天数的分析

一般认为,存货周转天数越少,表明产销配合的越好,占用存货的天数越少,企业

第六章 企业营运能力分析

存货的管理效率越佳,储存和保管成本就越低;反之,存货周转天数越高,说明存货从资金投入到销售收回的时间越长,在相同时期内,机会成本较高,获取的利润较少。该指标可以用来识别企业是否存在没有以市场为导向生产从而造成产品积压的现象。

但是,存货周转天数也不能过低。存货过多会占用较多资金,过少不能满足正常的生产经营,应该结合企业自身的生产经营条件确定最佳的存货水平。

3. 举例

【例6-2】 根据MDDQ公司的财务报表,其2010年年末的营业成本为101.325亿元,存货余额期初数为7.919亿元,存货余额期末数为8.544亿元。依以上计算公式,可以计算出其存货周转率以及存货周转天数为:

$$\text{平均存货余额} = \left(\text{存货余额期初数} + \text{存货余额期末数} \right) \div 2 = (7.919 + 8.544) \div 2 = 8.232 (\text{亿元})$$

$$\text{存货周转率} = \text{营业成本} \div \text{平均存货余额} = 101.325 \div 8.232 = 12.31 (\text{次})$$

$$\text{存货周转天数} = 360 \div \text{存货周转率} = 360 \div 12.31 = 29.24 (\text{天})$$

(也可以根据营业收入来计算MDDQ公司2010年的存货周转率,此处不再赘述。)

同理,根据GL公司的财务报表,可得出其2010年的存货周转率、存货周转天数:

$$\text{存货周转率} = \text{营业成本} \div \text{平均存货余额} = 492.856 \div 67.6034 = 7.29 (\text{次})$$

$$\text{存货周转天数} = 360 \div \text{存货周转率} = 360 \div 7.29 = 49.38 (\text{天})$$

通过以上计算,可发现MDDQ公司的存货周转率高于GL公司的存货周转率;MDDQ公司的存货周转天数少于GL公司的存货周转天数。这说明MDDQ公司的存货管理水平高于同行业的GL公司。从上述分析,可初步证明MDDQ公司对存货的经营管理效率较高,在存货管理方面表现较佳,存货流动性较强。这些对提高MDDQ公司的盈利能力产生了较积极的作用。当然,有时存货周转率较高,也不能肯定公司的存货状况很好,可能是公司存货资金投入过少引起的,在将来可能会制约生产与销售的可持续发展。因此,应该与其他因素相结合,对存货周转率指标作出合理的判断。

(三)阶段周转率

为了对存货周转速度作出合理的判断、进行更深入的分析,还应对影响存货各组成项目的周转速度进行分析,从不同角度、环节上找出企业存货管理中存在的问题,此时,就需要对阶段周转率进行分析。阶段周转率是反映阶段资金利用状况的指标,它表明各阶段资金的周转速度,包括原材料周转率、在产品周转率、产成品周转率等。

其计算公式分别为：

$$原材料周转率 = 耗用原材料成本 \div 平均原材料存货$$

$$在产品周转率 = 制造成本 \div 平均在产品存货$$

$$产成品周转率 = 产品销售成本 \div 平均产成品存货$$

存货资产包括原材料存货、在产品存货、半成品存货和产成品存货等,它们随着各项经济活动的连续进行不断地周转。原材料存货周转是从原材料购入验收入库开始到其投入生产为止的过程,在产品存货周转是从产品投料生产开始到产品完工入库的过程,而产成品存货周转是从产品完工入库开始到产品销售出库为止的过程。它们经过各自的周转阶段,产生各自不同的周转速度,反映着各自周转阶段上资金运用的效率高低,从而决定了存货总周转的效率高低。因此,企业各责任部门还应对阶段周转率进行分析。

需要注意的是,各阶段的存货周转额是各阶段存货完成时的累计金额,前者与全部存货周转额之间不存在局部与整体的关系。因此,各阶段周转天数之和并不等于存货总周转天数。但是,一般来说,原材料、在产品、产成品的周转天数越长,存货的周转期也越长;反之,亦然。其计算公式分别为：

$$原材料周转天数 = 360 \div 原材料周转率$$

$$在产品周转天数 = 360 \div 在产品周转率$$

$$产成品周转天数 = 360 \div 产成品周转率$$

通过存货周转率等指标的计算与分析,企业管理者与外部报表使用者,可以从不同的角度或环节找出企业存货管理中存在的问题。在保证企业生产经营连续性的前提下,尽可能提高存货周转效率,以较少的资金占用,较短的资产周转时间,实现更多的销售收入,提高企业管理水平,促进企业营运能力的增强。

但存货周转率也有其缺陷。首先,指标的独立性较差,不能单独用以评估企业营运能力的高低。其次,指标数字反映的企业营运能力与企业实际的营运能力状况未必一致。所以财务报告分析者需要将指标结果与隐藏在其背后的具体原因相结合,从而对企业营运能力得出客观的结论。当然,存货周转率虽然有一定的局限性,但它目前仍是常用指标之一,在评价企业营运能力方面起着不可忽视的作用。

从总体分析来看,较成熟的产业(如石油加工、市政交通、商业零售)的营运能力较强,而新兴产业(如电子元器件)和高科技产业的总体营运能力偏低。另外,研究表明,零售业在存货及总资产的营运能力方面还有进一步提升的空间。目前,我国企业的营运能力起点较低,但它正在得到加强并且已经取得了良好的效果,但应注意过高的比率指标背后可能隐含的诸如存货过少、频繁采购、企业规模过小、信用政策不合理等问题。

三、营业周期

(一) 营业周期的定义

营业周期又称企业的生产经营周期,是指从取得存货开始到销售存货并收回现金为止的时期,可表明将全部期末存货全部变为现金需要多长时间,衡量企业流动资产的流动性和盈利能力,评价企业短期资产的营运能力。营业周期的长短可以用应收账款周转天数和存货周转天数近似地估计,因此,我们可以用应收账款周转天数与存货周转天数之和来计算营业周期。其计算公式为:

$$营业周期 = 应收账款周转天数 + 存货周转天数$$

对营业周期的分析如下:一般而言,营业周期短,表明资产在同样期间内实现的销售次数多,资金周转速度快,流动资产的占用相对较少;反之,营业周期长,表明资产周转速度慢,资产利用效率较低,资产流动性不佳。因此,营业周期的长短对企业的资产规模和结构有着很大的影响。缩短营业周期,有利于流动资产管理效率的增强,有利于企业盈利能力的提高。通常情况下,商业企业的营业周期比较短,工业企业的营业周期比较强。

(二) 营业周期的分析

在分析时,应该注意结合应收账款周转状况和存货周转状况一同进行分析,因为营业周期的长短是应收账款周转时间与存货周转时间共同作用的结果。同时还应该注意可能影响一个企业营业周期客观性的一些特殊情况。财务报告的外部使用者用销售收入来估计赊销收入,可能导致营业周期被缩短;当企业处于旺季或淡季时,营业周期可能被缩短或延长,因此应该采用年初数与年末数计算平均数;采用不同的存货计价方法时,会引起存货价值的偏低或偏高,从而导致营业周期人为地被缩短或延长。此外,为了使营业周期指标更加具有说服力,还应结合企业的历史水平、同行业的平均水平对营业周期进行纵向比较和横向比较,从而更加客观地对企业的管理效率和效益作出评价,观察企业营业周期的变动趋势并找出存在的问题。

(三) 举例

【例 6-3】 前面根据 MDDQ 公司的财务报表,计算出其应收账款周转天数、存货周转天数分别为天 120 天、29.24 天,故营业周期为:

$$\frac{营业}{周期} = \frac{应收账款}{周转天数} + \frac{存货周}{转天数} = 120 + 29.24 = 149.24(天)$$

四、全部流动资产周转情况分析

流动资产在一个生命周期中就能完成一次循环,并随着再生产过程周而复始地进行周转。生产经营周期决定着流动资金的循环时间,而流动资产周转又综合反映企业供产销全过程。

通常情况下,当全部流动资产增长速度低于销售收入的增长速度,存货和应收账款的增长速度也低于销售收入的增长速度时,表明企业以较少的流动资产完成了较多的经营任务,即流动资产的经营效率较高,流动资产占用的资金得到了合理的利用。

变现能力强的流动资产是流动负债的直接来源。对流动资产进行分析,可以促进企业加强资产管理,充分发挥其流动资产的效能,如将暂时闲置的货币资金用于短期投资获取收益等,还可以促进企业综合利用流动资产,如采取措施扩大销售等。因此,对全部流动资产周转情况进行分析是十分必要的。反映全部流动资产周转情况的指标包括流动资产周转率和流动资产周转天数。

(一) 流动资产周转率

1. 流动资产周转率的含义

流动资产周转率又被称流动资产周转次数,是企业一定时期内营业收入与平均流动资产余额的比率。流动资产周转率是从企业全部资产中流动性最强的流动资产角度对企业资产的利用效率进行分析,是用以衡量企业流动资产周转速度、评价企业流动资产利用效率的主要指标。其计算公式为:

$$流动资产周转率(次) = 营业收入 \div 平均流动资产余额$$

其中　　平均流动资产余额 = (流动资产余额期初数 + 流动资产余额期末数) ÷ 2

2. 流动资产周转率的分析

流动资产周转率反映了企业流动资产的周转速度,即流动资产的利用效率。该指标是反映企业在一个会计年度内流动资产周转速度的综合指标,能够进一步揭示影响企业资产质量的因素,反映每单位流动资产实现价值补偿的快慢与高低,反映生产经营过程中任何一个环节管理水平的改善。一般情况下,该指标越高,企业流动资产周转速度越快,表明企业以相同的流动资产完成的周转次数越多,意味着流动资产投入的相对增加,企业的获利能力较强;反之,则表明在相同生产量的情况下,流动资产的使用比较浪费,企业的资金使用率较低,流动资产创造的收入少,实现的价值低,获利能力较弱。企业如果想扩大收益,就要使流动资产加速周转,压缩其规模,因为流动资产金额的减少,可以使得存货等的保管费用和利息费用减少,从而提高收益性;但压缩其规模应适当,要保证企业的持续经营,要兼顾流动性资产流动性强、风险小、收益相对较低的特点。

流动资产周转率既可以反映企业的销售能力,又可以评价流动资产的占用额是否合理。加速流动资产周转,实现流动资产周转率的良性变动,可从两方面入手:一方面强化销售工作,增加营业收入,提高流动资产的综合使用效率;另一方面采取将暂时闲置存款用于短期投资获取收益、加快货款结算等方法,加强流动资产管理,降低流动资产占用额,充分地利用流动资产。

运用该指标进行分析时,应与过去的流动资产周转率水平进行纵向的比较,与同行业平均水平进行横向比较,检验企业流动资产管理水平的高低。此外,还应结合应收账款和存货分析方法,对流动资产的各组成部分分别考察,查明主要原因,采取相应的调整措施。应收账款和存货在流动资产中占有较大的比重,它们的周转状况对流动资产的营运能力有较大影响,因此可以通过它们的营运状况对企业流动资产的营运能力进行更深入的分析。

(二)流动资产周转天数

1. 流动资产周转天数的含义

流动资产周转天数表明流动资产周转一次需要的时间,是对流动资产周转率的补充,也可用于反映流动资产的周转状况,即流动资产的营运能力。其计算公式为:

$$流动资产周转天数 = 360 \div 流动资产周转率$$

2. 流动资产周转天数的分析

流动资产周转天数是衡量流动资产周转速度的另一种方法。企业的流动资产周转天数越少,流动资产周转速度越快,说明企业的流动资产利用率较高,企业运用流动资产产生收入的能力强,即企业的营运能力较强。当然,为了使该指标更具有说服力,还应该进行趋势分析和同行业的对比分析,应该结合存货周转率、应收账款周转率等进行进一步的分析。

该指标比流动资产周转率更加直接地反映生产经营状况的改善,生产经营任何一个环节上的工作改善,都会反映到周转天数的缩短上来。该指标因为计算结果是天数所以便于不同时期的比较,在应用中使用较多。

3. 举例

【例 6-4】 根据 MDDQ 公司与同行业 GL 公司的财务报表,计算 MDDQ 公司与同行业 GL 公司 2008—2010 年的流动资产周转率指标,如表 6-1 和表 6-2 所示。

表 6-1 MDDQ 公司流动资产周转率计算　　金额单位:亿元

项目	2008年	2009年	2010年
营业收入	3.237	27.202	107.659
流动资产余额期初数	38.092	32.587	27.853
流动资产余额期末数	32.587	27.853	85.957
流动资产平均余额	35.340	30.22	56.905
流动资产周转率(次)	0.09	0.9	1.89

由表 6-1 可知,MDDQ 公司流动资产周转率 2008 年仅为 0.09,到 2010 年流动资产周转率上升至 1.89,说明公司利用流动资产进行经营的效率有所提高,流动资产管理能力逐步提高。为了进一步综合评价 MDDQ 公司的流动资产周转速度,还应该与同行业公司水平进行对比分析。

表 6-2　MDDQ 公司与同行业 GL 公司数据比较　　单位:次

公司	2008 年	2009 年	2010 年
MDDQ	0.09	0.9	1.89
GL	2.16	1.52	1.50

从表 6-2 可以看出,MDDQ 公司的流动资产周转率一直呈现稳步上升趋势,由原来 2008 年与同行业的 GL 公司的流动资产周转率水平有较大差距,到 2010 年逐渐接近于同行业 GL 公司水平。当然,还需要深入分析,从而找出 MDDQ 公司的流动资产周转率上升的具体原因以及与同行业的 GL 公司的流动资产周转率水平有较大差距的原因。此外,分析流动资产周转速度快慢时,仅凭流动资产周转率指标还不能找出存在问题的原因,还应结合应收账款、存货等主要流动项目的周转率状况进行进一步分析。

第三节　固定资产周转情况分析

固定资产是企业重要的生产用资产,是供企业经营中长期使用的物质基础,在企业的持续发展过程中起着重要的作用。而且随着科技的进步、竞争的加剧,设备的更新处于越来越重要的地位,固定资产在企业资产当中的比重也随之提高。当然不同行业的固定资产比例不同,通常情况下,工业企业的固定资产比例较大,商业企业的固定资产比例较小。为了使企业能长期稳定经营,固定资产一般由企业的长期资金形成,特别是股东权益部分。对于某些行业,其购买的固定资产价值较大,仅靠筹措权益资本难以满足资金的需要,这时往往需要借助于长期负债,但是只要长期负债的偿还期限足够长,企业就不一定面临风险。

企业固定资产主要包括固定资产原值、累计折旧、固定资产净值、固定资产减值准备、固定资产净额、在建工程及固定资产清理等项目。在理想情况下,固定资产在资产负债表上显示的净值应该是该固定资产可以给企业带来的现金流入的折现值。若某固定资产给企业带来的现金流入的折现值大于该固定资产在资产负债表上显示的净值,则其属于具有增值贡献能力的固定资产;反之,若某固定资产给企业带来的现金流入的折现值小于该固定资产在资产负债表上显示的净值,则其属于实际贡献能力较低的固定资产。固定资产原值的增加或减少,固定资产折旧额的增加或减少,能够引起固定资产的增减变动。在实务中,影响固定资产净值的项目是固定资产原值和累计折旧。

固定资产中的生产性固定资产,在全部固定资产中占较大的比重,是影响企业生产能力的直接因素;固定资产中的管理性固定资产,其增长通常情况下不应超过生产性固定资产的增长,是影响企业管理能力和发展的直接因素。所以固定资产的周转情况直接影响到企业的生产经营状况,每个企业都应该重视企业的固定资产周转状况,以求生产规模的不断扩大,生产成本的不断降低,最终实现规模经济。固定资产的周转相对来说是缓慢的,每年只能收回其价值的一部分。固定资产周转情况分析就是对企业固定资产的营运效率进行分析,评价企业对固定资产的管理能力。进行固定资产营运能力分析常用的指标包括固定资产周转率和固定资产周转天数。

(一) 固定资产周转率

1. 固定资产周转率的含义

固定资产周转率是企业一定时期内营业收入与平均固定资产净值的比率,用以分析一定时期内厂房、设备等固定资产的周转次数,反映企业经营过程中固定资产从投入到产出的周转速度,用以评价固定资产的运用效率,又被称为固定资产利用率。其计算公式为:

$$固定资产周转率(次) = 营业收入 \div 平均固定资产净值$$

其中   平均固定资产净值 =(固定资产净值期初数 + 固定资产净值期末数)÷2

式中采用固定资产净值,能够准确地反映一定时期内企业实际占用的固定资金。

2. 固定资产周转率的分析

固定资产周转率反映企业固定资产周转情况,从而衡量固定资产利用效率的一个指标。一般认为,固定资产周转率越高,周转次数越多,表明企业固定资产结构合理,投资恰当,利用效率较高,固定资产的管理水平较高,企业营运能力较强,盈利能力也会随之增强;反之,表明固定资产在一定时期内实现的营业收入较少,即固定资产的运用效率不高。

考察固定资产周转率的动态趋势,对其进行动态比率分析;要结合行业的特点对企业的固定资产周转率进行评价,该比率会因行业的不同呈现很大的差异。当企业固定资产净值率过低,或者当企业属于劳动密集型企业时,该比率分析意义不大。应该注意的是,在营业性质与规模大体相同的前提下进行比较,分析结果较为准确。如果固定资产周转率与同行业平均水平或竞争对手相比偏低,则体现出企业的生产效率较低,可能会对企业的盈利能力产生影响,应该找出原因,采取相应的调整措施。

该指标的分母采用固定资产净值,因此指标的比较受到折旧方法和折旧年限的影响,应注意其可比性问题。在固定资产规模相同的情况下,不同的折旧方法和折旧年限会导致固定资产的账面价值不同,从而影响该指标的客观性。所以在实务中,该指标的分母可以用固定资产原值代替,以便于企业不同时期或不同企业进行比较。另外,需要关注的是,固定资产通常采用历史成本计量,在企业固定资产和销售并未发生变化时,也许会由于通货膨胀等导致物价上涨的因素而使销售收入虚增,导致固定资产周转率较高,与实际情况不符。为了全面地分析固定资产,在分析固定资产周转速度时,还应与流动资产投资规模等因素相配合。

(二) 固定资产周转天数

1. 固定资产周转天数的含义

固定资产周转天数就是固定资产周转一次需要的时间,也是固定资产转换成现金平均需要的时间,可用于衡量企业运用固定资产赚取收入的能力。其计算公式为:

$$固定资产周转天数 = 360 \div 固定资产周转率$$

2. 固定资产周转天数的分析

与固定资产周转率类似,固定资产周转天数也没有绝对的判断标准,一般多以企业原来的周转水平为基础进行比较判断。通常情况下,固定资产周转天数越短,表明企业固定资产周转速度越快,固定资产利用越充分,企业的经营活动效率越高,企业的营运能力较好;反之,表明企业利用固定资产进行经营的效率较差,闲置的固定资产较多,企业的营运能力较差。当然,为了使该指标更有说服力,还需进行趋势分析和对比分析。

此外,与固定资产周转率类似,在实际分析固定资产周转天数指标时,也应注意不同行业的生产经营特点不同,因此,不同行业的固定资产周转天数有显著差异,实际运用时要注意可比性问题。

3. 举例

【例 6-5】 根据 MDDQ 公司与同行业 GL 公司的财务报表,计算 MDDQ 公司与同行业 GL 公司 2008—2010 年的固定资产周转率指标,如表 6-3 和表 6-4 所示。

表 6-3 MDDQ 公司固定资产周转率计算   金额单位:亿元

项 目	2008 年	2009 年	2010 年
营业收入	3.237	27.202	107.659
固定资产余额期初数	1.130	1.031	0.911
固定资产余额期末数	1.031	0.911	7.424
平均固定资产余额	1.081	0.971	4.168
固定资产周转率(次)	2.99	28.01	25.83

由表 6-3 可知,MDDQ 公司的固定资产周转率从 2008 年的 2.99 次上升为 2009

年的 28.01 次,而到 2010 年又降为 25.83 次,有所下降,表明 2010 年 MDDQ 公司的固定资产周转速度变慢,固定资产总体的使用效率、结构分布还不是特别合理,即固定资产的经营利用效果有待于进一步提高。为了更加客观、充分地对固定资产周转率指标进行判断,应结合 MDDQ 公司自身政策分析,看是否是由于公司正处于扩张规模的过程当中而需大量购建固定资产等原因造成的,还应该与同行业特定企业进行比较分析。

表 6-4　MDDQ 公司与同行业 GL 公司数据比较　　　单位:次

公司	2008 年	2009 年	2010 年
MDDQ	2.99	28.01	25.83
GL	15.62	13.37	19.16

表 6-4 描述了 MDDQ 公司与同行业 GL 公司的固定资产周转率在 2008—2010 年的变化趋势。MDDQ 公司的固定资产周转率变化幅度较大。从 2008 年低于同行业 GL 公司水平到 2009 年超过同行业 GL 公司水平;至 2010 年又低于同行业 GL 公司水平,固定资产利用充分度降低,固定资产的运用效率未得到充分发挥,MDDQ 公司的固定资产管理效率有待于进一步提高。应该注意的是,在实务中,当营业收入和固定资产原值不变时,计提折旧的方法会对固定资产的净值产生影响。有时候企业的固定资产周转率降低,可能是因为折旧计提的较少引起的,所以,在对固定资产周转率进行判断时,还应该考虑此方面的影响因素。

企业要想提高固定资产周转率,就应加强对固定资产的管理,做到固定资产投资规模得当、结构合理。固定资产投资规模过大,会造成设备闲置,形成资产浪费,导致固定资产使用效率下降;反之,固定资产投资规模过小,生产能力小,无法形成规模效益。固定资产结构应合理,指企业生产用和非生产用固定资产应保持一个恰当的比例,即生产用固定资产应全部投入使用,能满负荷运行,并能完全满足生产经营的需要,非生产用固定资产应能确实担当起服务的职责。

第四节　总资产周转情况分析

在前面几节中,我们已经探讨了流动资产周转情况分析和固定资产周转情况分析的基本原理与方法,但是要更加全面地对企业的营运能力进行分析,还需要进行总资产周转情况分析。

一、资产的配置分析

总资产是企业所拥有或控制的能以货币计量的经济资源,根据资产变现性的特征,一个企业的资产总体上可以分为流动资产和非流动资产。在此分类基础上,按照企业主体中流动资产和非流动资产不同的比例关系,可以把资产的配置(资产结构)大致划分为三种类型,即保守型结构、中庸型结构和风险型结构。

(一)保守型结构

保守型结构是流动资产所占比例大于非流动资产所占比例的结构。在这种情况下,资产总额中50%以上为流动资产,企业保持较高比例的流动资产,注重营运资金的持有。此时,流动资产既要保证比较稳健的经营,又要有足够的偿债能力。采用这种政策的企业,资产报酬率因为筹资成本和利息费用的增加而降低,风险也降低,经营比较稳健,资本扩张速度较慢。

(二)中庸型结构

中庸型结构的流动资产所占比例近似等于非流动资产所占比例。企业的资产总额中有50%的资产具有在1年内或长于1年的一个营业周期内变现的能力。这是一种均衡结构,企业的全部资产一半配置在流动资产上,另一半则配置在非流动资产上。流动资产只需保证正常经营状况下的正常需要量和正常的保险储备量。一般认为,这种结构稳定性最好。因为一个企业的经营活动,既需要有一定的物质资源作为生产经营的基础,如场地、房屋、建筑物等有形固定资产及某些特定的长期权利,又需要一定的流动性资源,如现金、债权、存货等,以满足其正常的周转需要和其他临时性需求。如果企业把总资产相对均衡地配置在流动资产和非流动资产上,即资产结构维持在平均水平上,表明企业同时兼顾了效益与风险关系,企业的经营状况以及财务状况处于比较稳定的状态。

(三)风险型结构

风险型结构是流动资产所占比例小于非流动资产所占比例的结构。在风险性结构下,非流动资产占资产总额的比重较大,流动资产仅保留了正常需要量,忽视了保险储备或其他储备,此时,资金占有量的减少会使企业的收益较高。此外,企业把大量资产配置于固定资产、长期投资及无形资产等变现性较慢的资产上,追求长期经济利益,忽视了资产的流动性和偿债能力的保有;而且由于投资额大,投资回收期长,投资风险相对也大。虽然风险性结构并不意味着企业一定发生财务危机,但如果出现投资项目预期效益差甚至不能按期收回投资等意外事件,企业就会出现财务危机,风险较高。

二、总资产周转情况分析

总资产是企业可以运用资产的最大限度,是企业所拥有或控制的、能以货币计量的全部经济资源。所谓总资产周转分析,就是对企业全部资产的营运效率进行分析。反映总资产营运能力的主要指标包括总资产周转率和总资产周转天数。

第六章 企业营运能力分析

（一）总资产周转率

1. 总资产周转率的含义

总资产周转率是企业一定时期内营业收入与平均总资产余额的比率，又被称为固定资产利用率，用以分析企业全部资产的使用效率，衡量资产规模与销售水平之间的配比情况，反映企业总资产在一定时期内创造了多少营业收入，是评价企业总资产周转速度的主要指标之一。其计算公式为：

$$总资产周转率（次）= 营业收入 \div 平均总资产余额$$

其中
$$平均总资产余额 = （总资产余额期初数 + 总资产余额期末数）\div 2$$

2. 总资产周转率的分析

总资产周转率是反映企业总资产周转情况的指标。该比率可以反映出企业总资产对销售收入所作的贡献，反映出企业单位资产创造的销售收入净额，体现企业在一定期间全部资产从投入到产出的流转速度，全面反映企业全部资产的管理质量和利用效率，从而进一步确定企业对全部资产的管理能力。

总资产周转率是反映企业资产运营效率的一项重要指标，一般而言，总资产周转率越高，总资产周转速度越快，表明企业资产经营管理得越好，取得的销售收入越多，资产的利用效率就越高，总资产较充分地发挥其整体效能，企业的获利能力与偿债能力也较高；反之，则表明企业利用全部资产进行经营活动的效率较差，获利能力较弱，资产创造的销售收入与现金收入量较少，经营风险水平相对较高，管理者应采取缩减投资规模等调整措施。

总资产周转率的高低主要受两方面因素的影响：一方面是流动资产的周转率，另一方面是流动资产占总资产的比例，即流动资产和非流动资产的结构比例关系。在总资产中，流动资产的周转速度最快，因此，总资产周转速度受流动资产周转速度的影响较大。我们可以用公式表示出两者之间的关系：

$$总资产周转率 = \left(\frac{营业收入}{平均流动资产余额}\right) \times \left(\frac{平均流动资产余额}{平均总资产余额}\right) = 流动资产周转率 \times 流动资产占总资产比重$$

因此，提高总资产周转率有两个途径：一方面加强流动资产管理，提高流动资产的周转率，从而提高总资产周转率；另一方面可以增加总资产中流动资产的比例，企业流动资产所占比例越大，总资产周转速度越快。

为了更加深入地分析影响总资产的周转速度快慢的因素，应该在计算总资产周转率指标的基础上，进一步对总资产各个组成项目的周转速度进行分析，其中最主要的是对流动资产和固定资产两个主要项目的周转情况进行分析，以便找出总资产周转率变化的原因以及各组成项目对总资产周转率的不同作用。

为了更合理地进行评价，还应考察此指标的动态变化趋势，与以前年度总资产的运营效率相比较,进行趋势比率分析,找出企业总资产运营效率的变化趋势;不同行业的标准不尽相同,一个餐饮连锁店的资产周转率一定会比钢铁公司的周转率快,因此,还应与同行业平均水平进行比较分析,找出与同类企业在资产管理效率上的差别,促进企业产品市场占有率和资金利用效率的提高。此外,对总资产周转率进行分析评价时,还应该结合企业的行业特征以及企业的经营战略等因素进行考虑,使分析更加客观、有说服力。如一般固定资产的变化不是渐进的而是陡然的,会导致固定资产周转率的变化。所以,有时总资产周转率突然上升,而企业的营业收入变化不大,也许是企业本期处置了大量固定资产所致,而不是企业总资产的周转速度加快。因此,财务报告使用者不能仅凭指标数字,还要结合隐藏因素合理判断。

总资产周转率也有不足之处,公式中的分子、分母口径不一致,会使得这一指标前后各期及不同企业之间由于资产结构的差异失去可比性。公式中的分子、分母不一致体现在多方面,如总资产中的对外投资可供出售金融资产、长期股权投资等,给企业带来的是投资收益而不是营业收入,但分母中包括这些对外投资。

(二) 总资产周转天数

1. 总资产周转天数的含义

总资产周转天数是总资产周转一次需要的时间,是反映总资产周转速度的另一个指标。其计算公式为:

$$总资产周转天数 = 360 \div 总资产周转率$$

2. 总资产周转天数的分析

总资产周转天数反映总资产的周转速度。一般而言,总资产周转天数越少,企业总资产周转速度越快,表明企业用于经营的全部资产利用的效果越好,企业的经营效率越高,进而增强企业的偿债能力和经营能力;反之,则表明企业运用总资产产生销售收入的能力差。

3. 举例

【例 6-6】 根据 MDDQ 公司与同行业 GL 公司的财务报表,计算 MDDQ 公司与同行业 GL 公司 2008—2010 年的总资产周转率有关指标,如表 6-5 和表 6-6 所示。

表 6-5 MDDQ 总资产周转率计算　　　　金额单位:亿元

项目	2008 年	2009 年	2010 年
营业收入	3.237	27.202	107.659
总资产余额期初数	64.258	85.304	102.467
总资产余额期末数	85.304	102.467	175.420
平均总资产余额	74.781	93.886	138.944
总资产周转率(次)	0.04	0.29	0.77

第六章 企业营运能力分析

由表 6-5 可知,MDDQ 公司总资产周转率 2008 年仅为 0.04,说明公司利用全部资产进行经营的效率较低,利用全部资产赚取的收入较少;至 2010 年总资产周转率上升至 0.77,说明公司利用全部资产进行经营的效率有所提高,总资产管理能力逐步提高。为了更加充分地对总资产周转率指标进行判断,还应与行业特定企业进行横向比较分析。

表 6-6 MDDQ 与同行业 GL 公司数据比较   单位:次

公司	2008 年	2009 年	2010 年
MDDQ	0.04	0.29	0.77
GL	1.66	1.20	1.25

从表 6-6 可以看出,MDDQ 公司的总资产周转率一直呈现稳步上升趋势,与同行业的 GL 公司的流动资产周转率水平之间的差距逐渐缩小。虽然如此,但是 MDDQ 公司的总资产周转率一直明显低于 GL 公司水平,说明 MDDQ 公司的总资产运营能力有待加强。综合前面对流动资产周转率和固定资产周转率的分析可以看出,总资产周转率水平较低的主要原因在于流动资产周转率较低。具体原因应该结合流动资产周转情况展开,分析是因为存货销售不畅还是因为公司战略的改变所致;另外也要结合固定资产周转情况展开,看是否是因为固定资产周转速度较慢导致。

(三) 不良资产比率

不良资产比率是年末不良资产总额占年末资产总额的比率,用以对企业资产的营运状况进行补充修正。其计算公式为:

$$不良资产比率 = 年末不良资产总额 \div 年末资产总额 \times 100\%$$

式中,分子年末不良资产总额是指企业资产中存在问题、难以参加正常生产经营运转的部分,主要包括 3 年以上应收账款、其他应收款及预付账款,积压的存货、闲置的固定资产和不良投资等的账面余额,待处理流动资产及固定资产净损失,以及潜亏挂账和经营亏损挂账等,其数据可以从"基本情况表"获取。分母年末资产总额是指企业资产总额的年末数,数据可以从"资产负债表"获得。

该指标从不能参与企业正常资金周转的资产角度,反映了企业资产的质量以及企业在资产管理上存在的问题,有利于企业发现自身不足,采取相应的调整措施加以改善。通常情况下,不良资产比率越高,表明企业沉积下来的资金越多,资金利用效率越低;反之,该指标越小,则表明不能参与企业正常资金周转的资产越少,资金利用率越好。

除了应收账款周转率、存货周转率、流动资产周转率、固定资产周转率、总资产周转率外,资本保值增值率也是营运能力评价指标之一,资本保值增值率是反映投资者投入企业的资本完整性和保全性的一次指标。其计算公式为:

资本保值增值率 ＝ 期末所有者权益总额 ÷ 期间所有者权益总额

一般认为,资本保值增值率等于1,为资本保值;资本保值增值率大于1,为资本增值。

本章小结

在本章的学习中,我们对企业流动资产、固定资产、总资产营运能力分析的基本原理与方法进行了探讨。企业营运能力又称为资产周转能力,具体表现为营运资产的效率和效益,反映了一个企业的资产管理水平和资金周转状况。资产结构是影响企业营运能力的主要因素,它是指组成资产的各个类别在资产中所占的比重,反映了资产的组成情况。企业营运能力分析是企业财务分析的重要组成部分,是债权人、投资者和管理者都十分关心的话题,有助于他们了解企业资产的使用效率和效益,从而作出正确的决策。营运能力的各项指标反映了各项资产的运用效率,同时又会对资产报酬率产生重要的影响。

营运能力分析实质上是对企业的总资产及其各个组成要素的营运能力进行分析。营运能力分析的内容主要包括流动资产周转情况分析、固定资产周转情况分析和总资产周转情况分析。其中,流动资产周转状况分析和固定资产周转状况分析是对总资产周转状况的进一步分析;应收账款周转状况分析与存货周转状况分析又是对流动资产周转状况的进一步分析。

评价企业的营运能力时,关键是评价资产的周转速度,多采用各项营运资产的周转率或周转天数等指标来反映营运资产的周转率或周转期。营运能力指标包括人力资源营运能力指标和生产资料营运能力指标。其中,人力资源营运能力指标多采用劳动效率指标。生产资料营运能力的指标主要包括应收账款周转率、存货周转率、流动资产周转率、固定资产周转率、总资产周转率、不良资产比率等指标。在本章中对这些重要指标分别进行了较为详细的介绍,这些指标可以用于衡量企业利用各项资产进行生产经营的效率,以及企业运用各项资产产生收入的能力等。

复习思考题

一、简答题

1. 什么是总资产周转率?它能提供哪些信息?
2. 什么是企业的营运能力?运用哪些指标对其进行评价?
3. 影响总资产周转率的因素有哪些?
4. 存货周转率越高,企业的财务状况就越好吗?为什么?
5. 营业周期的含义是什么?如何计算?
6. 在应用企业的各种营运能力分析方法时,应注意哪些问题?

第六章 企业营运能力分析

二、计算分析题

1. 某企业部分财务报表资料如下：主营业务收入为 1 200 万元，主营业务成本为 500 万元，期初、期末应收账款分别为 275 万元和 325 万元，期初、期末存货分别为 240 万元和 260 万元，假设 1 年为 360 天。要求：计算企业的营业周期（提示：营业周期＝应收账款的周转天数＋存货的周转天数）。

2. 某公司 2009 年度财务报表（简表）的主要资料如表 6-7 和表 6-8 所示。

表 6-7　资产负债表（简表）

2009 年 12 月 31 日　　　　　　　　　　　　　　单位：万元

资产		负债和所有者权益	
现金(年初 382)	155	应付账款	258
应收账款(年初 578)	672	应付票据	168
存货(年初 350)	483	其他流动负债	234
流动资产合计	1 310	流动负债合计	660
固定资产净值(年初 585)	585	长期负债	513
		实收资本	722
资产总计(年初 1 895)	1 895	负债和所有者权益总计	1 895

表 6-8　利润表（简表）

2009 年　　　　　　　　　　　　　　　　单位：万元

销售收入	3 215
销售成本	2 785
毛利	430
管理费用	290
利息费用	49
税前利润	91
所得税费用	36
净利润	55

要求：

(1) 计算流动比率、存货周转率、应收账款周转天数、资产负债率。

(2) 已知行业平均数分别为 1.98,6 次,35 天,50%，说明该公司经营可能存在的问题。

3. 某公司流动资产由速动资产和存货构成，年初存货为 145 万元，年初应收账款为 125 万元，年末流动比率为 3，年末速动比率为 1.5，存货周转率为 4 次，年末流动资产余额为270万元。1年按360天计算。

要求:
(1) 计算该公司流动负债年末余额。
(2) 计算该公司存货年末余额和年平均余额。
(3) 计算该公司本年销货成本。
(4) 假定本年赊销净额为960万元,应收账款以外的其他速动资产可忽略不计,计算该公司应收账款周转期。

第七章 企业盈利能力分析

学习目标

1. 了解企业盈利能力的含义、影响因素以及常用的评价指标
2. 理解并掌握非上市公司盈利能力分析
3. 理解并掌握上市公司盈利能力分析
4. 重点掌握各盈利能力分析指标的计算方法,并能熟练运用各指标对企业的盈利能力进行分析

在纳斯达克流行着这样一句话:"任何公司都能上市,但时间会证明一切。"中国的麦考林于 2010 年 10 月底登陆美国的纳斯达克市场,首日取得了不错的成绩,根据相关资料显示,公司总市值达 10 亿美元。但是,在公司发布财报资讯之后的短短 20 天内,麦考林的股价大幅度下跌。根据其上市后发布的首份季报显示,公司 2010 年第三季度毛利率同比下滑近 400 个基点,使得四季度收入预期比首次公开募股之前的承诺低了许多。毛利率指标可以用于衡量企业的盈利能力吗?原因是什么?用于评价企业盈利能力的指标还有哪些?对于这些问题,我们将在本章的学习中进行详细的介绍。

第一节 企业盈利能力概述

一、盈利能力的含义

盈利能力又被称为获利能力和企业的资金或资本增值能力,是企业在一定时期内利用各种经济资源赚取利润的能力,往往表现为一定时期内企业收益数额的多少及其水平的高低。盈利能力是各部门生产经营效果的综合表现,企业经营的好坏最

终都会通过它反映出来。盈利能力也是企业在一定时期的销售能力、收取现金能力、降低成本能力以及规避风险能力的综合表现,为企业的生存和发展提供了物质基础。

盈利能力的大小是一个相对的概念,它是利润相对于一定的收入、资源投入等而言的。一般来说,盈利能力是指在正常的营业状况下,企业产生的收益或损失,即企业的盈利能力只涉及正常的经营状况。非正常状况下产生的收益或损失,只是个别情况,不能说明公司的真实能力。因此,在分析企业盈利能力时,应当剔除以下因素对利润的影响:证券买卖等非正常项目、已经或将要停止的营业项目、重大事故或法律更改等特别项目、会计准则和财务制度变更带来的累计影响等。

二、盈利能力的影响因素

盈利能力反映的是公司获取利润的能力,对于企业来说,股东报酬的高低、债权的安全程度和企业自身的持续稳定发展都与其有着密切关系。因此,要考察企业的经营效益和盈利情况,需先了解决定其盈利水平的各种因素。盈利能力的影响因素主要有企业的资本结构、营销能力、成本费用管理水平、人力资源管理水平、市场定位能力和风险管理水平等。我们要了解影响盈利能力的因素,从而有针对性地提高盈利能力,增强企业竞争力。

(一)资本结构

盈利能力及其风险水平是评估企业价值的基础,资本结构与盈利能力之间也存在着显著的影响关系,适度的负债可以提高盈利能力,增加企业价值。目前,资本结构与盈利能力之间如何相互影响,从不同角度分析得出的结论并不一致。

信号传递理论认为,财务杠杆越大,企业的盈利能力越强,企业的债权融资是传递企业经营状况良好的信息;而权衡理论认为,资产负债率与企业价值呈倒U形曲线关系,即随着资产负债率的增加,企业价值会不断增加,当资产负债率增加到一定程度时,企业价值将会下降;同时,代理成本理论也认为资产负债率与企业价值呈倒U形曲线关系,资产负债率的提高可以减少企业所有者与经营者之间的代理成本,而增加了所有者与债权人之间的代理成本,使企业价值先上升后下降。

(二)企业营销能力

企业的利润主要来源于营业收入,尤其是主营业务收入,而企业的营销能力从根本上决定了企业营销规模的大小和营业收入的多少。所以,盈利能力的强弱与企业营销能力有着密切的关系,可以说,营销能力是盈利能力的基础,良好的营销能力能够为保证企业盈利能力的稳定持续提供保证。

(三)成本费用管理水平

与营业收入不同,成本费用会导致利润的减少。因此,加强对成本费用的管理,不断挖掘成本潜力是企业增加利润的途径。降低成本的能力主要取决于技术水平、

第七章 企业盈利能力分析

产品设计及规模经济和企业对成本管理水平的高低。当然,成本费用的降低应控制在合理范围内,不能一味地追求低成本而影响企业未来的获利能力。比如,过于追求低成本战略就给采购、生产、销售均为全球化的丰田未来的发展埋下了隐患。

（四）资产管理水平

资产是可以在未来期间给企业带来经济流入的资源。因此,资产规模、资产结构以及资产利用效率与企业的盈利能力有着密切的关系。适度的资产规模、合理的资产结构能够增强企业的获利能力,而有效的资产管理水平又为资产规模与资产结构的合理化提供基本条件。

（五）人力资源管理水平

随着经济的不断发展,竞争日趋激烈,许多企业已将竞争范围转移到人才资源上,人才的竞争已成为这个时代的特点,人才的培养和利用将会影响企业盈利能力。如何管理好每一位员工,培养员工的忠诚度,发挥员工工作的主动性和积极性,从而提高其经营效率,成为企业人力资源管理中最主要的问题。

（六）市场定位能力

为了避免趋同化的竞争,要求企业对市场的划分更加细致和规范,不同产品应形成自身的目标顾客群和利润空间。市场定位的实质是使本企业与其他企业严格区分开来,使顾客明显感觉和认识到这种差别,从而在顾客心目中占有特殊的位置。要想在竞争中生存,就必须研究消费者需求,坚持以市场为导向,为客户提供更高品质的产品和更优质的服务,找准自己的目标市场,并进行差异化的市场定位,从而使获得的利润最大化。

（七）风险管理水平

企业在赚取利润的过程中必须同时关注风险的管理与控制。一般而言,风险低的项目其收益相对较低；风险高的项目,其收益也相对较高。企业应该根据自身经营的特点,选择合理的盈利机会,将风险控制在一定水平,避免盲目追求盈利而引发严重危机的局面。

三、盈利能力分析的意义

盈利能力分析是财务报表分析的重要组成部分,是企业的投资者、债权人,乃至企业的经营管理人员与职工十分关心的问题。对企业的盈利能力进行分析的意义具体体现在以下几个方面：

(1) 对于投资者,企业的盈利能力是其进行投资决策的重要依据。盈利能力是对企业进行价值评估的数据基础,是证券价值变动的关键影响因素,是股东获取股利和资本收益的决定因素。无论是现有的投资者,还是潜在的投资者,都十分关注企业的盈利能力。

（2）对于债权人，企业的盈利能力影响到其债务的安全程度。利润是债权人收回本息的资金来源，而盈利能力的高低决定着利润的多少，因此，企业的盈利能力从根本上影响着企业支付本金和归还利息的能力，影响着债权人债权的保障程度。企业的短期债权人主要关心企业当期的盈利能力和支付能力，而长期债权人则侧重于关注企业的盈利能力是否持续稳定，以及长期借款本息是否能够足额收回。

（3）对于经营管理者，企业的盈利能力影响到其业绩及公司的健康发展。盈利能力是企业最重要的业绩衡量标准，获取利润的多少能够直接揭示经营管理者决策的合理性，用已达到的盈利能力指标与同行业平均水平、竞争对手相比较，则可以衡量经营者工作业绩的优劣。同时，通过盈利能力分析也能发现企业存在的问题，从而改善管理水平。只有持续、稳定地赚取利润的企业才能拥有充足的财务资源，从而实现自身持续、健康的发展。若企业经营不善，在长时间内盈利较少或出现亏损，不仅无力进行发展，还会在激烈的市场竞争中被淘汰。

四、盈利能力分析指标

盈利能力是测验企业运用其拥有的资本和资产创造现金流量的能力，是分析企业经营的核心，企业盈利能力财务分析主要是以资产负债表、利润表、现金流量表以及利润分配表为基础，通过表内各项目之间的逻辑关系构建一套指标体系，然后对指标值进行计算。

简单地说，盈利能力分析就是要从各个角度对企业获取利润的能力进行分析研究，主要包括非上市公司盈利能力分析和上市公司盈利能力分析。其中，非上市公司盈利能力分析又包括：与销售有关的盈利能力分析、与资产有关的盈利能力分析、与资本有关的盈利能力分析、与现金净流量有关的盈利能力分析以及与社会贡献有关的盈利能力分析。反映盈利能力的指标有很多，如销售毛利率、销售净利率、总资产收益率、净资产收益率、每股收益、每股净资产、市盈率、市净率等。其中，最具有代表性的基本指标是总资产收益率和净资产收益率。

此外，盈利能力分析还应该结合具体情况对指标进行动态评价，或进行同行业的横向比较分析，或进行预算比较分析。如何正确、公正地分析企业的盈利能力是财务分析的核心内容，也是各利益相关者共同关心的问题，下面将从非上市公司盈利能力分析和上市公司盈利能力分析两方面对企业盈利能力分析进行介绍。

第二节　非上市公司盈利能力分析

一、与销售有关的盈利能力分析

影响盈利能力的因素有很多，下面主要从销售收入和费用两个角度考虑，分析它们如何影响盈利能力。与销售有关的盈利能力是指每实现1元营业额或消耗1元资金可以带来的利润有多少。因此，与销售有关的盈利能力分析，主要包括两个方面：营业收入盈利能力分析和营业成本盈利分析。

（一）营业收入盈利能力分析

从收入的角度对盈利能力进行分析，只研究利润与收入的比率关系。营业收入获取的多少是决定企业盈利能力的最主要因素。因为企业的营业利润是产品销售收入扣除相关成本费用后的余额，所以营业收入的多少直接影响获利的水平。在利润表中，企业的营业收入包括主营业务收入和其他业务收入，利润包括营业利润、利润总额和净利润三种形式。因此，从收入的角度对盈利能力进行分析的指标多采用销售毛利率、营业利润率、销售净利润率、息税前利润率等。

1. 销售毛利率

1）销售毛利率的含义

销售毛利率是销售毛利与营业收入的比率，即销售毛利占营业收入的百分比，体现了企业生产经营活动最基本的获利能力，是评价企业销售盈利能力的主要指标，是判断盈利能力提高或降低的标准。其计算公式为：

$$销售毛利率 = 销售毛利 \div 营业收入 \times 100\%$$

其中　　　　　　　销售毛利 = 营业收入 - 营业成本

2）有关销售毛利率的分析

销售毛利率是衡量公司产品和业务的经营管理质量的财务指标。非上市公司只有具备较佳的销售毛利，才能保证较为理想的营业利润率，从而获得满意的销售净利润率，提高公司最终的获利能力。

销售毛利率也表示每1元营业收入扣除营业成本后，有多少剩余可以用于各项期间费用和形成利润。该指标反映了企业营业活动的初始获利能力，也反映了产品或商品营业收入的获利能力，能较好地反映企业在销售价格和销售成本之间的控制是否具有效果。通常情况下，该指标越高，单位营业收入的毛利越高，抵补企业各项经营支出的能力越强，销售（营业）利润越高，企业的盈利能力越强。

销售成本率与销售毛利率之和为1，计算出销售毛利率之后，销售成本率也一目了然。经营管理者可以根据预测的毛利率水平预测获利能力，进行成本水平的判断和控制。导致毛利率下降的因素主要有：购货成本上升；销售价格下降；销售产品结构发生变化，低毛利率产品所占比重上升；存货发生意外严重损失等。

分析该指标的高低时，应该考虑影响企业毛利的内部和外部因素。外部因素主要是指市场供求变动而导致的销售数量、销售价格以及购买价格的变化。内部因素主要是指企业成本管理水平、产品销售策略合理性等。

不同行业的销售毛利率存在明显的不同。通常情况下,营业周期短、固定费用低的行业毛利率水平比较低,如零售行业;而营业周期长、固定费用高的行业毛利率水平比较高,因为这些行业有较多固定成本需要弥补,如制造业。因此,在分析企业的毛利率时,与同行业的平均水平或竞争对手毛利率相比较是必要的,找出原因,并采取相应的调整措施。同时,应注意企业之间可能会因固定资产的折旧方法等会计处理不同影响到销售成本,进而影响到销售毛利率的可比性。

2. 营业利润率

1) 营业利润率的含义

营业利润率是企业一定时期营业利润与营业收入的比率,用于恰当评价企业经营过程的获利水平,是评价企业盈利能力的指标之一。其计算公式为:

$$营业利润率 = 销售(营业)利润 \div 销售(营业)收入净额 \times 100\%$$

式中,营业利润是指企业销售(营业)收入扣除销售(营业)成本、销售(营业)费用、销售(营业)税金及附加后的余额。销售(营业)收入净额为销售(营业)收入扣除销售退回、销售折扣及折让后的差额,销售(营业)成本等于期初存货成本加上本期购货成本减去期末存货成本,它代表本期已销售产品的成本。因为产品销售成本是商业企业和制造企业最大的一项费用,所以,产品销售成本的变动能对当期利润带来很大的影响。

2) 有关营业利润率的分析

营业利润率表示每赚取1元营业收入能够带来的营业利润是多少,反映营业收入的收益水平。类似的,该指标与销售毛利率都是评价产品盈利能力的主要指标,只不过是分子发生了变化而已。相比较而言,该指标对企业盈利能力的考察更为准确全面,因为,期间费用中大部分是保证企业一定时期内持续经营所必须发生的费用,只有将这一部分费用从企业当期收入中扣除后,剩余的部分才能构成企业稳定的盈利能力。也就是说,营业利润率揭示了全部收入与其相关的成本费用之间的关系,比销售毛利率更全面。一般来说,该指标越高,企业的产品竞争力越强,盈利水平越高;反之,亦然。

该指标既能反映产品的盈利能力,企业经营活动的基本获利能力;又能反映企业在销售成本控制、产品销售策略等方面的不足,指出企业应该加以保持与改善的地方。

3. 销售净利润率

1) 销售净利润率的含义

销售净利润率是净利润与营业收入的比率,通常用百分数表示,用来评价企业营业收入的收益水平,是企业产品经营的核心目标,是评价企业盈利能力的主要指标。其计算公式为:

$$销售净利润率 = 净利润 \div 营业收入 \times 100\%$$

第七章　企业盈利能力分析

2) 有关销售净利润率的分析

该指标表示每 1 元营业收入带来的净利润是多少,表示销售收入的收益水平,用于评价公司经营活动流转额的最终获利能力。该指标是正指标,越高越好;而且,从公式中可以看出,前面提到的销售毛利率是该指标的基础,是营业收入盈利能力分析的核心指标。运用该指标进行分析,可以揭示企业最终获利能力的高低,一般而言,该指标越高,表明企业的盈利能力越强。要想该指标保持不变或提高,就要在销售收入增加时,相应地提高净利润水平,因此,通过对该比率的分析,能够指引企业管理者改进产品的经营管理,提高获利水平。

销售净利润率越高,说明企业为社会所新创造的价值越多,作出的贡献越大,对企业利害关系者越有利。对该指标分析时,应进行趋势分析,与以前年度的指标相比较,以观察动态变化及稳定状态;应该结合行业的平均水平或先进水平进行,找出企业的不足,了解引起销售净利率变化的原因,尤其是外部原因。此外,还应该进一步了解引起该指标变化的内在原因,采取相应的调整措施,如进一步分析净利润、营业收入两个因素对该指标的影响。总之,在运用该指标进行盈利能力分析时,不能仅仅依据指标数字,要配合相关因素判断,使分析更加客观。

净利润不仅包括营业利润还包括营业外收支的影响,包含了除所得税以外所有的收支因素,比营业利润更好地反映出企业在一定时期总的盈利水平;但是净利润的形成并非都是销售收入所产生的,它还会受到其他业务利润、投资收益及营业外收支等因素的影响,因而在分析时容易造成分子和分母计算口径的差异,且难以反映获利的持久性和稳定性。所以使用该指标时应多结合其他指标进行分析。

3) 举例

【例 7-1】 根据 ABC 公司的部分利润表资料,计算该公司 2009 年和 2010 年的销售毛利率、营业利润率和销售净利率,如表 7-1 所示。

表 7-1　ABC 销售利润率的计算　　　　单位:千万元

项　　目	2009 年	2010 年
营业收入	272.02	1 076.59
营业成本	237.94	1 013.25
销售毛利	34.08	63.34
营业利润	65.97	109.26
利润总额	65.79	109.79
净利润	64.99	100.19
销售毛利率	12.53%	5.88%
销售净利率	23.89%	9.31%
营业利润率	24.25%	10.15%

从以上计算分析可以看出：ABC 公司的销售毛利率、营业利润率和销售净利率有所下降。这种下降趋势主要是由于公司 2010 年的成本费用增加所至。对于销售毛利率来说，成本的上升会导致该指标的下降，对 ABC 公司的销售毛利率进行分析时，还应结合其收入结构与各产品的毛利率进行。对 ABC 公司的营业利润率进行分析时，应对其产品的毛利率和产品收入结构进行分析。销售毛利率是营业利润率和销售净利率的基础，其高低会对这两个指标产生影响。

4. 息税前利润率

1) 息税前利润率的含义

息税前利润率是企业一定时期息税前利润与营业收入的比率，反映了企业经营活动的获利能力，是评价产品经营能力的指标之一。其计算公式为：

$$息税前利润率 = 息税前利润 \div 营业收入 \times 100\%$$

其中

$$息税前利润 = 净利润 + 利息费用 + 所得税费用$$

2) 有关息税前利润率的分析

息税前利润率表示每 1 元营业收入带来的息税前利润是多少。与销售毛利率相同的是，该指标也是正指标，指标值越高越好，该指标值越高表示企业的息税前利润水平越高，盈利能力也越强；不同的是分子发生了变化，反映出融资结构对企业盈利能力的影响，与销售毛利率有着不同的经济意义。

息税前利润率分子采用的是息税前利润，息税前利润是排除利息和税收影响的收益，是企业经营过程中创造的全部收益，剔除了公司负债水平差异对该指标的影响，所以，息税前利润率不受筹资活动影响，反映了企业真实的盈利能力水平。

(二) 营业成本盈利分析

营业成本盈利分析是从资源耗费的角度对盈利能力进行分析，分析的指标多采用主营业务成本利润率、营业成本利润率、成本费用利润率等。

1. 主营业务成本利润率

主营业务成本利润率，是指企业一定时期内主营业务利润与主营业务成本之比，用于评价企业生产经营过程中第一个环节的业绩。其计算公式为：

$$营业成本利润率 = 主营业务利润 \div 主营业务成本 \times 100\%$$

其中

$$主营业务利润 = 主营业务收入 - 主营业务成本 - 主营业务税金及附加$$

主营业务成本利润率是正指标，一般情况下，越高越好。进行分析时，应该与企业的具体管理环境及目标相结合，与企业的标准值相比较。

2. 营业成本利润率

1) 营业成本利润率的含义

营业成本利润率，是指企业一定时期内营业利润与营业成本的比率，是反映企业成本效益的主要指标之一。其计算公式为：

$$营业成本利润率 = 营业利润 \div 营业成本 \times 100\%$$

2) 有关营业成本利润率的分析

营业成本利润率表示每耗费1元营业成本费用可以带来多少利润。该指标为正指标,指标值越高越好。若该指标较高,则说明企业的投入产出水平较高,即耗用相同的营业成本可以带来较多的营业利润,企业经营得好,投入的资金得到了充分的利用；反之,则说明企业劳动耗费的收益水平较低,每1元的营业成本耗费为企业带来的收益较少。进行分析时,应该与企业的具体管理环境及目标相结合。

3) 举例

【例7-2】 根据ABC公司的部分利润资料,计算该公司2009年和2010年的营业成本利润率,如表7-2所示。

表7-2　ABC公司营业成本利润率计算　　单位：千万元

项　　目	2009年	2010年
营业利润	65.97	109.26
营业成本	237.94	1 013.25
营业成本利润率	27.73%	10.78%

从以上计算分析可以看出,ABC公司2010年的营业成本利润率较2009年度有所下降,公司应该深入分析导致营业成本上升的原因,改进相关工作。

3. 成本费用利润率

企业出于选择经营品种的目的,有时需要对其生产的每一品种的经营效益进行评价,因而在企业的管理工作中,还应使用成本费用利润率这一指标对企业的盈利能力进行分析。

1) 成本费用利润率的含义

成本费用利润率是指企业一定时期内营业利润与成本费用总额的比率,用以评价成本费用的开支效果,以及对成本的控制水平,反映企业盈利能力的高低。其计算公式为：

$$成本费用利润率 = 营业利润 \div 成本费用总额 \times 100\%$$

式中,成本费用总额包括营业成本、营业税金及附加、销售费用、管理费用、财务费用和资产减值损失等。营业成本包括主营业务成本与其他业务成本。

2) 有关成本费用利润率的分析

成本费用利润率是反映成本费用总额与营业利润之间的对应关系的指标,是反映企业生产经营过程中发生的耗费与获得收益之间关系的指标。该指标高,表明企业以低投入带来高产出,企业为获取利润而付出的代价小,取得同样多的利润只要花费更少的成本费用支出,耗费的收益水平高,盈利能力较强;反之,则表明企业的消耗没有带来较高的产出,盈利能力较弱。

该指标也是正指标,与营业成本利润率相比较,两者反映的费用与利润的经济关系不同。成本费用利润率是所得与所费的直接比较,能直接反映企业增收节支所获得的效益,通过对该指标进行分析,可以促使企业明确目前管理中存在的问题,努力降低成本费用水平,促使企业获利能力增强。

从公式可以看出,成本费用总额与成本费用利润率成反比关系,营业利润与成本费用利润率成正比关系,因此,为了保持成本费用利润率不变或提高,应该在成本费用总额增长时,相应地赚取更多的利润。在确定该指标时,应该与企业的具体情况相结合。

3) 举例

【例 7-3】 根据 ABC 公司的部分利润资料,计算该公司 2009 年和 2010 年的成本费用利润率,如表 7-3 所示。

表 7-3　ABC 公司成本费用利润率计算　　　单位:千万元

项　目	2009 年	2010 年
营业利润	65.97	109.26
营业成本	237.94	1 013.25
成本费用总额	265.47	1 053.42
成本费用利润率	24.85%	10.37%

以上结果表明,该公司成本费用利润率 2010 年比 2009 年下降 14.48%,公司应当深入分析导致成本费用上升的因素,采取相应的调整措施,改进有关工作,促进公司效益指标的上升。

二、与资产有关的盈利能力分析

前面介绍的是从销售角度来衡量企业盈利能力,但影响企业整体盈利能力的因素还有经济资源投入情况等,而且运用资产获得更好的投资报酬是经营管理者的目标。因此,对企业盈利能力进行分析时,仅从销售情况来评价企业的盈利能力是不够的,还应该从投入资产与获得利润之间的关系来评价。

资产收益率是企业一定时期内投入资产所获得的收益。在资产负债表中,企业资产存在多种形式,为了提高分析的质量,在指标的设计上应遵循重要性原则以及成本效益原则,所以应采用最主要的资产项目和类别作为资产收益率的代表。因此,与资产有关的盈利能力分析的指标主要包括总资产收益率、总资产净利率、流动资产收

第七章 企业盈利能力分析

益率、非流动资产收益率、投资报酬率等。此外,为了准确地分析企业的盈利能力,我们还应结合资产利用效率和资金投入报酬这两个因素作出进一步的分析。

(一)总资产报酬率

1. 总资产报酬率的含义

总资产报酬率又称为总资产收益率,是企业一定时期内息税前利润与平均资产总额的比率,是企业资产经营的核心目标,它是评价企业资产盈利能力的指标之一。其计算公式为:

$$总资产报酬率 = 息税前利润 \div 平均资产总额 \times 100\%$$

其中　　息税前利润 = 利润总额 + 利息费用 = 净利润 + 所得税费用 + 利息费用

平均资产总额 = (资产总额期初数 + 资产总额期末数) ÷ 2

2. 有关总资产报酬率的分析

总资产报酬率全面反映了企业资产利用的综合结果,反映了企业利用全部经济资源的获利能力,全面反映了企业的投入产出状况;总资产报酬率分子采用的是息税前利润,剔除了公司负债水平差异对该指标的影响,反映了企业真实的盈利能力水平。选用此指标有助于全面了解企业盈利情况、总资产利用情况以及企业在增加收入和节约资金使用等方面的情况。一般情况下,该指标较高时,表明企业资产运营有效,企业的投入产出水平较高,运用资产获取利润的能力较强;反之,则表明资产的利用效果欠佳,企业可能存在不良资产或资产利用率低的现象,财务管理水平较低。因此,此指标为正指标,越高越好。

为了更深入地对总资产报酬率进行研究,我们可以对总资产报酬率进行因素分析。

$$\begin{aligned}总资产报酬率 &= 息税前利润 \div 平均资产总额 \times 100\% \\ &= (利润总额 + 利息费用) \div 平均资产总额 \times 100\% \\ &= 营业收入 \div 平均资产总额 \times (利润总额 + 利息费用) \div 营业收入 \times 100\% \\ &= 总资产周转率 \times 息税前利润率\end{aligned}$$

从公式中可以看出,总资产报酬率的大小主要取决于总资产周转速度的快慢和销售盈利水平的高低。因此,我们可以通过这两个因素对总资产报酬率作进一步分析。同时,由公式也可以得出提高总资产报酬率的两个途径:一个是加强资产管理,提高资产周转速度,充分发挥资产的效能;另一个是增加销售收入,提高销售盈利水平。销售净利率与总资产周转率的不同组合体现了公司不同的经营战略,高盈利水平,低周转率;或者是低盈利水平,高周转率,其最后所要达到的目的都是相同的,即提高公司的总资产报酬率。

企业还可根据该指标与市场资本利息率进行比较。如果总资产报酬率大于资本利息率,则说明企业进行举债经营是有利可图的,可以充分发挥财务杠杆的作用,可以适度利用财务杠杆进行负债经营,以更少的资本获取尽可能多的收益。运用该指标时,应与企业的经济周期、企业战略与特点、企业资本结构结合起来进行评价。此外,需要对该指标进行趋势比率分析,与历史水平相比较,进行正确的判断。

(二)总资产净利率

总资产净利率是评价企业获利能力的主要指标。其计算公式为:

$$总资产净利率 = 净利润 \div 平均资产总额 \times 100\%$$

其中
$$平均资产总额 = (资产总额期初数 + 资产总额期末数) \div 2$$

为了便于更深入地分析总资产净利率,可对其进行分解:

$$\begin{aligned}总资产净利率 &= 净利润 \div 平均资产总额 \times 100\% \\ &= (净利润 \div 营业收入) \times (营业收入 \div 平均资产总额) \times 100\% \\ &= 销售净利率 \times 总资产周转率\end{aligned}$$

总资产净利率是一个正值指标,越高越好。总资产净利率越高,意味着资产利用的效益越好,利用资产创造的利润越多,整个企业盈利能力越强,经营管理水平越高。而企业经营管理水平高,通常表现为资产运用得当,费用控制严格,利润水平高;反之,亦然。通过总资产净利率分析,能够测验各部门、各生产与经营环节的工作效率和质量,能够明确内部各有关部门的责任,从而调动各方面生产经营和提高经济效益的积极性。当然,对该指标进行分析时,应与企业标准值进行比较。

(三)流动资产收益率

1. 流动资产收益率的含义

流动资产收益率是企业一定时期内实现的利润总额与平均流动资产总额的比率,是反映流动资产运营效率的综合指标。其计算公式为:

$$流动资产收益率 = 利润总额 \div 平均流动资产总额 \times 100\%$$

2. 有关流动资产收益率的分析

流动资产收益率越高,说明流动资产的运营效率越高,企业在节约资金使用等方面取得较佳的效果。对流动资产收益率作进一步分析,可以配合流动资产周转率和销售利润率进行,判断这两个因素对流动资产收益率的影响,找出影响该指标的深入原因,并采取相应的调整措施。一般而言,提高流动资产收益率有两种途径:一是加强流动资产管理,提高流动资产利用率;二是加强销售管理,提高销售利润率。

在对该指标进行分析时,应该与该企业的历史水平相比较,与同行业的平均水平相比较,从而进行正确的判断。

（四）非流动资产收益率

1. 非流动资产收益率的含义

非流动资产收益率是企业一定时期内实现的利润总额与平均非流动资产总额的比率，是评价企业非流动资产利用效率的综合指标。其计算公式为：

$$\text{非流动资产收益率} = (\text{利润总额} \div \text{平均非流动资产总额}) \times 100\%$$

2. 有关非流动资产收益率的分析

该指标越高，说明非流动资产利用水平越高，非流动资产利润水平越高。类似的，在对该指标进行分析时，也应该与该企业的历史水平相比较，与同行业的平均水平相比较，从而了解企业非流动资产利用效率的高低。

3. 举例

【例7-4】根据ABC公司的部分利润资料，计算该公司2008—2010年的总资产报酬率、总资产净利率、流动资产收益率和非流动资产收益率，如表7-4所示。

表7-4 ABC公司与资产有关的盈利能力指标计算　单位：千万元

项　目	2008年	2009年	2010年
利润总额	69.47	65.79	109.79
利息费用	−5.95	1.15	−7.94
净利润	69.32	64.99	100.19
资产总额期初数	642.58	853.04	1 024.67
资产总额期末数	853.04	1 024.67	1 754.20
平均总资产余额	747.81	938.86	1 389.44
流动资产期初数	380.92	325.87	278.53
流动资产期末数	325.87	278.53	859.57
流动资产平均余额	353.40	302.20	569.05
非流动资产期初数	261.66	527.17	746.14
非流动资产期末数	527.17	746.14	894.63
非流动资产平均余额	394.42	636.66	820.39
总资产报酬率	9.29%	7.00%	7.90%
总资产净利率	9.27%	6.92%	7.21%
流动资产收益率	19.66%	21.77%	19.29%
非流动资产收益率	17.61%	10.33%	13.38%

从以上计算分析可以看出，总资产报酬率，即ABC公司资产的综合利用效率呈下降趋势，因此需要对企业资产的使用情况和增产节约工作开展情况等作进一步分

析考察,以便改善管理,提高效益。总资产报酬率等于销售净利率与总资产周转率的乘积,通过前面的分析可知,销售净利率呈下降趋势,总资产周转率呈上升趋势,因此,销售净利率的下降导致了总资产报酬率的下降。所以,ABC公司要提高自身的总资产报酬率,需从提高销售净利率方面努力。

(五) 投资报酬率

投资报酬率是指企业实现的对外投资收益与对外投资平均余额的比,用于评价企业对外投资的获利水平。其计算公式为:

$$投资报酬率 = (投资净收益 \div 对外投资平均余额) \times 100\%$$

式中,分子数据可以根据利润表中的"投资收益"项目取得;分母对外投资平均余额包括短期投资和长期投资两部分,资产负债表中将于1年内到期的长期债券投资金额也应计入分母金额中。

投资报酬率的另外一种衡量方法是,投资中心在一定期限内所获得的部门边际贡献与该部门所拥有的资产额的比率,是最常见的企业内部考核投资中心业绩的指标。其计算公式为:

$$投资报酬率 = (部门边际贡献 \div 该部门拥有的资产额) \times 100\%$$

用投资报酬率来评价投资中心业绩具有以下优点:它是根据现有的会计资料计算的,比较客观,可用于部门之间以及不同行业之间的比较。投资人与企业管理当局也十分关心这个指标,用它来评价每个部门的业绩,促使其提高本部门的投资报酬率,有助于整个企业投资报酬率的提高。

通常,对投资报酬率进行分析时,应将其与总资产报酬率进行比较。若投资报酬率低于总资产报酬率,且对企业的投资战略无影响时,说明企业对外投资是不合适的。这也是企业是否进行对外投资决策的一个重要参考依据。

分析投资中心的投资报酬率时,为了对整个部门经营状况作出评价,可以将其分解为投资周转率和部门边际贡献两者的乘积,并可进一步将资产和收支项目细分。当然,该指标也存在一定的缺陷:部门经理会放弃高于资本成本而低于目前部门投资报酬率的机会,或减少现有的投资报酬率较低但高于资本成本的某些资产,从而提高部门业绩。

三、与资本有关的盈利能力分析

企业资产占用的资金来源有两大渠道:一是投资者投入,形成所有者权益;二是对外举债,形成短期负债和长期负债。投资报酬是投资者投入权益资本获得的回报,企业的盈利能力直接关系到投资者的切身利益,下面我们就从所有者角度分析企业获利水平的高低。

第七章　企业盈利能力分析

(一) 资本金收益率

1. 资本金收益率的含义

资本金收益率是企业一定时期内净利润与平均实收资本的比率,用于评价所有者投入资本的收益水平,是反映投资者投入企业资本金的盈利能力的指标。其中,企业资本金是指所有者投入的主权资金,即实收资本。其计算公式为:

$$资本金收益率 = (净利润 \div 平均实收资本) \times 100\%$$

其中　　　平均实收资本 = (实收资本期初数 + 实收资本期末数) ÷ 2

2. 对资本收益率的分析

企业资本金是所有者投入的主权资金,所以,资本金收益率是站在所有者的角度来测验企业的盈利能力。与净资产收益率相比,资本金收益率更为直接地反映了所有者关心的投入资本的盈利能力,因为前者的分母剔除了公积金等非资本金性质的项目。

资本金收益率的高低直接关系到投资者的权益,是投资者最关心的问题。当企业以资本金为基础,对外举债吸收一部分资金进行生产经营时,资本金收益率就会因财务杠杆的利用而得到提高。增加的利润部分,虽然不是资本金直接带来的,但也可视为资本金有效利用的结果,这也说明企业经营管理者善于利用外部资金为经营活动增加利润;反之,如果负债资金利息太高,使资本金收益率降低,则是财务杠杆利用不善的结果。一般认为,资本金收益率越高,所有者或股东投入资本赚取利润的能力越强,企业资本金的利用效果越好,盈利能力越强;反之,则说明企业资本金的利用效率不好,盈利能力不强。

(二) 净资产收益率

1. 净资产收益率的含义

净资产收益率是净利润与平均净资产余额的比率,也被称为所有者权益收益率。是评价企业盈利能力的核心指标,是企业资本经营的核心目标,用于评价投资者所获得的投资报酬,表明每1元自有资本获取利润的能力,是所有者考核其权益投入的保值增值的基本途径。其计算公式为:

$$净资产收益率 = (净利润 \div 平均净资产余额) \times 100\%$$

其中　　　净利润 = 利润总额 − 所得税费用

$$净资产 = 资产 - 负债 = \begin{matrix}实收\\资本\end{matrix} + \begin{matrix}资本\\公积\end{matrix} + \begin{matrix}盈余\\公积\end{matrix} + \begin{matrix}未分配\\利润\end{matrix}$$

平均净资产余额 = (净资产余额期初数 + 净资产余额期末数) ÷ 2

净资产是企业全部资产减去全部负债后的余额,包括实收资本、资本公积、盈余公积和未分配利润。平均净资产余额为净资产余额期初数与净资产余额期末数的平均数。

2. 对净资产收益率的分析

由于优先股股利在企业提取任意盈余公积和支付普通股股利之前支付,公司资产的真正所有者和风险的主要承担者是普通股股东,所以该指标反映普通股股东的收益水平,从所有者角度评价企业的盈利能力。净资产收益率可以直接表明股东拥有的净资产的获利能力,是公司营运能力、清偿能力和获利能力综合作用的结果,还可以用来表明公司资产的结构、管理水平、产品的价格、成本的高低、产品的质量及销量,是一个综合性和代表性极强的盈利能力指标。

一般来说,净资产收益率越高,表明股东投资的收益水平越高,企业的盈利能力越强,反映出公司选择了良好的投资机会,并且对费用进行了有效的管理,现有投资者愿意保持原股本并继续向公司投入资本,而其他的潜在投资则乐于向公司投资,公司的发展前景好;反之,所有者权益的收益水平越低,运营效益越差,企业的获利能力较弱,投资人和债权人受保障的程度越低。评价标准多采用社会平均利润率、行业平均利润率或资本成本。

影响净资产收益率的主要因素有总资产报酬率、负债利息率、资本结构或负债与所有者权益之比和所得税税率等因素。不同筹资方式对净资产收益率的影响表现在:只要总资产报酬率大于债权人和优先股股东所提供资金的资金成本,净资产收益率就会提高,这就是负债经营的杠杆效应。但是,如果公司选择使用与行业标准相比较高的债务水平,则此时该指标的提高可能是过高财务风险的结果。净资产收益率指标不受行业不同的限制,通用性强,适用范围广,在企业综合评价中被较多地采用。

净资产收益率还反映公司整体单位资本的盈利能力,以及资本的自我积累能力和自我发展能力,并且与企业的负债经营没有直接的关系。因而,中国证监会规定,公司要进行配股,必须连续3年净资产收益率达到10%以上。可见,净资产收益率指标非常重要。在综合财务分析一章的杜邦分析一节中,我们将会对净资产收益率作更详细的分析。

3. 举例

【例 7-5】 根据 ABC 公司的部分利润资料,计算该公司 2008—2010 年的净资产收益率、资本金收益率,如表 7-5 所示。

表 7-5　ABC 公司与资产有关的盈利能力指标计算

单位:千万元

项　　目	2008 年	2009 年	2010 年
净利润	69.32	64.99	100.19
实收资本年末余额	189.11	208.02	312.03

(续表)

项　目	2008年	2009年	2010年
实收资本年初余额	126.07	189.11	208.02
平均实收资本	157.59	198.57	260.03
净资产年末余额	321.92	659.40	740.19
净资产年初余额	302.99	321.92	659.40
平均净资产	312.46	490.66	699.80
资本金收益率	43.99%	32.73%	38.53%
净资产收益率	22.19%	13.25%	14.32%

该企业2010年净资产收益率比2009年上升了1.07%，表明该企业销售额的增长速度超过净资产增长。根据资料可以求得，该企业净资产的增长为42.62%[(699.80－490.66)÷490.66×100%]，而其销售收入的增长为295.78%[(1 076.59－272.02)÷272.02×100%]。净资产收益指标具有很强的综合性，它包含了权益乘数、总资产周转率和销售净利润率这三个指标所反映的内容，可结合它们对该指标进行进一步的分析。

【例7-6】　锦瑞公司是一家五金工具制造商。2011年和2012年年末会计报表的部分项目数据如表7-6和表7-7所示。

表7-6　　锦瑞公司利润表(简表)　　　　　　　　单位:万元

项　目	2011年	2012年
销售收入	590 000	600 000
销售成本	340 000	375 000
毛利	250 000	225 000
销售费用	133 000	141 500
财务费用	—	4 000
税前利润	117 000	79 500
所得税费用	40 000	24 000
税后利润	77 000	55 500

表7-7　　资产负债表(简表)

编制单位:锦瑞公司　　　　2012年12月31日　　　　　　　　单位:元

资　产	期末余额	年初余额	负债和所有者权益	期末余额	年初余额
货币资金	2 000	16 000	短期借款	13 000	0
应收账款	78 000	51 000	应付账款	38 000	30 000

(续表)

资产	期末余额	年初余额	负债和所有者权益	期末余额	年初余额
存货	118 000	74 000	其他应付款	44 000	44 000
			应交税费	24 000	40 000
流动资产合计	198 000	141 000	流动负债合计	119 000	114 000
固定资产	343 500	351 000	长期借款	25 000	0
			实收资本	250 000	250 000
			留存收益	147 500	128 000
总计	541 500	492 000	总计	541 500	492 000

要求：

(1) 利用以上会计报表的数据，分别计算2011年和2012年的总资产息税前利润率、速动比率、应收账款周转率、毛利率、流动比率、资产负债率。

(2) 运用各项财务比率，就该公司的盈利能力、偿债能力及流动资金管理效果进行对比分析并作出评价。

具体分析如下：

(1) 2011年财务比率：

总资产息税前利润率 = (117 000 + 0) ÷ 492 000 × 100% = 23.78%

速动比率 = (16 000 + 51 000) ÷ 114 000 × 100% = 58.77%

应收账款周转率 = 590 000 ÷ 51 000 = 11.6(次)

毛利率 = 250 000 ÷ 590 000 × 100% = 42.4%

存货周转率 = 340 000 ÷ 74 000 × 100% = 4.6(次)

流动比率 = 141 000 ÷ 114 000 = 1.2

资产负债率 = 114 000 ÷ 492 000 × 100% = 23.17%

2012年财务比率：

总资产息税前利润率 = (79 500 + 4 000) ÷ 541 500 × 100% = 15.42%

速动比率 = (2 000 + 78 000) ÷ 119 000 × 100% = 67.23%

应收账款周转率 = 600 000 ÷ 78 000 = 7.7(次)

毛利率 = 225 000 ÷ 600 000 × 100% = 37.5%

存货周转率 = 375 000 ÷ 118 000 = 3.2(次)

流动比率 = 198 000 ÷ 119 000 = 1.67

资产负债率 = (119 000 + 25 000) ÷ 541 500 × 100% = 26.59%

(2) 运用各项财务比率，就该公司的盈利能力、偿债能力及流动资金管理效果进

第七章 企业盈利能力分析

行对比分析并作出评价。

首先，该公司总资产息税前利润率、毛利率都明显下降，说明该公司盈利能力在减弱。其次，该公司流动比率、速动比率有所上升，说明短期偿债能力有一定增强，但是随着资产负债率的上升该公司的长期偿债风险加大。

该公司两个周转率指标都在下降，说明资产运营能力下降，使得流动资产沉淀较多，同时也引起流动性比率的升高。该公司应进一步开拓市场，加快销售步伐，从而引起各方面指标的好转。

四、与现金净流量有关的盈利能力分析

(1) 主营收入现金含量，为经营活动赚取收益与主营业务收入之比，表示每1元主营业务收入能带来的现金净流入有多少。其计算公式为：

主营收入现金含量＝(经营活动产生的现金流量净额÷主营业务收入)×100%

(2) 全部资产现金回收率，用于衡量全部资产能带来的现金净流入有多少，为经营活动赚取收益与全部资产之比。其计算公式为：

全部资产现金回收率＝(经营活动产生的现金流量净额÷全部资产)×100%

(3) 盈利现金比率，为经营活动赚取收益与净利润之比，用于衡量每1元净利润能带来的现金净流入有多少。其计算公式为：

盈利现金比率＝(经营活动产生的现金流量净额÷净利润)×100%

(4) 投资收益现金含量，反映投资收益中含有多少变现收益，用以表示企业从投资活动中赚取的现金收益与账面收益的比例关系。其计算公式为：

投资收益现金含量＝(投资活动产生的现金流量净额÷投资收益)×100%

(5) 每股现金流量，用以表示企业从经营活动中赚取的现金收益与普通股平均股数的比例关系。其计算公式为：

每股现金流量＝(经营活动产生的现金流量净额－优先股股利)÷普通股平均股数

第三节 上市公司盈利能力分析

作为证券市场的基础，上市公司的盈利能力直接影响投资者的投资收益和投资信心。上市公司拥有比非上市公司优越的条件，其盈利能力在很大程度上影响着国民经济发展的速度和质量。因此，对上市公司的盈利能力进行分析，既有利于证券市

场的发展壮大,又能对国民经济的健康发展产生积极意义。

随着上市公司的增多与股市的发展,利益相关者对股份制公司盈利能力进行分析的需求增加。对上市公司的盈利能力进行分析,由于其自身的特点,其获利能力除了可以用前面介绍的非上市公司盈利能力分析的方法,即一般盈利能力分析方法进行分析外,还可以用一些特殊的指标分析方法进行分析,尤其是用一些与公司股票价格或市场价值相关的指标分析。这些特殊的指标分析方法具体说来有以下几种。

一、每股收益

（一）基本每股收益

1. 基本每股收益的含义

基本每股收益又称每股盈余,是本年度企业普通股的收益与发行在外的普通股加权平均数的比值,是评价上市公司盈利能力最基本和最核心的指标,是影响股票价格变化的重要财务指标之一。其计算公式为:

基本每股收益＝（净利润－优先股股利）÷发行在外的普通股加权平均数
　　　　　　＝（普通股权益÷流通股数）×[（净利润－优先股股利）÷普通股权益平均额]
　　　　　　＝每股账面价值×普通股权益报酬率

式中,普通股加权平均数的计算应以流通时间为权数。在实务中,如因增发新股等原因使得发行在外的普通股股数发生变化,则必须使用加权平均法计算,即发行在外的普通股加权平均数 ＝ $\sum$（发行在外普通股股数×发行在外月份数）÷12。目前,在我国上海证券交易所和深圳证券交易所上市的股票都是普通股股票,所以暂不存在优先股股利。

2. 基本每股收益的分析

普通股每股收益将资产负债表和利润表联系起来,较好地反映了股东权益性投入所获得的报酬。通常情况下,该指标越高,表明企业每一普通股所能取得的收益越多,投资的盈利能力越强,说明企业经济效益好;反之,每股收益越低,表明企业获利能力差,每一普通股所获得的利润越少,股东的投资收益水平较低。该指标直接影响短期投资者在二级市场的收益,因为每股收益还是反映或确定上市公司股票价格的主要参考指标。在其他因素不变的情况下,每股收益越高,股票市价则越高,股票的市价上升空间越大;反之,每股收益越低,股票市价则越低,股票的市价上升空间越小。此外,该指标还影响长期投资者对股本获利能力的评价。

在进行分析时,该指标可以在不同期间比较,了解该公司盈利能力的变化趋势,更深入地分析出变动的原因,找到改善企业收益状况的措施;可以将经营业绩与盈利预测比较,了解该公司的管理能力;可以与同行平均水平或同行特定企业水平比较,即进行横向比较,明确变动原因是行业原因还是企业自身原因。但是,该指标也存在一些局限性:因为不同股票每股收益的投入量不同,所以该指标不便于在公司之间进行比较;在反映每股收益变动时,不能反映相应的公司财务风险的变化;不能反映股东实际分到股利的多少,这是因为分红的多少还取决于公司的股利分配政策。

3. 举例

【例7-7】 已知2009年度某公司股票的变动情况如下:

(1) 1月1日,普通股股票发行数为2 500万股。

(2) 4月1日,追加发行普通股股数为500万股。

(3) 10月1日,回购股数为1 000万股。

该公司发行在外的普通股加权平均数计算为:

$$2\,500 + 500 \times 9 \div 12 + 1\,000 \times 3 \div 12 = 3\,125(万股)$$

ABC股份有限公司2009年发行在外的普通股股数变动及净收益情况如下:

2009年7月30日,本公司采取向原A股股东按持股比例优先配售,剩余部分以网上、网下定价发行相结合的方式发行18 910.69万新股,每股发行价格为15.75元。公司股本总数由189 106.99万股增加至208 017.68万股。经深圳证券交易所同意,本公司本次公开增发的共计18 910.692 2万股人民币普通股于2009年8月12日起上市交易。另外,归属于本公司普通股股东的净利润为189 190.183万元。

发行在外的普通股加权平均数计算为:

$$189\,106.99 + 18\,910.69 \times 4 \div 12 = 195\,410.55(万股)$$

该公司普通股每股收益计算为:

$$基本每股收益 = (净利润 - 优先股股利) \div 发行在外的普通股加权平均数$$
$$= 189\,190.183 \div 195\,410.55 = 0.97(元)$$

对每股收益进行分析,既可以进行公司间的比较,评价公司的相对盈利能力;也可以进行不同时期的比较,了解该公司盈利能力的变化趋势;还可以进行经营实际业绩和盈利预测的比较,掌握该公司的管理能力。在净利润既定的情况下,影响每股收益的因素是报告期普通股总股本,因为某种需要,过度的或超过净利润增长幅度的股本扩张对每股收益是重要的扣减因素。

然而,每股收益指标也具有局限性,因为每股收益没有考虑为达到一定的盈余水平所需要的资产或资本数额。如果两个公司具有相同的每股收益,但A公司的资产或资本是B公司的两倍,那么这两个公司的盈余能力实际上是不同的,B公司比A公司的盈余能力实际高一倍。同理,如果向外发行股数不同,相同的净收益也会产生不同的每股收益。

（二）稀释性潜在普通股

稀释性潜在普通股是指假设在报告期或以后期间转换为普通股会减少每股收益的潜在普通股，主要包括可转换公司债券、认股权证和股份期权等。它们一旦转为普通股，将使普通股每股收益降低。企业存在稀释性潜在普通股的，需要对归属于普通股股东的当期净利润和发行在外的普通股加权平均数进行调整，即对基本每股收益指标的分子与分母进行调整。

计算稀释性每股收益时，需要对基本每股收益指标的分子进行调整的项目有：当期已确认为费用的稀释性潜在普通股的利息，以及稀释性潜在普通股转换时将产生的收益或费用。同时，需要对基本每股收益指标的分母进行调整，将其调整为当期发行在外的普通股加权平均数与假定稀释性潜在普通股转换为已发行普通股而增加的普通股股数的加权平均数之和。

二、每股净资产

（一）每股净资产的含义

每股净资产又被称为每股账面净值或每股权益，是期末股东权益与期末发行在外的普通股股数的比值，反映发行在外的每股普通股所代表的期末的账面价值，在理论上提供了股票的最低价值。其计算公式为：

$$每股净资产 = 期末股东权益 \div 期末发行在外的普通股股数$$

（二）每股净资产的分析

净资产的多少是由股份公司经营状况决定的，公司的经营业绩越好，其资产增值越快，股票净值就越高（净资产越多），从而股东拥有的权益也越多。因此，每股净资产可用于反映公司盈利能力的强弱，反映公司的财务实力。股票的净资产水平越高，则股票价格必然上涨；反之，每股净资产越少，代表股东共享的权益越少，股票价格上涨较慢甚至下降。所以，每股净资产是决定股票价格走向的主要依据。同时，它还在理论上提供了股票最低市价的参考依据，若公司的股价低于净资产的成本，说明公司已无存在价值。

该指标使用历史成本计量，反映了股票的账面价值，如果企业的经营时间较长又没有定期进行资产评估，那么其反映的账面价值将与股票的发行价值、市场价值之间存在较大的差异，不能反映净资产的实际产出能力，因此，在实务中的使用有限。

此外，该指标可与公司的股票价格进行比较，评价公司价值的大小，评价投资价值与投资风险的大小。如果净资产的成本高于当期公司股票的价格，又接近于其变现价值，则表明公司已没有存在的价值，此时，股东最好的选择是进行清算。为了使每股净资产更具有说服力，克服净资产作为企业静态资产概念存在一定变数的缺陷，

第七章 企业盈利能力分析

应该对该指标进行趋势分析,观察其动态变化趋势,衡量公司的发展潜力。

分析该指标时,应结合公司的资本结构状况,只有在合理的资本结构下,具备良好的盈利能力,保持良好的财务状况时,该指标越大,才能说明公司的股票投资价值与发展潜力越大。

(三) 举例

【例 7-8】 某公司年末发行在外的普通股股数为 12 000 万股,年末股东权益为 15 600 万元,则该企业的每股净资产可计算为:

$$每股净资产 = 15\,600 \div 12\,000 = 1.3(元)$$

三、每股股利

(一) 每股股利的含义

每股股利是指本年度股利总额与年末普通股股份总数的比值,反映每一普通股取得的现金股利是多少,反映股东实际取得的收益,是评价公司盈利能力的主要指标。其计算公式为:

$$每股股利 = 股利总额 \div 年末普通股股份总数$$

其中,年末普通股股份总数是实际发行在外的股份数。

(二) 每股股利的分析

该指标用于反映除去公司用于再投资部分,股东投资每一普通股所获得的报酬。该指标越高,表明投资于每一普通股所获得的报酬越多,公司股本的盈利能力越强;反之,越弱。此外,每股股利比前面提到的每股收益指标,更为直接地反映了股东所获报酬的多少。

公司的税后利润在扣除公积金等之后,才进行股利分配,所以,每股股利的多少除了受公司盈利能力强弱的影响之外,还受公司股利发放政策的影响。因此,每股股利还可以用于反映公司对资金的需要情况。

(三) 举例

【例 7-9】 某公司 2010 年决定发放股利总额为 4 200 万元,该公司普通股总数为 1 400 万股,未发行优先股,则每股股利计算为:

$$每股股利 = 4\,200 \div 1\,400 = 3(元)$$

四、市盈率

(一) 市盈率的含义

市盈率(Price-Earning Ratio,缩写为 P/E),也被称为价格与收益比率,是普通股每股市价与普通股每股收益额的比率,可用于判断某股票对股民是否具有吸引力,预测某股票的发行价格,用来估计股票投资报酬和风险,是投资者作出投资决策最常用的指标之一。因此,该指标往往受到股票市场投资者的特别关注。其计算公式为:

$$市盈率 = 普通股每股市价 \div 普通股每股收益额$$

其中,普通股每股市价是指普通股在证券市场上的买卖价格,往往采用年度平均价格。

（二）市盈率的分析

市盈率反映投资人对股票每1元收益所愿意支付的价格,可用来判断企业股票与其他企业股票相比较潜在的价值,是评价上市公司获利能力的一个重要财务比率。从公式可以看出,市盈率比每股收益更令人信服,这是因为前者既考虑了股民按市场价支付的股本额,又考虑了普通股每股收益,而后者仅仅考虑了普通股每股收益。

仅从市盈率高低的横向比较看,普通股的市盈率高,说明公司的收益增长潜力大,投资者预期获得的回报高;反之,说明公司的发展前景不被看好。综合起来看,在市价确定的条件下,普通股每股收益越高,市盈率越低,投资风险越小;反之,市盈率越高,投资风险越大。也就是说,市盈率可以反映企业股票的投资报酬和风险大小。在每股收益确定的条件下,普通股每股市价越高,市盈率越高,投资风险越小;反之,市盈率越低,投资风险越大。因为市盈率与期望投资报酬率的乘积为1,而一般的期望投资报酬率为5%～10%,所以正常的市盈率为10～20倍。同时,应该注意到市盈率过高的股票,其投资风险也较高。

应该对该指标进行趋势分析,对公司股票的市盈率进行长期观测,以克服投机炒作等因素对市价产生的影响。此外,有时市盈率高,并非意味着该公司的发展潜力大,可能是因为每股收益很低引起的,这种情况下会对投资者进行决策产生误导。因此,分析公司盈利能力时,不能仅仅依据单一指标数字,应该综合多种有关信息进行评价,如整个经济环境、政府宏观政策、行业发展前景等因素。

不同行业的市盈率不具有可比性。通常情况下,新兴行业发展机会多,市盈率普遍较高,而成熟工业该指标普遍较低。另外,该指标受净利润的影响,净利润又受企业不同会计处理的影响,使得该指标在公司间不具有可比性。

（三）举例

【例7-10】某公司年末普通股每股市场价格为5元,年末实现净利润2 400万元,发行在外的普通股股数年初数与年末数均为12 000万股,则该企业的市盈率的相关计算为:

$$普通股平均股数 = (12\,000 + 12\,000) \div 2 = 12\,000(股)$$
$$每股收益 = 2\,400 \div 12\,000 = 0.2(元)$$
$$市盈率 = 5 \div 0.2 = 25$$

第七章 企业盈利能力分析

五、股利支付

(一) 股利支付的含义

股利支付率是普通股每股现金股利与普通股每股收益的比率,用于反映公司当年的净利润中有多少用于股利分配。其计算公式为:

$$股利支付率 = 普通股每股现金股利 \div 普通股每股收益 \times 100\%$$
$$= (每股市价 \div 每股收益) \times (每股股利 \div 每股市价)$$
$$= 市盈率 \times 市价股利率$$

(二) 股利支付率的分析

计算该指标时,分子与分母采用的股份数不同。股利支付率反映了普通股股东从每股收益中所分到的数额有多少,反映了公司的股利分配政策,反映了公司支付股利的能力。股利支付率具体值的确定受公司自身资金需求量与股民意愿的影响,在不同行业、不同公司之间没有可比性。

因为净收益等于现金股利与当期留存收益之和,所以,股利支付率与留存收益率之和为1,计算出股利支付率也相当于计算了留存收益率。股利支付率高,留存收益就偏低,说明公司将普通股收益的大部分分给了股民,企业用于扩大再生产的自有资金减少,股东得到的实际收益增加;反之,亦然。短期投资者希望获得较多的分红,而长期投资者希望把收益较多地留给企业,用于扩大再生产,在未来获得最大的股利收入。

从公式可以推导出,该指标等于股利与市价比率和市盈率的乘积。在股利与市价比率一定的情况下,市盈率越高,股利支付率越高;在市盈率一定的情况下,股利与市价比率越高,股利支付率越高。短期投资者倾向于关心股利与市价比率,而长期投资者倾向于关心市盈率。该指标的高低与公司股利政策、盈利能力和发展前景有着密切的关系。一般当公司面临较好的投资机会或公司处于发展期时,其股利支付率较低。

六、市净率

(一) 市净率的含义

市净率是普通股每股市价与每股净资产的比率,反映了股票市价相当于每股净资产的倍数关系,体现出市场对公司资产质量的评价,可用于判断股份公司的投资价值与投资风险。其计算公式为:

$$市净率 = 普通股每股市价 \div 每股净资产 \times 100\%$$

(二) 市净率的分析

市净率可以反映股份公司投资价值和投资风险的大小,可用于投资分析。一般而言,市净率越高的股票,市价相对于每股净资产越高,表明其投资风险越小,市场对公司资产质量的评价良好,投资者愿意支付较高的价格来投资该公司;反之,市价相对于每股净资产越低,表明其投资风险越大,投资者只愿支付较低的价格来投资该公司。

每股净资产反映了股票的账面价值,它采用成本计量,而每股市价是这些资产的现值,是市场交易的结果。因此,当前者低于后者时,公司资产质量好,发挥前景好;反之,则表明公司资产质量差,没有发展潜力。投资者可以根据市净率进行投资分析。一般认为,市净率达到3时,公司形象较好,优质股票的市价通常会高出每股净资产很多。当然,也不能完全否定市价低于每股净资产的股票,如果这样的公司在以后还会出现转机或通过债务重组盈利能力得到提高,还是有一定购买价值的。

该指标也存在一定的不足之处,其计算公式的分子与分母,前者采用的是市场数据,后者采用的是历史数据,两者的口径不一致,影响指标的说服力。与市盈率指标侧重于从股票的获利性角度进行分析不同,市净率指标侧重于从股票的账面价值考虑。

在对一个企业的盈利能力进行分析与评价时,不能仅仅依靠指标数据本身,还应结合相关的其他报表资料,通过阅读附注注意查看留存收益项目中是否包含"前期调整"等项目。如果发现这些项目,在进行盈利能力分析时,根据分析的需要,就要予以考虑,决定是否将这些项目或其中的一部分用于调整利润表上反映的利润,以作为基本盈利能力分析的补充,使得分析更加准确。

对上市公司来说,其所处的行业对盈利能力有着非常显著的影响。其所在行业中存在的竞争力量、市场结构类型、行业的生命周期、行业的经济效益等因素,都是影响其盈利能力的重要因素。所以,对于各行业上市公司来说,要想提高盈利水平,一定要提高竞争力,延长行业所处的生命周期,努力达到行业间报酬平均化,依靠资源的自由流动,扩大生产规模,降低成本,最终实现规模效应。

本章小结

盈利能力又被称为获利能力和企业的资金或资本增值能力,是企业在一定时期内利用各种经济资源赚取利润的能力,往往表现为一定时期内企业收益数额的多少及其水平的高低。盈利能力的影响因素主要有企业的资本结构、营销能力、成本费用管理水平、人力资源管理水平、市场定位能力和风险管理水平等。了解影响盈利能力的因素,有利于相关者有针对性地改善企业盈利能力,增强企业竞争力。

一般来说,盈利能力分析就是要从各个角度对企业获取利润的能力进行分析,主要包括非上市公司盈利能力分析和上市公司盈利能力分析。其中,非上市公司盈利能力分析又包括:与销售有关的盈利能力分析、与资产有关的盈利能力分析、与资本有关的盈利能力分析、与现金净流量有关的盈利能力分析以及与社会贡献有关的盈利能力分析等。对上市公司的盈利能力进行分析,除了可以用非上市公司盈利能力分析的方法进行分析外,还可以用一些特殊的指标分析方法进行分析,尤其是用一些与公司股票价格或市场价值相关的指标分析。

反映盈利能力的指标有很多,如销售毛利率、销售净利率、总资产收益率、净资产收益率、每股收益、每股净资产等,其中,最具有代表性的基本指标是总资产收益率和净资产收益率。

复习思考题

一、简答题

1. 如何计算基本每股收益和稀释每股收益?对每股收益进行分析时,应注意哪些问题?
2. 企业盈利能力分析可以分为哪两个部分?
3. 对总资产收益率产生影响的因素有哪些?提高总资产收益率的途径是什么?
4. 影响销售净利率的因素有哪些?

二、计算分析题

1. 甲公司销售收入为 1 000 万元,销售毛利率为 50%,销售净利率为 20%,存货周转率为 5 次,期初存货为 100 万元,期初应收账款余额为 120 万元,期末应收账款余额为 80 万元,流动比率为 2,速动比率为 1.5,流动资产占资产总额的比重为 40%,资产负债率为 50%,该公司的普通股股数为 50 万股,每股市价是 25 元。

要求:
(1) 计算应收账款周转率。
(2) 计算总资产净利率。
(3) 计算每股利润。

2. ABC 公司 2010 年和 2011 年的有关财务数据如表 7-8 所示。

表 7-8　ABC 公司有关财务数据表　　　　单位:万元

项目	2010 年	2011 年
资产总额	10 000	12 000
所有者权益	4 000	6 500
主营业务收入净额	20 000	22 000
净利润	500	800

要求:根据上述财务数据计算 ABC 公司 2011 年的净资产收益率、销售净利率、资产周转率和权益乘数指标。

3. 某公司2012年度财务报表的主要资料如表7-9和表7-10所示。

表7-9　资产负债表(简表)

2012年12月31日　　　　　　　　　　　　　　　　　单位:万元

资产		负债和所有者权益	
项目	期末余额	项目	期末余额
现金(年初764)	310	应付账款	516
应收账款(年初1 156)	1 344	应付票据	336
存货(年初700)	966	其他流动负债	468
流动资产合计	2 620	流动负债合计	1 320
固定资产净额(年初1 170)	1 170	长期负债	1 026
		实收资本	1 444
资产总计(年初3 790)	3 790	负债和所有者权益总计	3 790

表7-10　利润表(简表)

2012年　　　　　　　　　　　　　　　　　　　　　单位:万元

项目	金额
销售收入	6 430
销售成本	5 570
毛利	860
管理费用	580
利息费用	98
税前利润	182
所得税费用	72
净利	110

要求:

(1) 计算填列下表的该公司财务比率(天数计算结果取整)。

(2) 与行业平均财务比率比较,说明该公司经营管理可能存在的问题(行业平均财务比率如表7-11所示)。

表7-11　财务比率计算表

比率名称	本公司	行业平均数
流动比率		1.98
资产负债率		62%
已获利息倍数(倍)		3.8

（续表）

比率名称	本公司	行业平均数
存货周转率（次）		6
平均收现期（天）		35
固定资产周转率（次）		13
总资产周转率（次）		3
销售净利率		1.3%
资产净利率		3.4%
权益净利率		8.3%

4. ABC 公司的部分报表资料如下：2010 年年初有普通股 700 万股；6 月 1 日，以股票股利方式发行 200 万股；7 月 1 日，增资发行 300 万股；2010 年实现净利润 4 000 万元，支付优先股股利 300 万元。

要求：计算该公司 2010 年的每股收益。

第八章 企业发展能力分析

学习目标

1. 了解企业发展能力的含义、分析意义以及常用的分析方法
2. 理解并掌握企业发展能力指标分析
3. 理解并掌握企业发展可持续性分析
4. 重点掌握各发展能力分析指标的计算方法,并能熟练运用各指标对企业的发展能力进行分析

小肥羊餐饮连锁有限公司(以下简称"小肥羊")采取的直营与加盟相结合的模式,使其在成立后的10年时间里快速扩张。资产的增加需要资金的支持,小肥羊在快速发展的历程中,一直以权益融资作为外部融资的主要方式,很少利用负债融资。2001年7月至2002年12月,吸收新股东,引入被动投资者,注册资本增加为3 000万元;2004至2005年,稀释股权,实现中层管理人员持股,到2005年,公司总股本达到6 370万元,登记股东49人;2006年6月,引进战略投资者,小肥羊引入了欧洲两家最大的风险投资机构,还引入了员工持股计划;2008年6月,在香港成功上市,融资2.24亿港币,成为内地首家在香港上市的品牌餐饮企业,被誉为"中华火锅第一股"。截至2010年1月31日,公司拥有431家连锁店,其中包括157间自营餐厅及274间特许经营餐厅,并在美国、加拿大、日本、中国香港、中国澳门等地拥有20多间餐厅。在高速发展过程中为应对风险,更好地提高自己的竞争力,小肥羊不断地调整自己的经营模式发展战略。小肥羊对700多家店面进行调整,最后只剩下一半,帮助企业完成了由速度向高度的转变。对于下一步的发展,小肥羊相继将日本和美国点的股权转让给加盟商,将直营店改为加盟店,并将重心调整为:国外以加盟为主,国内以直营为主。

第八章 企业发展能力分析

第一节 企业发展能力概述

一、发展能力的含义

企业作为一个营利性的组织,想要在市场竞争中立于不败之地就必须不断发展,而发展也是实现企业财务管理目标的重要前提。发展能力又称企业的成长性,是指企业的生产经营在以后期间的发展趋势和发展水平,是企业通过自身的生产经营活动,不断扩大积累而形成的发展潜能,包括企业的资产、营业收入、收益等方面的增长趋势和增长速度。不断增长的营业收入、资金投入和利润形成了企业的发展能力,最终增加企业的价值。价值最大化是现行企业财务管理的目标,基于此目标企业发展的内涵是价值的增长,企业价值的增长分析应当是企业发展能力分析的核心。企业的发展应该是在资产规模扩大的同时带来留存收益的稳步提高,同时又能成功的回避风险,最终实现企业价值的增长。

企业的发展呈现多种形态,具体来说,包括平衡发展、过快发展、失控发展、负债发展、周期性发展、低速发展、慢速发展。

(一)平衡发展

(1)企业营业利润增长率高于通货膨胀率。

(2)当年销售利润能够支付管理费用、财务费用、流动资金需求并有盈余用于企业发展投资。

(3)企业资金结构合理,财务费用不超过一定标准。

(二)过快发展

(1)营业额增长很快,而存货和应收账款也相应增长,且后两项增长比营业额快。

(2)企业运营资金需求增加,但企业没有足够的资金来源来满足资金的需求,从而常常出现现金支付困难。

(三)失控发展

(1)企业市场需求增长很快,企业预期增长势必将持续,因而企业通过借款来支持这种增长。

(2)企业资金结构不合理,营运资金为负。

(3)一旦市场需求减少,因生产能力已经扩大,固定费用支出增加,企业出现销售困难,难于及时调整结构,发展出现失控。

(四)负债发展

(1)企业盈利很低,却决定大量举债投资。

(2) 营运资金为正,营运资金需求也大量增加,但企业利润增长缓慢。
(3) 这是一种不平衡的冒险发展,因企业自我发展能力很低,却有大量借款。

(五) 周期性发展

(1) 企业发展随经济周期的变化而变化,如冶金行业,企业经济扩张时期发展很快,盈利较好,在需求不足时期,盈利下降,发展速度放慢。
(2) 这种企业的投资以长期发展趋势来定,企业固定费用增加很容易使企业陷入困境。

(六) 低速发展

(1) 企业盈利率较低。
(2) 没有新增生产能力,也没有新产品进入市场。
(3) 企业投资已经收回。
(4) 流动资金和流动负债均没有增长。
(5) 这种企业对竞争很敏感,企业的投资与发展没有保障。

(七) 慢速发展

(1) 企业主动减少投资,企业营业额增长放慢。
(2) 但企业流动资产仍有增长。
(3) 可能是企业产品竞争能力降低,也可能是企业盈利率降低,难于再投资。
(4) 有一些企业往往在此时靠增加对外投资来解决困境。

企业在成长时期,大量资金来源于负债。因为高速发展使企业资金发生短缺,在市场前景乐观的情况下,企业便倾向于负债经营,以期望取得收益。但在这一扩张过程中,可能会出现三种情况:一是平衡发展,企业通过收益的增加,不但偿还了负债,而且为企业创造了利润,增加了企业的发展后劲;二是过快发展,企业负债经营,扩大了生产经营规模,但同时加剧了企业资金的短缺,企业面临资金支付困难;三是失控发展,企业增加了固定资产投资,生产规模扩大,市场竞争激烈,但企业的单位成本支出上升,经济效益却下降。

二、进行发展能力分析的意义

传统的财务分析仅仅注重分析企业的偿债能力、营运能力和盈利能力分析,这只是从静态的角度对企业的财务状况进行的分析,在日益激烈的市场竞争中,单纯的静态分析是远远不够的,也是不合理的。因为企业的价值是由企业未来的发展能力决定的,而不是企业过去或现在的收益状况。无论是增强企业的盈利能力、偿债能力还是营运能力,都是为了企业未来生存和发展的需要,都是为了提高企业的发展能力,也就是说企业未来的发展能力是企业偿债能力、营运能力和盈利能力的综合体现。因此,应该从动态的角度更深入地分析企业的发展能力,从总体上把握企业的发展水

平,为预测企业今后的发展提供依据,全面衡量一个企业的价值。对企业的发展能力进行分析,具体体现在以下几个方面:

(1) 对于债权人来说,通过分析企业长期的和持续的发展能力,可以了解企业的持续经营状况,从而了解长期债权安全性的高低,了解其债权保障程度的高低。其分析的侧重点是与企业过去成长有关的资料。

(2) 对于投资者来说,通过分析企业长期的和持续的发展能力,可以了解企业的生存能力和持续发展状况,了解企业创造股东价值的能力,了解该公司的投资价值,从而作出相应的投资决策。因此,企业投资者在分析利润表时应该注重企业发展能力的分析。对于风险型的长期投资者来说,会特别关注企业的投资价值。投资者分析的侧重点是股票价值预计成长率、收益和股利变化的期望值等方面。

(3) 对于企业管理者来说,要使企业取得成功,就不能仅仅关注当前的经营能力和利润,更应该注意企业资产的增值保值状况,关注企业长期的和持续的发展能力。通过分析企业长期的和持续的发展能力,能够找出影响企业发展的关键因素,从而采取相应地经营策略和财务策略,促进发展能力的改善,最终增加企业的价值;可以从一定程度上抑制企业管理者的短期行为,真正提升企业的经济实力,完善现代企业制度和现代企业的理财目标。因此,企业管理者在分析利润表时应该注重企业发展能力的分析。其分析的侧重点是企业的销售收入、收益以及股利成长率等方面。

三、发展能力分析的常用方法

从财务角度看,发展能力是提高盈利能力最重要的前提,也是实现企业价值最大化的基本保证。企业只有在发展中才能真正地生存,才能稳定地获利。长期以来,评价企业的重心一直停留在获利能力和营运能力上,但随着经济形势的不断发展和变化,发展能力逐渐引起大家的重视。选择适当的指标,公正客观地评价企业的发展能力也成了作出投资决策的前提之一。

衡量企业发展能力的核心是企业价值增长率,但企业价值评估存在着方法和实施上的困难,因此通常用净收益增长率来近似地描述企业价值的增长,并将其作为企业发展能力分析的重要指标。对企业发展能力的分析可以不去计算企业价值的增长率,而仅对影响企业价值增长的因素进行分析。影响企业价值增长的因素主要有销售收入、资产规模、净资产规模、利润和股利以及资产使用效率等。

(1) 对销售收入增长的分析。销售是企业价值实现的途径,企业销售的稳定增长,才能不断增加收入。一方面收入的增加意味着企业的发展,另一方面充足的资金有利于企业提高产品竞争能力、扩大市场占有率,促进企业的进一步发展。

(2) 对资产规模增长的分析。资产是取得收入的保障,资产增加是企业发展的一个重要方面。在总资产收益率固定或增长的情况下,资产规模与收入规模存在着同向变动的关系。总资产的现有价值也反映着企业清算可获得的现金流入额。

(3) 对净资产规模增长的分析。净资产积累得越多,企业资本的保全性越强,其应对风险和持续发展的能力越强。在净资产收益率不变或增长的情况下,企业净资产规模与收入规模存在着同向变动的关系。净资产规模的增长反映着企业不断有新的资本或收益留存,反映了所有者对企业的信心增强,在过去的经营活动中有较强的盈利能力,这就意味着企业的发展。净资产增加为企业负债融资提供了保障,提高了企业的筹资能力,有利于企业获得进一步发展所需的资金。

(4) 对利润和股利增长的分析。利润的增长直接反映了企业的积累状况和发展潜力。股利是企业所有者获利的来源之一,虽然企业的股利政策要考虑到企业面对的各种因素,但股利的持续增长一般被投资者理解为企业的持续增长。

(5) 对资产使用效率的分析。企业资产使用效率越高,其利用有限资源获得收益的能力就越强。如果企业资源使用效率较低,即使资产或资本规模能以较快速度增长,也不会带来企业价值的快速增长。企业在财务分析中,要注意到不同企业的发展策略是不同的。有的企业采用的是外向规模增长的政策,通过进行大量的并购活动,公司资产规模迅速增长,但短期内并不一定带来销售及净收益的同样增长,这一类型的企业分析的重点在企业资产或资本的增长指标上;有的企业采取的是内部优化型的增长政策,在现有资产规模的基础上,充分挖掘内部潜力,在降低成本的同时,提高产品竞争力和服务水平,这一类型企业发展能力反映在销售和净收益的增长上面,而资产规模及资本规模则保持稳定或缓慢增长,因而这一类型企业发展能力分析的重点应放在销售增长及资产使用效率上面。

总之,企业财务分析是一个动态与静态相结合的分析过程,从静态和动态两方面分析和预测企业的发展前景,能够全面地衡量企业的价值。进行发展能力分析时,一般都是从企业的经营规模、财务成果增长情况角度进行的,通过对企业价值驱动因素的分析、比较,发掘具有较强发展能力的企业。通常以资产负债表、利润表为根据,计算一系列的指标,包括:销售增长指标,如销售(营业)增长率、销售(营业)收入3年平均增长率等;资产规模增长指标,如总资产增长率、固定资产成新率等;利润增长指标,如营业利润增长率、净利润增长率等;资本扩张指标,如资本积累率、资本3年平均增长率、资本保值增值率等;其他指标,如股利增长率等。然后,与相关评价标准进行比较,判断企业发展能力的高低。

但仅仅利用某一指标进行单一分析是不够的,其增长率并不一定与企业的价值增长能力保持同步,企业指标的增长率可能先于企业价值的增长,这将无法反映企业真正的发展能力。因此,还应该结合其他指标进行分析;对指标进行趋势分析,从而判断企业的变化趋势;或进行同行业的横向比较分析;或进行特定企业的横向比较分析,从而找出差距的原因,采取相应的改善措施或方法。

第八章　企业发展能力分析

这些指标虽然较全面地反映了企业在过去一定时期内的整体发展情况,而且数据的取得较为容易,计算比较直观,为评价企业的发展能力提供了多角度的信息,但也存在着一定的不足。例如,各因素的增长与企业发展的关系无法从数量上确定,而且也不能深层次解释企业的发展能力与现有的经营效率、资本结构的关系等。因此,在评价企业的发展能力时,除了这些传统的评价指标外,还应当引入新的指标,可持续增长率就是其中之一。

第二节　企业发展能力指标分析

一、销售(营业)增长率

(一) 销售(营业)增长率

销售与企业的发展息息相关,一个企业只有实现其营业收入的不断增长,利润增长率才有保障,企业才能在一个稳固持续的基础上扩大规模。因此,应对销售增长情况进行分析。在各种衡量企业发展能力的财务指标中,销售(营业)增长率指标是最关键的。

1. 销售(营业)增长率的含义

销售(营业)增长率是企业本期营业收入增加额与上期营业收入的比率,用来反映企业在销售方面的成长能力,是衡量企业成长状况和发展能力的重要指标。其计算公式为:

$$销售(营业)增长率 = 本期营业收入增加额 \div 上期营业收入 \times 100\%$$

其中　　本期营业收入增加额 = 本期营业收入总额 - 上期营业收入总额

2. 有关销售(营业)增长率的分析

销售(营业)增长率反映的是企业某个期间的整体销售增长情况。一个企业的销售状况越好,表明企业的生存和发展空间越大;一个企业的营业收入增长越快,表明企业生存发展能力提高得越快。所以,销售(营业)增长率也可以用来评价企业的市场占有能力,预测企业经营业务拓展趋势,从而衡量企业的成长状况。若该指标大于零,则表示企业产品附加值高,市场占有能力强,当期营业收入增长;该指标越高,说明企业在该期间营业收入的增长速度越快,企业竞争能力越强、产品市场占有率越高,企业越有发展潜力,市场前景越好。若该指标小于零,则表示企业市场份额减少,本期的营业收入减少,在经营管理或产品方面存在问题。

在评价企业营业收入方面的可持续发展能力时,仅仅利用销售(营业)增长率是不够的,还应该结合企业的资产状况,来分析营业收入增长的效益性。如果企业营业收入的增长主要依靠资产的相应增长,而不是依靠企业自身销售能力、市场占有能力的增强,那么在这种情况下的营业收入的增长就无效益性,也不能说明企业在销售方面具有良好的成长性。企业自身销售能力、市场占有能力的增强主要体现在销售更多的产品或服务,或产品价格的提高,或销售新的产品和服务。

因此,在评价企业营业收入方面的可持续发展能力时,应该将销售增长率与资产增长率相比较。正常情况下,营业收入增长具有效益性的企业,其销售增长率高于其资产增长率。

另外,要正确判断一个企业在销售方面的成长能力,就要将不同时期的销售增长率进行比较。例如,可以结合企业前几年的销售(营业)增长率作出趋势性分析判断,找出自身发展的规律性以及不足,并采取相应的调整措施。

该指标在实际应用时,应该与行业内其他企业的水平相比较,分析判断在行业中所处的地位,挖掘自身潜力;应结合企业历年的主营业务收入水平、企业市场占有情况、行业未来发展及其他影响企业发展的潜在因素进行前瞻性预测,对企业的发展能力作出更加准确的分析。

3. 举例

【例 8-1】 根据 MDDQ 公司的利润表,计算其 2008—2010 年销售(营业)增长率,如表 8-1 所示。

表 8-1 MDDQ 公司销售增长率计算 单位:千万元

项 目	2008 年	2009 年	2010 年
本期营业收入总额	32.37	272.02	1 076.59
上期营业收入总额	25.89	32.37	272.02
本期营业收入增加额	6.48	239.65	804.57
销售(营业)增长率	25.03%	740.35%	295.78%

为排除销售(营业)短期业务异常波动对企业发展潜力判断产生的影响,可以计算几年的销售(营业)收入平均增长率,用长期指标代替短期指标,在实务中,通常计算 3 年销售(营业)收入平均增长率,反映企业营业收入连续 3 年的增长趋势,反映企业持续发展状态和市场扩张能力。其计算公式为:

$$\text{销售(营业)收入3年平均增长率} = \left(\sqrt[3]{\frac{\text{年末营业收入总额}}{3\text{年前年末营业收入总额}}} - 1\right) \times 100\%$$

该指标为正指标,一般该指标越高,意味着企业经营业务增长趋势越好,市场扩张能力越强。

销售(营业)增长率可以用来衡量企业的产品生命周期,判断企业发展所处的阶段,预测企业的发展前景。一般来说,如果某种产品销售(营业)增长率较高,则说明企业产品处于成长期,将继续保持较好的增长势头,尚未面临产品更新的风险,属于发展型企业;如果某种产品销售(营业)增长率较稳定,没有大幅度波动,说明企业产品已进入成熟期,不久将进入衰退期,需要着手开发新产品;如果某种产品销售(营业)增长率较低,则说明企业产品处于投放期,产品销售规模较小;或者企业已进入衰退期,市场开始萎缩,营业利润开始滑坡,如果没有已开发好的新产品,那么企业将步入衰落,前景不被看好。

(二) 主营业务收入增长率

营业收入包括主营业务收入和其他业务收入,相应的,销售(营业)增长率也可分为主营业务增长率和其他业务增长率,在实际中,主营业务收入增长率较多使用。

1. 主营业务收入增长率的含义

主营业务收入增长率是本期主营业务收入增加额与上期主营业务收入的比率。其计算公式为:

$$\frac{\text{主营业务}}{\text{收入增长率}} = \frac{\text{本期主营业务}}{\text{收入增加额}} \div \frac{\text{上期主营}}{\text{业务收入}} \times 100\%$$

2. 关于主营业务收入增长率的分析

主营业务收入是企业收入的核心部分,具有持续性高、稳定性强的特点,因此,可以选用主营业务收入增长率作为企业发展能力评价指标。主营业务收入增长率反映了主营业务收入相对于去年的增长情况,这是反映企业成长性的重要指标,一般而言,主营业务收入增长率越高,说明企业在该期间营业收入的增长速度越快,企业的市场拓展能力越强,其市场占有率也将越大,企业越有发展潜力;反之,主营业务收入增长率越低,说明企业在该期间营业收入的增长速度越慢,销售情况较差,成长性较低。对销售增长率的其他相关分析,对主营业务收入增长率也适用。

企业销售收入的增长只能说明企业市场占有率或业务规模的拓展趋势,但企业提供毛收入的多少并不代表企业财富同时增长了多少。因此,不能仅仅依据主营业务收入增长率指标数字对企业全面或实质上的发展作出判断,应该结合企业获利能力的指标进行。

对于成熟的行业,如家电行业,企业间竞争激烈,只有整合资源,突出主业,才能降低成本,不断提高主营业务的核心盈利能力和增加主营业务收入,才能在激烈的竞争中稳步发展。

二、资产增长率

资产是企业取得收入的基础,资产的增长是企业发展的一个重要方面,也是实现企业价值增长的重要手段。确保资产的稳定增长是企业发展能力较高的体现,对企业资产增长情况的分析包括绝对增长量和增长率的分析。增长率分析主要包括总资产增长率、固定资产成新率等。

（一）总资产增长率

1. 总资产增长率的含义

总资产增长率是指企业本期资产增加额与上期资产的比率，是用来评价企业资产规模增长幅度的指标，用于衡量企业规模增长水平对企业进一步发展的影响。总资产增长率是企业成长能力指标的重要部分，一般来说，企业的发展需要一定规模的资产相匹配，而且随着企业的发展，企业资产也在不断增长。对于小型企业来讲，规模的扩大，不仅是竞争力的提高，更是企业不断发展壮大的需要。其计算公式为：

$$资产增长率 = 本期资产增加额 \div 上期资产 \times 100\%$$

其中

$$本期资产增加额 = 本期资产额 - 上期资产额$$

2. 有关资产增长率的分析

资产是企业取得收入的来源，代表着企业的实力，资产投入的增加是营业收入增加的来源。在资产报酬率和资产周转率不变的条件下，企业的新增利润与新增资产成正比例关系。因此，资产的稳定增长是企业发展潜力大的标志，资产增长率是一个企业发展能力的首要体现，是从企业资产总量扩张方面衡量企业的发展能力，它表明企业当年资产的增长比例，反映出企业规模的扩大程度对企业发展后劲的影响。正常情况下，处于成长期的企业，其资产规模呈不断增加的趋势。若该指标大于零，表明企业当期资产规模增加，资产增长率越高，说明企业一定时期内资产增长的越多，资产规模扩张的速度越快，发展潜力越大；若该指标小于零，则表明企业当期资产规模缩减。

资产总量的扩张应该注意扩张的质与量之间的关系以及企业的后续发展能力，否则可能导致企业陷入盲目投资的误区。资产规模的扩张并不意味着企业的发展，它仅仅为企业的发展提供了必要的资源条件。资产的使用效率与企业价值增长有着密切的关系，若企业资产使用效率低，企业的资产规模扩大，并不能同时带来企业价值的相应增长。若资产的扩张是建立在高负债基础上的，也并不能说明企业自身发展能力的实际增强。

3. 举例

【例 8-2】 根据某企业的资产负债表，得到其 2011 年和 2010 年的销售资产情况如表 8-2 所示。

表 8-2　某企业 2011 年和 2010 年的销售资产情况　　单位：万元

项　　目	2011 年	2010 年	增长率
营业收入	2 100	1 500	40%
资产	7 000	5 000	40%
负债	5 000	2 500	100%

第八章　企业发展能力分析

由表 8-2 可以看出,该企业的营业收入与资产的增长率都在 40%,但该企业的负债增长了 100%,说明资产的扩张是建立在举债的基础上的。大量对外举债会增加企业的财务风险,当投资收益率不能高于借款利息率的时候,就会产生较大的风险,从而阻碍企业的发展。所以,在该例子中,资产规模的扩大并不能说明企业自身发展能力的实际增强。

因此,分析企业的资产规模增长情况时,不能仅仅依据指标数字,应考虑资产增长的资金来源,是对外举债而扩大规模,还是实现盈利而增加了资产,或者是吸收了新的投资而扩大了资产规模。应该与企业的销售增长情况、利润增长情况相结合,从而评价企业资产规模的增长是否具有效益性:若一个企业的资产规模增长,但营业收入与利润没有实现增长,从长期来看,这种资产规模的增长没有经济价值,并不能说明企业自身发展能力的实际增强。当一个企业的营业收入增长和利润增长超过资产规模的增长时,才属于正常的情况。

应该与同行业的不同企业相比较,明确自身在行业中所处的地位,比较时应注意到不同的竞争战略或发展策略对企业资产的增长率影响不同,进而影响指标的可比性。该指标主要受营业收入和总资产周转率的影响,因此,提高总资产增长率,可以通过以下两种途径:一是提高销售能力,增加营业收入;二是加强资产管理,提高总资产周转率。不同企业的资产使用效率不同,为保持净收益的同幅度增长,资产使用效率低的企业需要更大幅度的资产增长。

不同企业会进行不同的会计选择,使得资产的计量存在差异。另外,受历史成本计量基础的影响,资产总额反映的只是资产的取得成本而不是现时价值。由于一些重要资产无法体现在资产总额中(如人力资产,某些非专利技术等),使得该指标无法反映企业真正的资产增长情况。此外,为了全面、正确地对该指标进行分析,应该将连续几期的该指标进行比较,观察其资产规模的变化趋势是否为不断增长的。

【例 8-3】 根据 MDDQ 公司的资产负债表,计算其 2008—2010 年资产增长率,如表 8-3 所示。

表 8-3　MDDQ 公司资产增长率计算　　　　　　　单位:千万元

项　目	2008 年	2009 年	2010 年
本期资产额	853.04	1 024.67	1 754.20
上期资产额	642.58	853.04	1 024.67
本期资产增加额	210.46	171.63	729.53
资产增长率	32.75%	20.11%	71.20%

资产增长率也有一定的局限性,与销售增长率一样,它也受资产短期波动因素的影响,同样的,为剔除这一因素的影响,我们可以计算资产 3 年平均增长率,以准确地

评价企业较长时期内资产的增长状况。

$$资产3年平均增长率=\left(\sqrt[3]{\frac{年末资产总额}{3年前年末资产总额}}-1\right)\times100\%$$

该指标值大于零,反映企业资产呈现增长趋势,有能力不断扩大生产规模,有较强的发展潜力;该指标值越大,资产增长速度越快,发展的趋势越强。

(二)固定资产成新率

在资产负债表中,资产呈现多种形态,因此,在从资产角度分析评价企业的发展能力时,还可以计算固定资产增长率、流动资产增长率和无形资产增长率,以分别对各类资产的增长情况进行分析。

1. 固定资产成新率的含义

固定资产成新率是企业当期平均固定资产净值同固定资产原值的比率,反映了企业所拥有的固定资产的新旧程度,体现了企业固定资产更新的快慢和持续发展的能力。其计算公式为:

$$固定资产成新率=\frac{平均固定资产净值}{平均固定资产原值}\times100\%$$

式中,平均固定资产净值是指固定资产净值年初数与年末数的平均值;平均固定资产原值是指固定资产原值年初数与年末数的平均值。

2. 关于固定资产成新率的分析

固定资产成新率反映了企业所拥有的固定资产的新旧程度。该指标高,表明企业的固定资产比较新,技术性能较好,可以为企业服务较长时间,对扩大再生产的准备比较充足,发展的可能性较大;反之,该指标值小,表明企业设备陈旧,技术性能落后,近期可能用于重置固定资产的支出越大,将严重制约企业未来发展。

应该注意的是,会计政策的选择性对固定资产成新率有着明显的影响,折旧方法的不同会对固定资产成新率的真实性产生影响;此外,生产经营周期的不同也会对固定资产成新率有着明显的影响,处于不同经营周期的企业的固定资产成新率会明显不同。

三、利润增长率

利润是公司经营业绩的最终结果,是投资者取得投资收益、债权人收取本息的资金来源,是企业管理者经营业绩和管理效率的集中体现,也是企业设施等不断完善的重要保障,所以说利润的增长能够体现出企业的发展能力。利润有多种表现形式,如营业利润、主营业务利润、净利润等。因此利润增长率也可以有多种表现形式,如营业利润增长率、主营业务利润增长率和净利润增长率。企业的利润增长率不仅可以充分地反映出企业盈利的增长,而且还可以综合反映出企业的竞争实力、生存能力和管理水平等,是评价企业成长性的主要指标之一。

(一)营业利润增长率

1. 营业利润增长率的含义

营业利润增长率是一个企业本期营业利润增加额与上期营业利润的比率,用于反映企业营业利润的增减变动情况,是评价企业经营发展和盈利能力状况的综合指标。其计算公式为:

$$营业利润增长率 = 本期营业利润增加额 \div 上期营业利润 \times 100\%$$

其中   本期营业利润增加额 = 本期营业利润额 − 上期营业利润额

2. 有关营业利润增长率的分析

若该指标为正数,表明企业本期营业利润增加,营业利润增长率越高,说明收益增长的越多,其市场竞争能力越强,也就越具有成长性;若该指标为负数,则表明企业收益减少,成长性较差。

收益有多种表现形式,相应的,收益的增长也有多种表现形式。在实务中,除了营业利润增长率,主营业务利润增长率和净利润增长率这两种比率使用较多。

3. 举例

【例8-4】 根据MDDQ公司的利润表,计算其2008—2010年营业利润增长率,如表8-4所示。

表8-4 MDDQ公司营业利润增长率计算   单位:千万元

项目	2008年	2009年	2010年
本期营业利润额	72.31	65.97	109.26
上期营业利润额	61.85	72.31	65.97
本期营业利润增加额	10.46	−6.34	43.29
营业利润增长率	16.91%	−8.77%	65.62%

(二)主营业务利润增长率

1. 主营业务利润增长率的含义

主营业务利润增长率是本期主营业务利润增加额与上期主营业务利润之比,是评价企业收益增长速度的主要指标。其计算公式为:

$$\frac{主营业务}{利润增长率} = \frac{本期主营业务}{利润增加额} \div \frac{上期主营}{业务利润} \times 100\%$$

2. 有关主营业务利润增长率的分析

主营业务利润是企业经营业绩的结果,体现企业生存发展的能力,也为一个企业日后的拓展提供基础,可以较好地考察企业的成长性。企业的发展总是从单一产品生产开始,而处于成长期的企业多数都是主营业务突出、经营比较单一的企业。当企业从成长期步入成熟期时,其经营格局就会逐步由单一经营向多元化经营发展。当企业主营业务利润增长额越大时,说明企业业务扩张能力越强。因此,可以用主营业务利润增长率来评价一个企业的发展能力和成长状况。

一般而言,若该指标为正数,表明企业本期主营业务利润增加,主营业务利润增长率越高,说明企业主营业务收益增长得越多,主营业务扩张能力越强,企业利润增长得越多,其市场竞争能力越强,发展能力越强;若该指标为负数,表明企业本期主营业务利润减少,企业收益减少,成长性较差。

影响主营业务利润的因素有很多,如销售量、销售价格、销售成本、销售品种结构等。分析主营业务利润增长情况时,应该把主营业务利润增长率和主营业务收入增长率结合起来,从而更好地分析企业的成长性。若一个企业的主营业务收入增长率为正,而主营业务利润增长率为零,从长期看,该企业并没有创造经济价值;若主营业务利润增长率为正,而主营业务收入增长率为零,则说明企业的利润增长并非源自于销售能力的增强,那么这种增长是不能持续的。

正常情况下,当企业的主营业务利润增长率高于主营业务收入增长率时,说明企业的主营业务不断拓展,产品正处于成长期,企业的发展前景好;主营业务利润增长率超过主营业务收入增长率越多,说明企业的主营收入弥补成本费用的能力越高,企业抵御价格降低、成本升高和销售下降的能力越强,企业主营业务的获利能力越高,并推动整个企业获得越多的利润。反之,若该比率小于主营业务收入增长率,说明企业取得的收入不能消化成本费用的上涨,主营业务的获利能力有所下降,企业发展潜力受怀疑。

为了剔除偶然因素和特殊因素对企业当期主营业务利润增长率的影响,应该将不同时期的该指标进行比较,从而更全面地反映企业的主营业务利润增长情况。此外,在分析的过程中还应该与产品所处的生命周期相结合。一般认为,一种产品从投入市场到退出市场要经历投放、成长、成熟、衰退四个阶段。相应的,主营业务收益在四个阶段也不相同:在投放期,产品研究成功,市场刚开始建立,有大量的支出,主营业务收益很少甚至亏损;在成长期,市场不断扩展,生产规模不断扩大,主营业务收益开始增多;在成熟期,若企业占有的市场份额大,就能取得较高的主营业务收益;在衰退期,企业获得利润逐渐减少。

(三)净利润增长率

1. 净利润增长率的含义

净利润增长率是企业本期净利润增加额与上期净利润之比,是用于衡量企业净利润增长速度的主要指标,净利润增长了,企业所有者权益的增长才有保证,企业的

增长才有根基。净利润增长率,能够体现出企业市场竞争能力的强弱。其计算公式为:

净利润增长率 = 本期净利润增加额 ÷ 上期净利润 × 100%

其中　　本期净利润增加额 = 本期净利润额 - 上期净利润额

2. 有关净利润增长率的分析

净利润的增长是企业成长的基本体现,因此,可以用净利润增长率来评价企业的成长状况,即发展能力。通常情况下,净利润增加额越大,说明企业收益增长得越快;反之,净利润增加额越小,说明企业收益增长得越慢。若净利润增长率为正数,表明企业本期净利润增加;若净利润增长率为负数,表明企业本期净利润减少。

企业发展的内涵是企业价值的增长,企业价值表现为给企业带来未来现金流的能力,因此可以用净利润的增长来近似代替价值的增长,以净利润增长来分析企业发展能力。企业发展所需资金基本来源有三个:投资者注入新资金、向金融机构举债、自我积累。因此,分析净利润增长情况时,也应该把净利润增长率和企业的营业收入增长情况结合起来,从而全面、正确地分析企业的成长性。通常情况下,具有良好发展能力的企业,其净利润增长率高于销售增长率。

3. 举例

【例 8-5】 根据 MDDQ 公司的利润表,计算其 2008—2010 年净利润增长率,如表 8-5 所示。

表 8-5　MDDQ 公司净利润增长率计算　　　　单位:千万元

项　　目	2008 年	2009 年	2010 年
本期净利润额	69.32	64.99	100.19
上期净利润额	54.94	69.32	64.99
本期净利润增加额	14.38	-4.33	35.20
净利润增长率	26.17%	-6.25%	54.16%

当然,该指标也具有一定的局限性。企业的发展与净收益的增长,两者并不一定同步,净收益的增长可能滞后于企业的发展,这就使得净利润增长率无法真正反映企业的发展能力,只是近似替代。在使用净利润增长率时,应结合其他指标一同判断。

四、资本积累率

在企业的生产经营过程中,净资产积累越多,企业资本保全能力越强,其应对风险和持续发展的能力越强。在净资产收益率不变或增长的情况下,企业净资产规模与收入之间存在着同向变动的关系。净资产规模的增长说明企业不断有新的资本收益留存,表明了所有者对企业的信心强或在过去的经营活动中有较强的盈利能力,也体现着企业的发展。从长期来看,一个增长的企业,其净资产是增加的,因此,用净资产的增长来衡量企业价值是有说服力的。一般衡量指标有资本积累率,在实务分析中可以分析企业资本的积累率并同时计算3年资本的平均增长率。

1. 资本积累率的含义

资本积累率是企业本期净资产增加额与上期净资产之比,是企业当年所有者权益总的增长率,反映了企业所有者权益在当年的变动水平,用于评价企业股东权益规模的增长幅度。其计算公式为:

$$资本积累率 = 本期净资产增加额 \div 期初净资产 \times 100\%$$

其中　　　本期净资产增加额 = 本期净资产额 - 上期净资产额

2. 有关资本积累率的分析

在经济收益与净资产周转率不变的情况下,一个企业净资产规模与收入是正相关的。净资产规模越大,企业进一步筹资的能力越强,企业发展潜力越大。所以,可以用资本积累率来反映企业资本的积累能力,反映投资者投入企业资本的保全性和增长性,判断和预测企业未来的发展速度和发展能力。若该指标为正数,表明企业当期净资产规模增加,净资产增长率越高,说明净资产增长越多,该指标越高,说明企业的资本积累越多,抵御风险能力越强,企业扩大再生产的条件越好,持续发展能力较强;若该指标为负数,则表明企业当期净资产规模缩减,所有者利益受到损害,应引起警惕。

在其他条件不变的情况下,增加股东投入资本和增加股东投入所创造的收益,都会增加净资产,提高资本积累率。如果一个企业的净资产增长主要来源于股东投入资本,而股东投入所创造的收益增加不多,那么该企业的发展潜力值得怀疑,不符合实现股东权益最大化的目标。要使企业获得成功,能够健康、可持续的发展,就应该使其净资产规模的增长主要依赖于利用股东投入所创造的收益的增加。

分析企业的净资产规模增长情况时,应该与企业的销售增长情况、利润增长情况相结合,从而评价企业净资产规模的增长是否恰当。当一个企业的营业收入增长和利润增长超过净资产规模的增长时,才属于正常的情况。

所有者权益各类别的增长情况所代表的意义是不同的:实收资本的增长一般源于外部资金的增加,只能说明企业具备了进一步发展的基础,但并不表明企业过去发展和积累能力较强;留存收益的增长表明企业通过自身经营活动积累了进一步发展所需资金,既能够反映企业在过去经营中的发展能力较强,也反映了企业进一步发展的后劲。在运用资本积累率指标进行分析时,仅仅依据指标数字,无法判断净资产的增加是不是由留存收益增加导致的,无法判断企业实际的发展能力如何,因此,在分析过程中,应结合所有者权益各类别的增长情况进行分析,从而更加准确地分析企业是否具有稳定持久的发展能力。

一个健康、持续增长的企业,其股东权益规模在长期内呈现的变化趋势是不断增长的,在分析评价资本积累率时,应注意本期与上期权益资本变动的偶然性因素,特别是实收资本的变动对资本积累率的影响。因此,为了正确地判断企业净资产规模的发展趋势和发展水平,应该将不同时期的资本积累率进行比较,来观察其动态变化趋势是否为不断增长的;仅仅利用某个期间的资本积累率是不全面、不合理的。

3. 举例

【例 8-6】 根据 MDDQ 公司的资产负债表,计算其 2008—2010 年净资产增长率,如表 8-6 所示。

表 8-6　MDDQ 公司净资产增长率计算　　单位:千万元

项　目	2008 年	2009 年	2010 年
本期净资产额	321.92	659.40	740.19
上期净资产额	302.99	321.92	659.40
本期净资产增加额	18.93	337.48	80.79
资本积累率	6.25%	104.83%	12.25%

为排除资本异常波动对企业发展潜力判断产生的影响,可以计算几年的资本平均积累率,用长期指标代替短期指标,在实务中,通常计算资本3年平均积累率,反映企业资本连续3年的增长趋势,反映企业持续发展状态。其计算公式为:

$$资本3年平均积累率 = \left(\sqrt[3]{\frac{年末净资产总额}{3年前年末净资产总额}} \right) \times 100\%$$

该指标越高,表明企业所有者权益得到的保障程度越大,企业可以长期使用的资金越充裕,抗风险和连续发展的能力越强。

五、资本保值增值率

1. 资本保值增值率的含义

资本保值增值率是期末所有者权益总额与期初所有者权益总额的比率,用以评价企业资本在其自身努力下的保值增值状况。其计算公式为:

$$\frac{资本保值}{增值率} = \left(\frac{所有者权益}{期末总额} \div \frac{所有者权益}{期初总额} \right) \times 100\%$$

2. 关于资本保值增值率的分析

(1) 资本增值是现代企业的根本目标,企业在一定时期内实现的未分配利润等于企业的新增资产。所以,当收入大于费用时,利润为正,所有者权益中的未分配利润增加,企业资本保值增值状况较好;反之,当收入小于费用时,所有者权益减少,企业资本保全状况差。该指标等于100%时,会计利润等于资本成本,表示企业实现了保值;该指标大于100%,会计利润大于资本成本,表明企业资本实现了增值;该指标小于100%时,会计利润小于资本成本。一般认为,该指标应当大于100%。

(2) 该比率较大地增长有时并非源于企业自身经营效益水平提高的结果,而是源于投资者增加新的资源投入或企业增加借债。因此,对资本保值增值率进行分析时,应该注意区分这种情况。

3. 举例

【例8-7】 根据MDDQ公司的部分利润表资料,计算该公司2008—2010年的资本保值增值率,如表8-7所示。

表8-7 MDDQ公司净资产增长率计算 单位:千万元

项目	2008年	2009年	2010年
所有者权益年末余额	321.92	659.40	740.19
所有者权益年初余额	302.99	321.92	659.40
资本保值增值率	106.25%	204.83%	112.25%

六、股利增长率

股利增长率就是本年发放现金股利增加额与上一年度发放现金股利的比率,用于评价和反映企业现金股利的增长情况,衡量企业的发展能力。其计算公式为:

股利增长率 = 本年每股股利增长额 ÷ 上年每股股利 × 100%

其中   本年每股股利增长额 = 本年发放每股股利 − 上年发放每股股利。

企业发放现金股利越多,留存收益就越少,企业资本扩张速度越慢。从理论上分析,股利增长率在短期内有可能高于资本成本,但从长期来看,如果股利增长率高于资本成本,必然出现支付清算性股利的情况,从而导致资本的减少。

股利增长率与企业价值(股票价值)有很密切的关系。Gordon模型认为,股票价值等于下一年的预期股利除以要求的股票收益率和预期股利增长率的差额所得的商,其表达式为:

$$股票价值 = \frac{DPS}{r-g}$$

式中,DPS表示下一年的预期股利;r表示投资者要求的股权资本收益率;g表示股利增长率。从该模型的表达式可以看出,股利增长率越高,企业股票的价值越高;反之,亦然。

投资者从企业获得的利益分为资本利得（股价的增长）和股利两类,投资者在退出前从企业获得利益的唯一来源就是股利。虽然企业的股利政策是综合各种因素的结果,但股利的持续增长一般被理解为企业的持续发展。为排除股利异常波动对企业发展潜力判断产生的影响,可以计算几年的股利平均增长率,用长期指标代替短期指标,在实务中,通常计算股利 3 年平均增长率,反映企业股利连续 3 年的增长趋势,反映企业持续发展状态。其计算公式为:

$$股利3年平均增长率 = \left(\sqrt[3]{\frac{本年每股股利}{3年前每股股利}} - 1\right) \times 100\%$$

七、技术投入比率

技术投入比率是企业当年科技支出与当年营业收入额之比,可以用于反映企业在科技进步方面的投入,反映企业对技术创新的重视程度,是评价企业发展潜力的重要指标。其计算公式为:

$$技术投入比率 = 当年科技支出合计 \div 当年营业收入金额 \times 100\%$$

式中,企业本年科技支出包括用于研发支出、技术改造、科技创新等方面的支出。

该指标越高,意味着企业在科技进步方面的投入越多,企业对市场的适应能力越强,成长性越高;反之,则表明企业未来竞争优势越不明显,发展前景越差。

第三节 企业发展可持续性分析

对于企业可持续发展具体含义的认识主要有广义和狭义两个层面。广义的企业可持续发展不仅包括企业自身的发展,还应考虑到企业所创造的社会效益和应承担的社会责任。狭义的企业可持续发展则单从企业自身的经营状况考虑,认为对企业经营成果进行衡量时,不应仅仅考察当前经营绩效,还应考虑企业未来业绩的稳定性和成长性;企业在追求自我生存和持续发展的过程中,既要考虑企业经营目标的实现和提高企业市场地位,又要保持企业在已领先的竞争领域和未来扩张的经营环境中始终保持持续的盈利增长和能力的提高,保证在可预见的未来,企业能在更大规模上支配资源、谋求更大的市场份额、不断战胜和超越自我,从而取得良好的发展。

企业可持续发展能力理论核心是分析并找到企业的可持续发展能力。根据这个理论,企业发展优势依靠的是自身的可持续发展能力,体现出优势的领域便是它的可持续发展业务。也就是说,可持续发展业务需要发展能力来支撑。企业识别、培育、积累其发展能力,即是企业生存和发展最为本质的过程。

一、影响企业可持续发展能力的主要因素

可持续发展能力综合反映了上市公司经营的稳定性、业绩的成长性和发展的持续性,影响企业可持续发展能力的因素有很多,一般来说,主要包括企业的产业结构和政府干预政策、企业主营业务所处行业的景气度、企业经营理念的选择、企业制度环境的完善程度、企业的生命周期、企业的人才建设及企业文化等。这些因素可以分为外部因素和内部因素。外部因素是指企业周围环境的影响因素,属于不可控制的因素,如主营业务所处行业的景气度、行业政策等,内部因素是指企业自身的影响因素,属于企业可控制的因素。内部因素构成了企业的核心竞争力,是企业核心竞争力的体现。由于内部因素的可控性,公司要提高企业的核心竞争力,应将主要精力着眼于内部因素的改善,如企业内部治理结构的完善。

(一)企业制度环境

企业制度环境包括企业内部制度环境和外部制度环境。企业内部制度环境主要是指企业产权制度、企业治理制度、企业管理制度、企业文化;而企业外部制度主要是指政治制度环境、经济制度环境、政策法律环境、非正式制度环境。良好的企业制度环境,有助于企业的持续经营与发展。比如,完善的上市公司治理结构,有助于提高公司战略以及政策的科学性,从而保证企业的持续经营与发展。完善的公司治理结构能够有效地约束经营者,使其与股东目标一致,从而抑制经营者盈余管理行为。

(二)企业经营理念

企业经营理念是指企业怎样看待本企业的经济效益与社会、环境效益之间的关系。经验只能作为企业在决策时的参考,不能直接地搬用与抄袭,否则,给企业带来的危害可能是毁灭性的。但有些企业在对待"经验"的问题上往往处理不当,缺少对未来市场的正确预测和经营创新。企业管理优势是竞争优势中最突出的优势,对企业的发展起到关键性作用。优秀的经营理念,有助于企业决策的科学性,有助于企业在行业中保持龙头地位,突出品牌优势。

(三)企业核心能力

核心能力是企业持续发展的基础资源,只有建立在核心能力基础上的企业竞争优势才是持久的。一个企业如果不具备特有的核心能力,则意味着其抵御竞争和防范风险的能力较差,即使在某一时期取得了高速发展,这种发展也是不能持续的,发展能力不容乐观。考察企业是否拥有核心能力主要看企业是否树立了战略管理理念。企业战略的核心是产业选择问题和在产业内的竞争地位问题。在以信息技术为核心的产业革命的冲击下,产业边界越来越模糊,产业变革越来越快,企业能否从容应对产业方面的大变革是企业可持续发展的关键,如产业生命周期缩短对企业管理层提出了新的挑战,企业能否及时地采取相应的调整措施,关系着企业的生产经营能

否持续下去。

（四）企业生命周期

企业有生命周期，如同一年有春夏秋冬，每个企业都要经历初创期、成长期、成熟期与衰退期四个周期。首先，应结合企业所在行业所处的生命周期阶段分析企业是否具有可持续发展的能力。一般认为，如果企业主营业务所在行业是新兴产业，那么企业本身也具有较好的发展前景；如果企业主营业务所在行业是已经进入成熟期的产业，那么应关注企业在该行业中是否处于领先地位；如果企业主营业务所在行业是走向衰退的产业，那么应考察企业的主营业务是否能长期保持还是应创新转型。其次，应结合企业本身的生命周期分析企业是否具有可持续发展的能力。

（五）企业文化

企业文化是企业的基本价值观和行为规范，是企业倡导、信奉同时必须付诸实践的价值理念，也是企业永续经营、充满活力的内在源泉，它可以使企业产生凝聚力并且提供竞争优势，是企业可持续发展的最关键因素之一。

可持续发展的企业文化有利于团队成员个人能力的发挥与创造，有利于组织变革和制度变迁，有利于企业利用团队的智慧进行科学的决策，最终会变成企业持久的竞争优势和永恒的动力源泉，保证企业的持续经营与发展。时代在发展，企业文化的价值追求也在不断完善更新。企业应超越狭隘的利益观，肩负社会责任，谋求与社会和谐共进，更好地实现企业的可持续发展。

（六）企业的人才建设

在当今社会，企业之间的竞争，归根到底是人才的竞争，人才队伍建设已不可替代地成为了制约企业发展，决定企业成败的关键。因此，加强人才队伍建设是企业寻求可持续发展必须关注的问题。企业应建立健全人性化的管理机制。企业的兴衰在于管理，管理则在于人。在企业人才队伍的建设上，作为企业管理者，坚持"以人为本"的管理理念，努力营造良好氛围，同时要解决他们的后顾之忧，使他们切实感受到企业大家庭的温暖，真正将企业当作是一个大家庭，时刻与企业同呼吸共命运，为企业的生存发展和壮大而竭尽全力。只有企业真正做到"以人为本"的管理理念，企业才是一个充满生机和希望的坚强团队。此外，企业还应该建立健全团队意识教育机制，创新用人机制和育才方式，创新人才认识观念。

二、增长率与资金需求

（一）资金来源方式

由于企业要以发展求生存，销售增长是任何企业都无法回避的问题。企业增长的财务意义是资金增长。在销售增长时企业往往需要补充资金，这主要是因为销售增加通常会引起存货和应收账款等资产的增加。销售增长得越多，需要的资金越多。

从资金来源上看,企业增长的实现方式有三种:完全依靠内部资金增长、主要依靠外部资金增长和平衡增长。

(1) 完全依靠内部资金增长。有些小企业无法取得借款,有些大企业不愿意借款,它们主要是靠内部积累实现增长。但是,内部的财务资源是有限的,往往会限制企业的发展,致使企业无法充分利用扩大自身财富的机会。完全依靠内部来源支持的增长率,就是内含增长率。

(2) 主要依靠外部资金增长。从外部来源筹资,包括增加债务和股东投资,也可以提高增长率。主要依靠外部资金实现增长是不能持久的,增加负债会使企业的财务风险增加,筹资能力下降,最终会使借款能力完全丧失。增加股东投入资本,不仅会分散控制权,而且会稀释每股收益,除非追加投资有更高的回报率,否则不能增加股东财富。

(3) 平衡增长。平衡增长就是保持目前的财务结构和与此有关的财务风险,按照股东权益的增长比例增加借款,以此支持销售增长。这种增长率一般不会消耗企业的财务资源,是一种可持续的增长速度。

(二) 内含增长率

销售额增加引起的资金需求增长,有两种途径来满足:一是内部保留盈余的增加;二是外部融资(包括借款和股权融资,不包括负债的自然增长)。如果不能或不打算从外部融资,则只能靠内部积累,从而限制了销售的增长。此时的销售增长率称为内含增长率。简单地说,内含增长率是企业完全不从外部融资,仅靠内部积累所能达到的增长率。

在内含增长率增长的情况下,公司资产不断增加,其资金来源于负债自然增加和留存收益的增加,而负债自然增加的比率和留存收益增加的比率可能相同,也可能不同,因此公司的资产负债率可能会发生变化。

三、可持续增长率

可持续增长率是指不增发新股并保持目前经营效率和财务政策条件下公司销售所能增长的最大比率,该比率是对资本保值增值率的一个替代。一般来说,如果企业不通过技术和管理创新,使销售净利率和资产周转率提高到一个新水平,则企业的增长率很难长期超过其可持续增长率,因为财务杠杆和股利分配率受到资本市场的制约,通过提高这两项比率支持高增长,只能是一次性的临时解决办法,不可能持续使用。因此,可持续增长率是能反映出企业发展能力的一个财务指标。例如,某企业期初资产200万元,期初负债80万元,期初股东权益120万元;本期新增资产20万元,新增负债8万元,新增股东权益12万元。这种状况的增长就体现了可持续增长。

第八章 企业发展能力分析

(一)可持续增长率的假设条件

可持续增长率的假设条件如下：

(1)公司目前的资本结构是一个目标结构,并且打算继续维持下去;公司目前的股利政策是一个目标股利政策,并且打算继续维持下去。即公司的财务政策维持不变。

(2)不愿意或者不打算发售新股,增加债务是其唯一的外部筹资来源。

(3)公司的销售净利率将维持当前水平,并且可以涵盖负债的利息,公司的资产周转率将维持当前的水平,经营效率维持不变。

(二)可持续增长率的计算

1. 计算可持续增长率最简单的方法

相关计算公式为：

可持续增长率 ＝ 净收益增长率 ＝ 净资产收益率×(1－股利支付率)

股利支付率 ＝ 普通股每股现金股利÷普通股每股收益

留存比率 ＝ 1－股利支付率

上述公式表明,企业在保持目前经营和财务战略的条件下,企业的利润在下一个会计年度最多只能按照可持续增长率的速度增长。或者说,企业未来一年的利润增长率不可能大于本年度净资产收益率。如果企业不发放股利的话,可持续增长率最多等于净资产收益率。可持续增长率越高,表明企业的未来利润的增长速度越快;反之,亦然。

2. 根据期初股东权益计算可持续增长率

相关计算公式为：

可持续增长率＝ 股东权益增长率 ＝ 股东权益本期增加÷期初股东权益

＝ 留存收益增加÷期初股东权益

＝ 销售净利率×总资产周转率×收益留存率×期初权益期末总资产乘数

在不改变资本结构的情况下,随着权益的增长,负债也应同比例增长。负债和权益的增长一起限定了资产所能扩展的速度,后者反过来限制了销售的增长速度。因此,一个企业的可持续增长率就是其股东权益的增长率,销售的实际增长率与可持续增长率相等。

由以上的公式可以看出可持续增长率是由企业当前的经营效率、资本结构和盈余分配政策决定的内在增长能力,是企业目前经营方针、财务政策以及盈余分配政策综合作用的结果,它从更深层次上综合揭示了企业的增长速度与目前的经营方针、财务政策以及盈余分配政策之间的关系。

虽然企业各年的财务比率总会有些变化,但上述假设基本上符合大多数公司的情况。大多数公司不能随时增发新股,据国外的有关统计资料显示,上市公司平均20年出售一次新股。我国上市公司增发新股也有严格的审批程序,并且至少要间隔一定年限。改变经营效率(体现于资产周转率和销售净利率)和财务政策(体现于资产负债率和收益留存率),对于一个希望维持可持续发展的公司来说意义重大。

3. 根据期末股东权益计算的可持续增长率

可持续增长率 = 销售收入增加 ÷ 基期销售收入
　　　　　　 = (销售净利率 × 总资产周转率 × 收益留存率 × 权益乘数)
　　　　　　　 ÷ (1 − 销售净利率 × 总资产周转率 × 收益留存率 × 权益乘数)
　　　　　　 = (权益净利率 × 留存率) ÷ (1 − 权益净利率留存率)

如果新增投资报酬率没有超过原投资报酬率,单纯的销售增长不会带来股东财富的增加,是无效的增长。一般而言,一个正常的理智的企业,其实际增长率是趋于稳定的。

可持续增长的思想,不是说企业的增长不可以高于或低于可持续增长率。问题在于管理人员必须事先预计并且加以解决在公司超过可持续增长率之上的增长所导致的财务问题。超过部分的资金只有两个解决办法:提高资产收益率,或者改变财务政策。提高经营效率并不总是可行的,改变财务政策是有风险和极限的。因此超常增长只能是短期的。尽管企业的增长时快时慢,但从长期来看总是受到可持续增长率的制约。

企业的可持续增长率与实际增长率之间的关系可以表述如下:当企业的经营效率与财务政策不变时,企业的实际增长率、本年可持续增长率与上年可持续增长率三者相等;当销售净利率、总资产周转率、收益留存率、权益乘数这四个比率当中的一个或多个在本年增加时,企业的实际增长率大于上年可持续增长率、本年可持续增长率大于上年可持续增长率;当销售净利率、总资产周转率、收益留存率、权益乘数这四个比率当中的一个或多个在本年减少时,企业的实际增长率小于上年可持续增长率、本年可持续增长率小于上年可持续增长率;当这四个比率已经达到极限,并且新增投资报酬率已经与资本成本相等,单纯的销售增长无助于股东财富的增加。

如果企业实际增长速度低于可持续增长速度,表明企业自身有能力维持实际增长,并且有能力偿还到期债务;否则,企业必须以提高负债比率,增发股票等办法来筹借资金,保证增长所需的资金。

通常可以根据企业可持续增长率与实际增长率的偏离程度以及造成这种偏离的原因对企业未来的销售增长情况进行分析。如果企业的实际销售增长率远高于销售的可持续增长率,应当进一步分析其原因。超过企业可持续增长率的销售收入会加速企业资源的消耗,这种销售增长率通常是无法持续的。不能简单地认为今后的销售增长率会等于今年的销售增长率。企业销售收入增长最大化不应成为企业的经营和财务目标;否则,企业很可能今后陷入资金紧张的财务困难。当企业的实际销售增长高于可持续增长率时,企业因为资金短缺的原因可能会减少现金股利的支付。相反,当企业的实际销售增长低于可持续增长率时,说明企业未能充分利用自身的经济资源,会造成企业资源的浪费。企业应当更多地归还企业银行贷款,发放股利或寻找新的项目。

建立在持续性基础上的发展能力不是简单的一种能力,而是一种综合能力体系。企业的可持续发展能力是一个企业的社会经济效益能力、科学技术创新能力、环境行业发展能力、组织系统服务能力等各方面的综合体现,是企业拥有的、经营化了的知识体系,是企业对行业及社会发展有贡献的、有益的、适应市场机会的、能形成可持续发展优势的能力。

在传统的增长能力指标标准中,销售和市场份额等指标在提供财务业绩信息方面存在着较大的缺陷,有可能出现在亏损的情况下还增加产量和市场份额的情形,从而不能及时反映出企业价值已遭受损害。其中,产值、销售收入、资产及其增长指标忽视了生产成本和销售费用、管理费用等,会计利润、每股收益指标只注重账面利润,忽视了资金成本,因此都有可能损害企业价值。当然,在现行社会和价值管理理念下,企业在考核发展能力时,还应注重环境、人口的可持续增长,其衡量的指标还应包括创新能力、核心竞争力等非财务指标。

本章小结

发展能力是指企业的生产经营在以后期间的发展趋势和发展水平,包括企业的资产、营业收入、收益等方面的增长趋势和增长速度,其中,盈利能力的增长是企业发展能力的核心。传统的财务分析是从静态的角度对企业的财务状况进行的分析,这在日益激烈的市场竞争中是远远不够的,也是不合理的。分析企业的发展能力,可以预测企业未来的发展前景,对债权人、投资者和企业管理者都有十分重要的意义。

进行发展能力分析时,通常是以资产负债表和利润表中的数据为依据,计算出相关指标,如销售(营业)增长率、资产增长率、利润增长率、资本积累率、资本保值增值率和技术投入比率等。

这些指标虽然较全面地反映了企业在过去一定时期内的整体发展情况,而且数据的取得较为容易,计算比较直观,为评价企业的发展情况提供了多角度的信息,但也存在着一定的不足。因此,在评价企业的发展能力时,除了这些传统的评价指标外,还应当引入新的指标,可持续增长率就是其中之一。

可持续发展能力综合反映了上市公司经营的稳定性、业绩的成长性和发展的持续性,影响企业可持续发展能力的因素有很多,一般来说,主要包括企业的产业结构和政府干预政策、企业主营业务所处行业的景气度、企业经营理念的选择、企业制度环境的完善程度、企业的生命周期、企业的人才建设及企业文化等。

复习思考题

一、简答题

1. 企业实际增长率、本年可持续增长率以及上年可持续增长率的关系如何判断？
2. 企业的发展能力与其自身价值的关系如何？
3. 分析企业的发展能力时，应注意哪些方面？
4. 简述分析销售增长率时需结合利润增长率的原因。

二、计算分析题

A公司是一家上市公司，该公司2010年和2011年的主要财务数据以及2012年的财务计划数据如表8-8所示。

表8-8　A公司主要财务数据及计划数据　　　　　　　　单位：万元

项　　目	2010年实际	2011年实际	2012年计划
销售收入	1 000.00	1 411.80	1 455.28
净利	200.00	211.77	116.42
股利	100.00	105.89	58.21
本年收益留存	100.00	105.89	58.21
总资产	1 000.00	1 764.75	2 910.57
负债	400.00	1 058.87	1 746.47
股本	500.00	500.00	900.00
年末未分配利润	100.00	205.89	264.10
所有者权益	600.00	705.89	1 164.10

假设公司产品的市场前景很好，销售额可以大幅增加，贷款银行要求公司的资产负债率不得超过60%。董事会决议规定，以权益净利率高低作为管理层业绩评价的尺度。

要求：计算该公司上述3年的资产周转率、销售净利率、权益乘数、利润留存率、可持续增长率和权益净利率，以及2011年和2012年的销售增长率（计算时资产负债表数据用年末数）。

第九章 合并财务报表分析

学习目标

1. 了解企业合并的概念及种类
2. 了解企业合并财务报表的概念、种类及范围
3. 理解合并报表重要项目的内容及其质量分析
4. 理解并掌握合并财务报表的具体分析

合并会计报表是指由母公司编制,将子公司包括在内的企业集团作为会计主体,综合反映企业集团的经营状况和财务成果及其发展变化情况的会计报表。报表使用人通过合并会计报表可以了解和评价以母公司为主体的整个企业集团的财务经营状况。随着市场经济的发展,企业集团化的进程也逐步加快,如何理解和分析合并财务报表已成为会计界深入研究和探索的一个重要课题。

第一节 企业合并概述

一、企业合并的概念

企业合并是指将两个或两个以上单独的企业合并形成一个报告主题的交易或事项,它是两个或两个以上企业实体的联合。企业合并意味着至少有一方企业的产权归属发生根本性变化。

企业合并是市场经济发展的必然产物,是企业间激烈竞争的结果。在竞争中,一些企业为了扩大生产经营规模、进行多元化经营、减少投资风险,或为了建立原材料供应基地、扩大销售市场、取得先进技术等原因,而兼并或控制其他企业。

二、企业合并的方式

企业合并从合并方式划分,包括控股合并、吸收合并和新设合并。

(一)控股合并

控股合并是指一个企业通过合并交易或事项取得另一个企业的多数股份从而取得对其经营的控制权,在这种合并方式下,被合并方在企业合并后仍维持其独立法人资格继续经营。

该类企业合并中,因合并方通过企业合并交易或事项取得了对被合并方的控制权,被合并方成为合并方的子公司,在企业合并发生后,被合并方应当纳入合并方合并财务报表的编制范围,从合并财务报表角度,形成报告主体的变化。

(二)吸收合并

吸收合并是指合并方在企业合并中取得被合并方的全部净资产,并将有关资产、负债并入合并方自身的账簿和报表进行核算。在这种合并方式下,合并方仍保持原来的法律地位,被合并方不再独立存在。吸收合并通常有两种形式:

(1) A公司用现金购入B公司的一切资产并接受其一切负债,B公司再以其所收取的现金付给其股东,B公司自行消亡。这种方式称为以净资产收购。

(2) A公司发行股份给B公司,换取它的各项资产和负债。B公司再将A公司的股份分给它的股东,B公司停止存在。这种方式称为以普通股收购。

(三)新设合并

新设合并是指参与合并的各方在企业合并后法人资格均被注销,重新注册成立一家新的企业,由新注册成立的企业统一从事生产经营活动,各企业的资产、负债在新的基础上经营。

第二节　合并财务报表概述

一、合并财务报表概念及其种类

(一)合并财务报表的概念

合并财务报表是指以母公司和子公司组成的企业集团为一会计主体,以母公司和子公司单独编制的个别财务报表为基础,由母公司编制的总括反映企业集团财务状况、经营成果和现金流量的财务报表。这里所说的母公司,是指有一个或一个以上在公司的企业;子公司是指被母公司控制的企业。控制是指一个企业能够决定另一个企业的财务和经营政策,并能据以从另一个企业的经营活动中获取利益的权利。

(二)合并财务报表的种类

合并财务报表主要包括合并资产负债表、合并利润表、合并现金流量表、合并所

第九章 合并财务报表分析

有者权益变动表和合并财务报表附注,它们分别从不同的方面反映企业集团财务状况、经营成果和现金流量情况,构成一个完整的合并财务报表体系。

1. 合并资产负债表

它是反映母公司和子公司所形成的企业集团在某一特定日期的财务状况的会计报表。合并资产负债表是以母公司和纳入合计范围的子公司的个别资产负债表为基础,在抵销企业集团内部经济业务对合并资产负债表的影响之后,由母公司合并编制的。其格式见表9-1。

表 9-1 合并资产负债表

编制单位:　　　　　　　　　年　月　日　　　　　　　　单位:元

资产	期末余额	年初余额	负债和所有者权益（或股东权益）	期末余额	年初余额
流动资产：			流动负债：		
货币资金			短期借款		
交易性金融资产			应付票据		
应收票据			应付账款		
应收账款			预收款项		
预付款项			应付职工薪酬		
应收利息			应付税费		
其他应收款			应付利息		
存货			其他应付款		
流动资产合计			流动负债合计		
非流动资产：			非流动负债：		
可供出售金融资产			长期借款		
持有至到期投资			长期应付款		
长期应收款			预计负债		
长期股权投资			其他非流动负债		
投资性房地产			非流动负债合计		
固定资产			负债合计		
在建工程			所有者权益(股东权益)：		
无形资产			实收资本(股本)		
商誉			资本公积		
递延所得税资产			盈余公积		
其他非流动资产			未分配利润		
非流动资产合计			少数股东权益		
			所有者权益合计		
资产总计			负债和所有者权益总计		

2. 合并利润表

它是反映母公司和子公司所形成的企业集团整体在一定会计期间内经营成果的会计报表。它是以母公司和纳入合并范围的子公司的个别利润表为基础,抵销内部销售业务对合并利润表的影响,由母公司合并编制的。其格式见表 9-2。

表 9-2 合并利润表

编制单位：　　　　　　　　　　　　　年　月　日　　　　　　　　　　　　单位：元

项　　　　目	本期金额	上期金额
一、营业总收入		
其中：		
营业收入		
利息收入		
手续费及佣金收入		
二、营业总成本		
其中：		
营业成本		
利息支出		
手续费及佣金支出		
营业税金及附加		
销售费用		
管理费用		
财务费用		
资产减值损失		
加：公允价值变动收益(损失以"－"号填列)		
投资收益(损失以"－"号填列)		
汇兑收益(损失以"－"号填列)		
三、营业利润(亏损以"－"号填列)		
加：营业外收入		
减：营业外支出		
其中：非流动资产处置净损失		
四、利润总额(亏损总额以"－"号填列)		
减：所得税费用		
五、净利润(净亏损以"－"号填列)		
归属于母公司所有者的利润		
少数股东损益		
六、每股收益		
(一)基本每股收益		
(二)稀释每股收益		

第九章 合并财务报表分析

3. 合并现金流量表

它是反映母公司和子公司所形成的企业集团在一定会计期间现金流入、流出量以及现金净流量增减变动情况的会计报表。它是以合并资产负债表、合并利润表以及其他有关影响企业集团一定会计期间现金流入、现金流出的资料为依据编制的。其格式见表9-3。

表 9-3 合并现金流量表

编制单位： 年 月 日 单位:元

项　　目	本期金额	上期金额
一、经营活动产生的现金流量		
销售商品、提供劳务收到的现金		
收到的税费返还		
收到其他与经营活动有关的现金		
经营活动现金流入小计		
购买商品、接受劳务支付的现金		
支付给职工及为职工支付的现金		
支付的各项税费		
支付其他与经营活动有关的现金		
经营活动现金流出小计		
经营活动产生的现金流量净额		
二、投资活动产生的现金流量		
收回投资收到的现金		
取得投资收益收到的现金		
处置固定资产、无形资产和其他长期资产收到的现金净额		
处置子公司及其他营业单位收到的现金净额		
收到其他与投资活动有关的现金		
投资活动现金流入小计		
购建固定资产、无形资产和其他长期资产支付的现金		
投资支付的现金		
取得子公司及其他营业单位支付的现金净额		
支付其他与投资活动有关的现金		
投资活动现金流出小计		
投资活动所产生的现金流量净额		

(续表)

项　　目	本期金额	上期金额
三、筹资活动产生的现金流量		
吸收投资收到的现金		
其中:子公司吸收少数股东投资收到的现金		
取得借款所收到的现金		
收到其他与筹资活动有关的现金		
筹资活动现金流入小计		
偿还债务支付的现金		
分配股利、利润或利息支付的现金		
其中:子公司支付给少数股东的股利、利润		
支付其他与筹资活动有关的现金		
筹资活动现金流出小计		
筹资活动产生的现金流量净额		
四、汇率变动对现金及现金等价物的影响		
五、现金及现金等价物净增加额		
加:期初现金及现金等价物余额		
六、期末现金及现金等价物余额		

4. 合并所有者权益变动表

它是反映构成企业集团所有者权益的各组成部分当期的增减变动情况的财务报表。它以母公司和子公司的所有者权益变动表为基础,在抵销母公司与子公司、子公司相互之间发生的内部交易对合并所有者权益变动表的影响后,由母公司合并编制。

5. 合并财务报表附注

合并财务报表的附注是对合并财务报表的补充,它对合并财务报表不能包括的内容或者披露不详尽的内容作进一步的解释说明,有助于合并财务报表使用者理解和使用会计信息。

二、合并财务报表的合并范围

在分析合并财务报表之前,必须首先了解合并财务报表的合并范围。合并财务报表的合并范围是指纳入合并财务报表编报的子公司的范围,主要指哪些被投资企业应当包括在合并财务报表编报范围之内,哪些被投资企业应当排除在合并财务报表编报范围之外。它是编制合并财务报表的前提。

在我国,是以控制为基础确定合并财务报表的合并范围的。在以控制为基础确定合并范围时,应当强调实质重于形式原则,综合考虑所有相关事项和因素进行判断。合并财务报表范围的确定具体如下：

第一,母公司直接或通过子公司间接拥有被投资单位半数以上的表决权,表明母公司能够控制被投资单位,应当将该被投资单位认定为子公司,纳入合并财务报表的合并范围。但是,有证据表明母公司不能控制被投资单位的除外。

第二,母公司拥有被投资单位半数或以下的表决权,且满足下列条件之一的,视为母公司能够控制被投资单位,但是,有证据表明母公司不能控制被投资单位的除外：

(1) 通过与被投资单位其他投资者之间的协议,拥有被投资单位半数以上的表决权。

(2) 根据公司章程或协议,有权决定被投资单位的财务和经营政策。

(3) 有权任免被投资单位的董事会或类似机构的多数成员。

(4) 在被投资单位的董事会或类似机构占多数表决权。

第三,在确定能否控制被投资单位时,应当考虑企业和其他企业持有的被投资单位的当期可转换的可转换公司债券、当期可执行的认股权证等潜在表决权因素。母公司应当将其全部子公司,无论是小规模的子公司还是经营业务性质特殊的子公司,均纳入合并财务报表的合并范围。

第四,不纳入合并财务报表合并范围的子公司包括以下六种情况：

(1) 已准备关停并转的子公司。

(2) 按照破产程序已宣告被清理整顿的子公司。

(3) 已宣告破产的子公司。

(4) 准备近期售出而短期持有其半数以上的权益性资本的子公司。

(5) 非持续经营的所有者权益为负数的子公司。

(6) 受所在国外汇管制及其他管制,资金调度受到限制的子公司。

三、合并财务报表的特点及作用

(一) 合并财务报表的特点

合并会计报表是以整个企业集团为一会计主体,以组成企业集团的母公司和子公司的个别会计报表(指企业单独编制的会计报表,为了与合并会计报表相区别,将其称之为个别会计报表)为基础,抵销内部交易或事项对个别会计报表的影响后编制而成的。与个别会计报表比较,它具有如下特点：

(1) 合并会计报表反映的是母公司和子公司所组成的企业集团整体的财务状况和经营成果,反映的对象是由若干个法人组成的会计主体,是经济意义上的会计主体,而不是法律意义上的主体。个别会计报表反映的则是单个企业法人的财务状况和经营成果，反映的对象是企业法人。对于由母公司和若干个子公司组成的企业集团来说，母公司和子公司编制的个别会计报表分别反映母公司本身或子公司本身各自的财务状况和经营成果，而合并会计报表则反映母公司和子公司组成的集团这一会计主体综合的财务状况和经营成果。

(2) 合并会计报表是由企业集团中对其他企业有控制权的控股公司或母公司编制的。也就是说，并不是企业集团内所有企业都必须编制合并合计报表，更不是社会上所有企业都需要编制合并会计报表。与此不同，个别会计报表是由独立的法人企业编制，所有企业都需要编制个别会计报表。

(3) 合并会计报表以个别会计报表为基础编制。企业编制个别会计报表，从设置账簿、审核凭证、编制记账凭证、登记会计账簿到编制会计报表，都需一套完整的会计核算办法体系。而合并会计报表则不同，它是以纳入合并范围的企业个别会计报表为基础，根据其他有关资料，抵销有关会计事项对个别会计报表的影响编制的，它不需要在现行会计核算方法体系之外，单独设置一套账簿体系。

合并会计报表编制有其独特的方法。个别会计报表的编制有其自身固有的一套编制方法和程序。合并会计报表则是在对纳入合并范围的个别会计报表的数据进行加总的基础上，通过编制抵销分录将企业集团内部的经济业务对个别会计报表的影响予以抵销，并以此编制合并会计报表。

(二) 合并财务报表的作用

合并会计报表的作用主要表现在以下方面：

(1) 合并会计报表能够对外提供反映由母子公司组成的企业集团整体经营情况的会计信息。在控股经营的情况下，母公司和子公司都是独立的法人个体，分别编报自身的会计报表，分别反映企业本身的生产经营情况，这些会计报表并不能够有效地提供反映整个企业集团的会计信息。为此，要了解控股公司整体经营情况，就需要将控股公司与被控股子公司的会计报表进行合并，通过编制合计会计报表提供反映企业集团整体经济的会计信息，以满足企业集团管理当局强化对被控股企业管理的需要

(2) 合并会计报表有利于避免一些企业集团利用内部控股关系，人为粉饰会计报表情况的发生。控股公司的发展也带来了一系列新的问题，一些控股公司利用对子公司的控制和从属关系，运用内部转移价格等手段，如低价向子公司提供原材料、高价收购子公司产品，出于避税考虑而转移利润；通过高价对企业集团内的其他企业销售，低价购买其他企业的原材料，转移亏损。通过编制合并会计报表，可以将企业集团内部交易所产生的收入及利润予以抵销，使会计报表反映企业集团客观真实的财务和经营情况，有利于防止和避免控股公司人为操纵利润，粉饰会计报表现象的发生。

第三节 合并会计报表项目分析

总体来说,合并报表的格式和结构与个别会计报表并无太大差别,其反映的经济内容大体一致,但由于合并会计报表是针对特定主体的,因而在涉及资本、利润等方面时,与个别会计报表还是存在一些差别的。

一、合并资产负债表

在编制合并资产负债表时,应以母公司与子公司的个别资产负债表为依据,将母公司与子公司之间的内部核算项目互相抵销,以消除资产、负债和所有者权益中有关项目的重复计算,以免资产虚增。

(一)投资项目

母公司对子公司投资形成的子公司资本,已经包括在母公司的资本内,合并报表时,不能将资本数额简单相加。母公司对子公司的投资,母公司反映在"长期股权投资"项目,而子公司反映在"实收资本"和"资本公积"项目。如果是全资子公司,则应将母公司"长期股权投资"项目与子公司"实收资本"(股本)和"资本公积"项目的相应数额抵销;如果只是控股合并,则应按投资比例计算的数额抵销,同时反映少数股权。

(二)债权债务项目

母公司与子公司间、子公司与子公司间的债权债务属于内部往来,在合并报表时,应将集团有关往来的债权债务项目,如"应收票据"、"应收账款"、"预付款项",依次与"应付票据"、"应付账款"、"预收款项"作相应抵销;而"其他应收款"则与"其他应付款"抵销;应收账款若已计提了坏账准备的,其数额也应抵销。

(三)相互投资分配的股利

母公司从子公司及子公司相互之间取得的投资收益,也是集团内部交易,实际并未增加集团效益,应抵销。应注意的是若母公司已作投资收益处理的是已宣布尚未支付的股利,在合并报表时应将投资收益与子公司应付股利(或提取的盈余公积、未分配利润)进行抵销。

(四)互相持有债券

母子公司间相互持有债券时,应将这类债券的发行数与持有数抵销。

(五)存货中未实现的内部销售

集团内部销售产生的未实现的内部利润,会虚增内部存货价值,因此应将这部分内部利润抵销,并以抵销后的数额列示。

（六）由于固定资产内部销售所产生的未实现的内部销售利润的数额

母公司与子公司及子公司之间固定资产销售产生的未实现的内部利润，可能虚增母公司（集团）固定资产数，因此应将这部分内部利润抵销。

（七）少数股权单列

子公司所有者权益中不属于母公司拥有的少数股东权益应单独列示，位于合并资产负债表中所有者权益类项目之前，未分配利润的数额根据合并利润分配表内期末数填列。

二、合并利润表

在编制合并利润表时，如果母公司与子公司间发生内部交易，也应将内部交易收入和费用相互抵销，再将母公司利润表和子公司的利润表的有关项目相加，汇总合并。

合并损益表应抵销的项目主要有以下几项。

（一）内部销售收入

内部销售收入是指企业集团内部母公司与子公司、子公司相互之间发生的购销活动所产生的销售收入。对于企业集团内部发生的内部销售收入，销货企业将其作为本企业的销售收入登记入账，列入了利润表。购货企业将这部分购入的商品售出之后，即作为本企业的销售收入，列入了利润表。如果不分情况，按照个别利润表进行合并，就会重复反映销售收入和成本。

内部销售通常按照高于成本的价格出售商品存货，因此在购货企业的存货价值中，也就包含了销货企业的销售毛利。这部分销售毛利对销售企业虽然已经作为利润确认，但从企业集团整体来看，这部分利润并没有真正实现，而是未实现的内部销售利润。因此，在进行合并时，除了抵销销售收入与销售成本外，还需抵销由此而产生的这部分内部利润。而在实际工作中，这部分存货可能全部销售、完全未销售、或者部分销售。在合并时，根据情况不同，抵销的方法也有所不同。

（二）固定资产交易所产生的内部销售利润

集团内部固定资产的交易是指成员企业之间，一方销售自身产品，另一方购买对方产品作为固定资产使用，以及一方将自身的固定资产变卖给另一方作为固定资产使用的类似于价拨的固定资产购售活动。根据销售企业销售的是产品还是固定资产，可以划为两种类型：

（1）成员企业中的一方将自身生产的产品销售给另一方作为固定资产。对于销售企业来说，出售产品收入的价款已作为销售收入确认，对于购买企业来说，则以其支付的价款作为固定资产在其个别会计报表中列示。但从整个企业集团来看，则相当于通过在建工程自建固定资产，在固定资产的原价中，包含了一部分未实现的内部利润（产品成本与产品售价之差）。因此，在合计时，必须将这部分产品的内部销售收入和内部销售成本予以抵销，同时还应将购买企业固定资产中包含的未实现的内部利润予以抵销。抵销的方法与成员企业内部商品购销业务的未销售情况的抵销方法基本相同。

(2) 由于内部交易的固定资产对购买企业使用还要提取折旧，因此，在编制合并会计报表时不仅要考虑购买企业固定资产中包含的未实现内部销售利润的抵销，而且还必须考虑到购买企业计提折旧时，多计提的折旧对整个企业集团合并利润表的影响。这是因为以内部交易的固定资产原价为依据计提的折旧额，显然大于不包含未实现的内部利润时，按固定资产原价计提的折旧额。在这种情况下，则应将由于未实现的内部利润因素造成的多计提折旧的部分从该固定资产当期已计提的折旧额中予以抵销。

企业集团内部企业将自用的固定资产卖给集团内部的另一企业，对于售出企业来说，表现为固定资产原价和累计折旧的减少，以及变卖收入的增加。当变卖收入大于该固定资产的净值时，表现为营业外收入的增加，当变卖收入小于固定资产的净值时，则表现为营业外支出的增加。对于购买企业来说，则表现为固定资产原价和累计折旧的增加，以及银行存款的减少。如该固定资产高于原企业固定资产的净值购入，则固定资产的原价中还包含一部分未实现的内部利润。从整个企业集团来看，这一交易属于集团内部固定资产调拨性质，它既不会产生收益，也不会产生损失，固定资产既未增值，也未减值。因此，必须将固定资产交易所发生的收益和固定资产原价中包含的未实现的内部利润予以抵销。

（三）母公司与子公司，以及子公司之间相互持有对方债券所发生的投资收益与其相应的利息支出

母公司持有子公司债券，以及子公司之间相互持有债券，都要支付利息。对持有债券方是利息收入，对发行债券方是利息费用。这些收入和费用均属于集团内部的交易。在编制合并利润表时，应相互抵销。

（四）母公司与子公司权益性资本投资收益

母公司对子公司权益性资本投资所取得的内部投资收益，实际上是子公司税后利润与持股比例相乘的结果。在全资子公司的情况下，母公司投资收益就是子公司本期净利润。在非全资子公司的情况下，子公司的本期净利润包括母公司的投资收益和少数股东本期收益两部分。母公司的这部分投资收益是由子公司的净利润转化而来的，因此，在编制合并利润表时，应将母公司的投资收益与子公司利润分配中的提取盈余公积、应付利润（股利）和当年未分配利润项相抵销。

三、合并现金流量表

合并现金流量表是综合反映母公司及其子公司组成的企业集团，在一定会计期

间现金流入、现金流出数量以及其增减变动情况的财务报表。合并现金流量表以母公司和子公司的现金流量表为基础,在抵销母公司与子公司、子公司相互之间发生的内部交易对合并现金流量表的影响后,由母公司编制。

在以母公司和子公司个别现金流量表为基础编制合并现金流量表时,需要进行抵销的内容主要有:

(1) 母公司与子公司、子公司相互之间当期以现金投资或收购股权增加的投资所阐述的现金流量相互抵销。

(2) 母公司与子公司、子公司相互之间当期取得投资收益收到的现金与分配股利、利润或偿付利息所支付的现金相互抵销。

(3) 母公司与子公司、子公司相互之间以现金结算债权与债务所产生的现金流量相互抵销。

(4) 母公司与子公司、子公司相互之间当期销售商品所产生的现金流量相互抵销。

(5) 母公司与子公司、子公司相互之间出息固定资产、无形资产和其他长期资产收回的现金净额与构建固定资产、无形资产和其他长期资产支付的现金相互抵销。

(6) 母公司与子公司、子公司相互之间当期发生的其他内部交易所产生的现金流量相互抵销。

四、合并所有者权益变动表

新准则下要求编制合并所有者权益变动表。合并所有者权益变动表以母公司和子公司的所有者权益变动表为基础,在抵销母公司与子公司、子公司相互之间发生的内部交易对合并所有者权益变动表的影响后,由母公司合并编制,也可以根据合并资产负债表和合并利润表编制。具体要求如下:

(1) 母公司对子公司的长期股权投资应当与母公司在子公司所有者权益中所享有的份额相互抵销。各子公司之间的长期股权投资以及子公司对母公司的长期股权投资,应当比照此规定,将长期股权投资与其对应的子公司或母公司所有者权益中所享有的份额相互抵销。

(2) 母公司对子公司、子公司相互之间持有对方长期股权投资的投资收益,应当与对方当期净利润相互抵销。

(3) 母公司与子公司、子公司相互之间当期发生的其他交易对所有者权益变动的影响应当抵销。

(4) 有少数股东的,应当在合并所有者权益变动表中增加"少数股东权益"栏目,反映少数股东权益变动的情况。

第四节　合并财务报表具体分析

一、盈利能力分析

在如今的经济社会中，企业的盈利能力越来越受到股东、债权人、政府管理部门、公司员工乃至社会人士的关注。盈利能力是指企业集团获取利润的能力。利润不仅决定了股东利益，而且也是企业偿还债务的基本保障，同时，利润还是衡量企业集团管理层经营业绩的主要指标。

反映盈利能力的指标主要有销售毛利率、销售利润率、总利润率、净利润率、资产收益率、股东权益收益率、每股收益、每股利润等。但是需要特别注意的是，虽然企业集团盈利能力指标的计算公式和个别报表指标的计算公式相似，但是其反映的内容是不同的。

以销售毛利率为例。计算销售毛利率涉及营业收入和营业成本两个项目。在合并财务报表中，母公司与子公司、子公司相互之间发生的内部交易必须予以抵销，这样就剔除了企业集团内部交易重复计算的因素。因此与个别报表相比，合并财务报表能够更真实地反映企业集团的盈利能力。

例如，甲公司为企业集团的母公司，乙公司为甲公司的全资子公司。甲公司本期个别利润表的营业收入中有250万元系向乙公司销售商品取得的收入，该批商品的销售成本为200万元。乙公司在本期已将该批商品全部售出，其销售收入为300万元。甲公司和乙公司的个别利润表及合并利润表如表9-4所示。

表9-4　销售毛利率计算表　　　　　　　　单位：万元

项　目	甲公司	乙公司	抵销分录	合并利润表
营业收入	250	300	（借）250	300
营业成本	200	250	（贷）250	200
营业利润	50	50		100
销售毛利率	20.00%	16.67%		33.33%

根据表9-4中的计算结果可以看出，以个别利润表为基础和合并利润表为基础计算得出的销售毛利率的结果是不同的。虽然个别利润表的营业利润合计数100万元(50+50)与合并利润表中的营业利润额100万元是相同的，但是甲公司向乙公司销售250万元的商品属于内部交易，其产生的250万元营业收入与乙公司发生的250万元营业成本应当抵销。因此，从企业集团的角度来看，实际实现的营业收入为300万元，发生的营业成本为200万元，真正的销售毛利率为33.33%。

由此可以看出，合并财务报表计算得出的盈利能力指标能够更真实地反映企业的经营成果。

二、偿债能力分析

企业的偿债能力是指企业用其资产偿还长期债务与短期债务的能力。反映企业集团偿债能力的指标主要有：流动比率、速动比率、资产负债率、负债与所有者权益比率、利息保障倍数等。

对于企业集团来说，企业集团内部的资金是不能随意调拨的。母公司债权人的债权只能从母公司的资产得到满足，而不能直接向子公司索取；同样，子公司债权人的债权要求也仅仅局限于子公司的资产。也就是说，母公司的资金与子公司的资金是相对独立的，而母公司的偿债能力和子公司的偿债能力也是相对独立的。因此，在对合并财务报表进行偿债能力分析时，不能简单地根据合并报表的数据对这些指标进行计算，而是应该在计算指标的同时结合分析母子公司的个别报表。通过分析母公司对子公司的控股比例及控股关系，判断企业集团各企业之间联系的强弱，从而判断企业集团整体的偿债能力。

三、营运能力分析

营运能力是指企业集团的经营运行能力，即企业运用各项资产以赚取利润的能力。反映企业集团营运能力的财务分析指标主要有存货周转率、应收账款周转率、营业周期、固定资产周转率和总资产周转率等。

这些指标揭示了企业资金运营周转的情况，反映了企业对经济资源管理、运用的效率高低。企业资产周转越快，流动性越高，企业的偿债能力越强，资产获取利润的速度就越快。

在对合并财务报表进行营运能力分析时，各指标的计算都是以合并报表数据为基础，抵销了企业集团内部交易后的周转额代表这个集团对外完成周转的存货或流动资产的规模，因而它与集团内单一企业情况下完成的周转额并不相同。后者会随中间环节的增多而增大，有可能虚假地反映出资金周转速度的加快。因而，以合并数据为基础计算的周转率指标，能敏感而客观地反映企业集团整体资产周转率的实际情况。

在进行分析时，还应当注意区分不同的情况做具体分析。一方面母、子公司所涉及的经营领域不同，其资产的流动性也不一定相同，其营运能力也就不一样；另一方面由于合并财务报表中的许多项目是在抵销了集团内部往来业务后得出的金额，这也为合并财务报表的分析造成了一定难度。

四、合并财务报表的分析要点

不同的信息需求者通过不同的角度对合并财务报表进行分析：想了解企业集团

第九章 合并财务报表分析

整体财务状况的,可能更加关注合并资产负债表;想了解企业集团盈利水平的,无疑要重点阅读合并利润表;而想了解企业集团经营活动生成现金和筹资活动产生现金以及投资活动赚得现金能力的,必然要熟悉合并现金流量表。从合并财务报表体系、内容以及对合并财务报表一般需要的角度来看,解读合并报表应遵循的一个总体原则是:既要面点兼顾,又要点线顺承。所谓面点兼顾,是指既要有对合并财务状况、合并经营成果和合并现金流量的总体概览,又要找出重点进行关键节点分析;所谓点线顺承,则是指对相关节点进行分析时,要借助于报表衔接关系实现相关项目内在联系的理顺和承接。因此在对合并财务报表进行分析时要注意以下要点:

第一,关注合并范围,把握合并财务信息总体内在含量。

合并范围的变化直接影响到合并报表信息的连续性。关注合并范围的变化,至少应考虑到三个方面:

(1) 分析当期有关合并数据时,要注意纳入合并报表的成员企业所居行业对评价集团当期盈利能力的干扰,要注意成员企业的盈亏对合并净利润数据的抵销影响。

(2) 在进行趋势分析的时候,要注意报告期内子公司的增减变化对于比较数据的影响。

(3) 分析报告期内子公司的增减变化对比较数据的影响时,要注意区分子公司形成于同一控制下企业合并还是形成于非同一控制下企业合并。

第二,关注重点项目,提高合并财务报表的解读效率。

一般情况下,合并财务报表中的某些项目经常被作为重点解读对象。由于合并财务报表提供的是多个法人主体构成的同一报告主体一定期间动态的财务信息或一定时点静态的财务信息,如果报表使用者关心的是企业集团中某特定成员企业的情况,合并财务报表显然不能直接满足需要。而且,合并财务报表的数据生成过程决定了合并财务报表信息的综合性,往往会导致直接分析的困难。故在对合并资产负债表进行分析的时候,要关注与资产、负债、所有者权益相关的常规性分析指标,也要关注合并商誉、少数股东权益、递延所得税、少数股东损益等。

第三,关注报表衔接,保证对合并财务报表重点项目的解读效果。

要关注母公司单独报表与企业集团合并财务报表的关系,特定子公司信息与合并财务信息的关系;要关注合并资产负债表、合并利润表、合并所有者权益变动表以及合并现金流量表之间的关系。

本章小结

合并财务报表是指以母公司和子公司组成的企业集团为一会计主体,以母公司和子公司单独编制的个别财务报表为基础,由母公司编制的总和反映企业集团财务状况、经营成果和现金流量的财务报表。其反映的对象是由若干个法人组成的会计主体,是经济意义上的会计主体,而不是法律意义上的主体。本章首先介绍了企业合并的方式及种类,并归纳了企业集团合并财务报表的种类、范围、特点和作用。

合并财务报表编制方法独特,阅读时应注意区分与个别会计报表不同项目的含义,本章分别介绍了合并资产负债表、合并利润表、合并财务状况变动表和合并所有者权益变动表中各重点项目的编制方法。

在对合并财务报表进行盈利、营业及偿债分析时应注意区分各项指标与个别财务报表中各项指标代表经济意义的不同,应注意合并财务报表的分析要点。

复习思考题

1. 编制合并财务报表的作用是什么?
2. 合并财务报表的特点有哪些?
3. 合并财务报表的合并范围具体包括哪些?
4. 编制合并资产负债表时需要进行抵销处理的项目有哪些?
5. 编制合并利润表时需要抵销处理的项目有哪些?
6. 合并财务报表的具体分析主要包括哪些方面的内容?

第十章 综合财务分析

学习目标

1. 了解企业综合财务分析的含义、特点及意义
2. 掌握综合财务分析的基本分析方法
3. 掌握财务预警的相关概念以及判别模型

美国安然能源公司(Enron Corp. ENE),曾名列世界500强第16位,并连续4年荣获"美国最具创新精神的公司"称号,2001年被美国《财富》杂志评为全球最受称赞的公司。2001年9月30日,其资产负债表上显示的总资产达618亿美元;2000年8月,其股价曾超过90美元,其业绩甚至超过IBM和AT&T这些市场表现优异的公司。但即使是这样一家业绩优良的巨型公司,却因涉嫌做假账收到美国证券交易委员会的调查,其股价也随之大幅下跌,标准普尔等评级机构将其债券评级下调为垃圾级。安然公司因此不得不提交了破产保护申请,成为有史以来最大的公司破产案。该公司的破产在全球证券及银行业中引起较大震动,也使其股东、债权人以及其他利益相关者的利益受到很大的损害。因此,正确评估上市公司的经营业绩,进行财务分析尤其是综合财务分析是极其重要的。

第一节 综合财务分析概述

对于企业而言,保持较高的盈利水平,展现良好的经营业绩成果,显示强劲的发展潜力,是至关重要的,这有助于增加股东投资信心、提升企业信用等级、降低融资成本。所以,一些上市公司在经营业绩较差的时候,会通过粉饰财务报表的手段,向信息使用者提供虚假信息,使其对公司经营状况作出错误评估,使得信息使用者的利益受到损害。因此,如何正确评价上市公司经营业绩就显得尤为重要,而财务分析就在

其中扮演了一个重要角色。财务分析有两种:一种是对企业某一方面财务状况的分析,称为财务单项分析;另一种是对企业财务状况的全面分析,称为财务综合分析。财务分析的最终目的在于全方位地了解企业的财务状况,并据此对企业经营业绩的优劣作出系统的、合理的评价。单独分析任何一项或一方面的财务指标,都难以全面评价企业的财务状况和经营成果。要达到这个目的,就必须建立一个相互联系的系统,采用适当的标准进行综合性的评价。因此,企业财务综合分析成为一种必然趋势。

一、综合财务分析的含义

所谓综合财务分析,就是依据财务报表及相关的资料,运用专门的技术和方法,将企业偿债能力、营运能力、盈利能力及发展能力等各方面的分析指标,按其内在联系有机地结合起来,作为一套完整的体系,认真分析其相互关系,对企业的财务状况和经营状况进行全方位的揭露,从而使报表使用者对企业的经济绩效作出全面的、系统的综合评价,对影响企业价值的因素有更加深入的了解。综合财务分析的功能有其特定性,一方面受到作为整体的财务分析功能演进影响,另一方面与综合财务分析的特点相关。

单独分析任何一方面的财务指标、任何一张报表,都不足以客观、全面地分析企业的财务状况与经营成果,因为一个正常企业的各项财务活动是紧密相连的,企业的经济活动是一个有机的整体,企业的偿债能力、营运能力、盈利能力和发展能力是不可分割的。要达到准确揭示企业的财务状况与经营成果的目的,仅仅利用偿债能力、盈利能力、营运能力和发展能力的有关指标进行衡量是远远不够的。因此,只有对企业进行综合财务分析,才能客观地评价企业的财务状况,才能达到全面了解企业财务状况、经营成果和现金流量情况的财务分析的最终目的,并对企业经济效益的优劣作出合理的评价。此外,通过综合财务分析,有助于企业管理当局更加深入地找出企业经营和发展过程中存在的问题,并采取相应的改进措施。

二、综合财务分析的特点

综合财务分析与单独财务分析的不同主要体现在其对指标体系的要求上。一套完整的综合财务分析体系应该具备以下要素。

(一)财务分析指标要全面

综合分析的目标是全面评价企业的财务状况和经营成果,在分析的过程中要关注到企业偿债能力、营运能力、盈利能力和发展能力等各个层面的内容。因此,综合财务分析应当把个别财务现象从财务活动的总体上作出归纳综合,着重从整体上概括财务活动的本质特征。

第十章 综合财务分析

（二）主辅分析指标要匹配

综合财务分析具有综合性，因此，在设置综合财务分析体系时，应该明确区分用于评价偿债能力、营运能力、盈利能力及发展能力的主要指标和辅助指标，进而根据其影响程度确定每项指标具体的比重，不能将主要指标和辅助指标混为一谈。只有抓住主要指标，才能抓住影响企业财务状况和经营成果的主要矛盾。此外，也要把两者主要指标和辅助指标统一起来，在抓住主要指标分析企业主要问题的同时，分析辅助指标，从而更加全面地了解相关因素。

（三）综合分析提供信息要全面

企业的利益相关者主要包括投资人、债权人、企业管理者、客户、供应商以及政府部门等，一个有效的综合财务分析体系应该能够满足多方面对信息的要求，能够提供多层次、多角度的信息资料。也就是说，综合财务分析体系提供的信息资料应该既能够满足企业内部管理当局实施决策的需要，又能够满足财务报表外部使用者的需要。

三、综合财务分析的意义

第一，有利于全面准确地评价企业经营的优劣，是财务报表使用者进行财务决策的依据。

通过综合财务分析可以明确企业财务活动与经营活动的相互关系，找出制约企业发展的"瓶颈"所在，进而加以改善。企业的发展是由诸多影响因素共同推动的，只有全面考虑这些影响因素以及它们之间的关系才能促进企业的发展。综合财务分析对企业进行了较全面的考查并能通过主要指标发掘主要问题，适当考虑了各因素之间存在的关系，满足了内部经营者对企业经营管理的要求。该作用是单项分析所不能够达到的。此外，有助于企业财务报表外部使用者全面了解与评估企业综合财务状况，为其决策提供有用信息。总之，通过综合财务分析可以为投资者、债权人、管理者等利益相关者提供全面的、系统的财务分析资料，有助于他们深入了解企业的财务状况、经营成果和现金流量情况，进而作出相应的决策。

第二，有利于企业管理者更好地从经营管理上推动企业创造价值。

衡量企业价值时，需要用到相关的财务数据和资料，进行综合财务分析时，通常是建立在对财务数据、资料的分析上。因此，对价值创造的分析和综合财务分析是相统一的，企业价值创造的分析过程本身就是财务分析的过程。

第三，为企业绩效考核与奖励奠定了基础数据。

通过综合财务分析，可以检查企业内部各职能部门和单位完成财务计划指标的情况，考核各部门和单位的工作业绩，可以为明确经营者的业绩水平和明确职工的业绩水平提供基础。此外，还可以揭示管理过程中存在的问题，促使企业采取相应的措施加以改善，进而提高管理水平。由于整体的财务分析功能已经演进到以扩大和深化的内部分析为重心,相应地,综合财务分析的功能也应以给企业内部经营管理服务为重心。但这决不意味着综合财务分析只能运用于企业内部分析,而投资者、债权人、政府等企业的其他利益关系人不能够运用综合财务分析更全面地了解企业的财务状况和经营成果。综合财务分析的功能也包括进行外部分析,只不过侧重点在内部分析上。

四、综合财务分析的内容

在对企业的财务活动进行全面评价时,应从以下四个方面反映财务综合分析内容:偿债能力分析、营运能力分析、盈利能力分析、企业发展能力分析。

（一）偿债能力分析

偿债能力分析是综合财务分析的基础。一个企业偿债能力的强弱是衡量企业财务状况和经营能力的重要依据。偿债能力是企业偿还到期债务的承受能力或保证程度,包括偿还短期债务和长期债务的能力。偿债能力分析就是分析用企业资产和经营过程创造的收益偿还债务的能力。

（二）营运能力分析

企业所拥有的资产是否得到合理的利用是企业价值创造的源泉。通过对企业各项资产的周转状况、规模变化、结构变化等进行分析,可以发现并改进企业经营过程中对各项资产的利用过程中存在的问题,从而采取相应的调整措施,为提高企业盈利能力的核心竞争力打下良好基础。

（三）盈利能力分析

利润是企业生存和发展的前提,企业盈利能力分析是财务综合分析的中心环节。企业是一个以营利为目的的经济组织,因此,企业的财务管理目标是尽可能获得最多的利润,企业总是想方设法以低成本获得高产出,以市场为导向生产产品,不断提高市场占有率,提高企业的经济效益。在企业的综合财务评价指标体系中,利润指标居于中心地位。

（四）发展能力分析

企业是否具有持续稳定发展的能力也是利益相关者所关心的。如果企业当前盈利状况良好,但未来不能够获得足够的利润,说明企业的成长性较差,会影响利益相关者的决策。所以对企业发展能力进行分析也是综合财务分析中不可缺少的组成部分。

（五）偿债能力、营运能力、盈利能力、发展能力的综合分析。

企业的经营与财务状况存在着密切的关系,因此,应将企业的营运能力、盈利能力、偿债能力、发展能力进行综合分析,从而更全面、准确地揭示企业的财务状况、各项能力的强弱,从而更好地找出存在的问题,采取相应的调整措施。

财务综合分析方法有很多,其中主要有杜邦财务分析体系、沃尔评分法、财务预警分析法等。研究财务综合分析方法,能使财务综合分析更全面地利用有关财务数据,能使财务综合分析更全面、直观地揭示企业的财务状况及经营成果。

第二节 杜邦财务分析

一、杜邦财务分析概念

杜邦财务分析是美国杜邦公司的财务管理人员在实践中摸索和建立起来的对净资产收益率进行要素分析的方法。这种方法是财务综合分析方法比较常用的一种,由美国杜邦公司的经理在20世纪30年代创立并最先使用,故称为杜邦财务分析体系。这种方法在美国杜邦公司成功运用后,得到业界的广泛认可,是企业业绩评价体系中最为有效的工具之一,目前在我国上市公司也得到较为广泛的应用。

杜邦财务分析利用各种主要财务指标之间的内在联系,建立一个财务比率分析的综合模型,从而对企业的财务状况和经营业绩进行综合的评价和分析。它将资产负债表和利润表结合起来,以净资产收益率为核心指标,并根据企业盈利能力、营运能力和偿债能力这三个方面对这个指标进行层层分解,使得财务比率分析的层次更清晰、调理更突出。通过分析各分解指标的变动对净资产收益率的影响来揭示企业盈利能力及其变动的原因,能够有效、直观地反映企业盈利能力的各指标间的相互联系,便于财务报告分析者对企业营运能力、偿债能力及盈利能力等进行综合性的分析和评价。

杜邦财务分析体系为改善企业内部经营管理提供了有益的分析框架。杜邦分析法实际上从两个角度来分析财务:一是进行了内部管理因素分析,二是进行了资本结构和风险分析。这使企业管理者能够清晰地看到净资产收益率的决定因素,为进一步采取具体措施指明了方向,为经营者优化经营结构和理财结构,提高企业偿债能力和经营效益提高提供了基本思路,即要提高净资产收益率的根本途径在于扩大销售、改善经营结构,节约成本费用开支,合理资源配置,加速资金周转,优化资本结构等。此外,使投资人、债权人及政府能够仔细了解到企业资产管理效率和是否能够使股东投资回报最大化。

二、杜邦财务分析体系的内容

(一)杜邦财务分析体系的分解

杜邦财务分析体系以净资产收益率为核心指标,可以作如下分解:

第一,分解公式。

$$\text{净资产收益率} = \text{净利润} \div \text{净资产} = (\text{净利润} \div \text{总资产}) \times (\text{总资产} \div \text{净资产})$$
$$= \text{总资产净利率} \times \text{权益乘数}$$

第二，由此，我们可以看出净资产收益率主要受企业资产的使用效率和债务利用程度的影响。其中资产的使用效率取决于销售盈利能力和资产运行速度，所以我们可以再对总资产净利率作进一步的分解，分解成销售净利润率和总资产周转率。

(1) 总资产净利率 = 净利润 ÷ 总资产 = (净利润 ÷ 营业收入) × (营业收入 ÷ 总资产)
  = 销售净利润率 × 总资产周转率

(2) 权益乘数 = 总资产 ÷ (总资产 − 负债) = 1 ÷ (1 − 资产负债率)

此时，我们便得到了杜邦分析等式：

$$净资产收益率 = 销售净利润率 \times 总资产周转率 \times 权益乘数$$

也就是说，影响净资产收益率的因素主要有以下三个：销售净利率、资产周转率和权益乘数。这样分析以后，净资产收益率这一综合性指标发生升降变化的原因被具体化了，定量地说明企业经营管理中存在的问题，比一项指标能提供更明确的、更有价值的信息。杜邦财务分析体系的作用是解释指标变动的原因和变动趋势，为采取措施指明方向。

第三，当然，为了进行深入的分析，我们可以作进一步分解。

(1) 销售净利率可以进一步分解为：

$$\frac{销售净利润率} = 净利润 ÷ 营业收入 = \left(\frac{总销售收入} - \frac{总成本费用}\right) ÷ \frac{营业收入}$$

其中 $\frac{总成本费用} = \frac{营业成本} + \frac{营业税金及附加} + \frac{期间费用} + \frac{资产减值损失} + \frac{营业外支出} + \frac{所得税费用}$

(2) 总资产周转率可以进一步分解为：

$$\frac{总资产周转率} = \frac{营业收入} ÷ \frac{总资产} = \frac{营业收入} ÷ \left(\frac{流动资产} + \frac{非流动资产}\right)$$

其中 $\frac{流动资产} = \frac{货币资金} + \frac{有价证券} + \frac{应收及预付账款} + \frac{存货} + \frac{其他流动资产(待摊费用、一年内到期的长期债券投资等)}$

$\frac{长期资产} = \frac{长期投资} + \frac{固定资产} + \frac{无形资产} + \frac{长期待摊费用} + \frac{其他长期资产}$

通过以上对杜邦财务分析体系的核心指标体系净资产收益率的分解，以及由此形成的指标体系可以得出：净资产收益率与企业的销售规模、盈利能力、成本水平、营运能力、资产利用率以及资本结构等诸多因素存在密切联系，构成一个相互依存的系统。因此，只有安排协调好这个系统内各因素关系，才能使净资产收益率达到最大，实现价值最大化。

杜邦分析体系的内容可用杜邦分析图来表示。杜邦分析体系结构图以净资产收益率为核心指标，将有关分析指标按其内在联系进行排列，可较直观地反映出企业财务状况和经营业绩的总体面貌。把企业的资产负债表和利润表有机地结合起来,系统地展示出企业盈利能力与营运能力之间的内在联系,展示出企业的资本结构。

【例 10-1】 MDDQ 公司 2010 年的部分财务指标为:净资产收益率 14.32%、总资产净利率 7.15%、权益乘数 1.99、销售净利润率 9.29%、总资产周转率 0.77。利用杜邦分析法,对 MDDQ 公司进行综合分析时,可绘制其 2010 年度杜邦分析体系结构图,如图 10-1 所示。

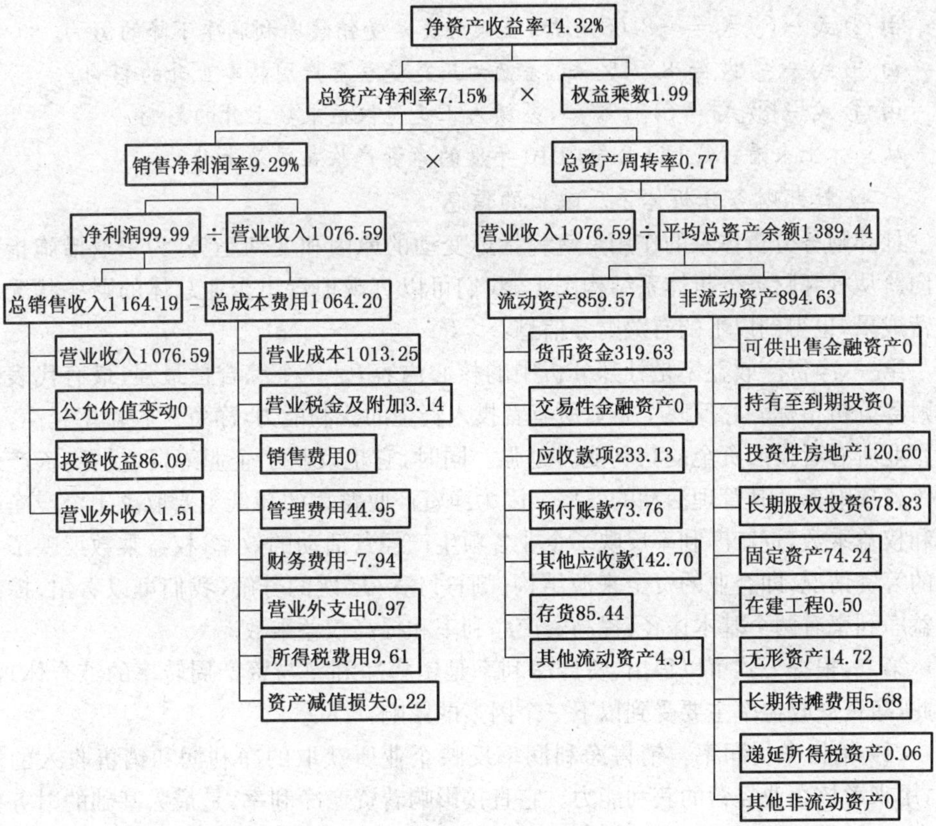

```
                        净资产收益率14.32%
                               |
                ┌──────────────┴──────────────┐
           总资产净利率7.15%    ×    权益乘数1.99
                  |
        ┌─────────┴─────────┐
   销售净利润率9.29%    ×    总资产周转率0.77
          |                         |
    ┌─────┴─────┐           ┌───────┴───────┐
 净利润99.99 ÷ 营业收入1076.59   营业收入1076.59 ÷ 平均总资产余额1389.44
                                              |
                                    ┌─────────┴─────────┐
                               流动资产859.57        非流动资产894.63

总销售收入1164.19 - 总成本费用1064.20     货币资金319.63      可供出售金融资产0
  营业收入1076.59      营业成本1013.25      交易性金融资产0      持有至到期投资0
  公允价值变动0        营业税金及附加3.14    应收账项233.13       投资性房地产120.60
  投资收益86.09        销售费用0            预付账款73.76        长期股权投资678.83
  营业外收入1.51       管理费用44.95         其他应收款142.70     固定资产74.24
                      财务费用-7.94         存货85.44           在建工程0.50
                      营业外支出0.97        其他流动资产4.91     无形资产14.72
                      所得税费用9.61                            长期待摊费用5.68
                      资产减值损失0.22                          递延所得税资产0.06
                                                              其他非流动资产0
```

图 10-1 杜邦分析体系结构图

注:由于四舍五入,个别数据有误差。

需要指出的是,由于净资产收益率、总资产净利率、销售净利润率和总资产周转率都是时期指标,而权益乘数和资产负债率是时点指标。为了使这些指标具有可比性,杜邦分析体系图中的权益乘数和资产负债率采用的是年度年初与年末的平均数。

用连环替代法对 MDDQ 公司 2010 年度的净资产收益率进行分析。

净资产收益率 = 销售净利润率 × 总资产周转率 × 权益乘数

假如2009年度净资产收益率分解如下：

$$23.89\% \times 0.29 \times 1.91 = 13.23\% \qquad ①$$

第一次替代： $\qquad 9.29\% \times 0.29 \times 1.91 = 5.15\% \qquad ②$

第二次替代： $\qquad 9.29\% \times 0.77 \times 1.91 = 13.66\% \qquad ③$

第三次替代： $\qquad 9.29\% \times 0.77 \times 1.99 = 14.23\% \qquad ④$

由②式—①式 $=-8.08\%$ 知，差额为负是受销售净利润率下降的影响。
由③式—②式 $=8.51\%$ 知，差额为正是受总资产周转率上升的影响。
由④式—③式 $=0.57\%$ 知，差额为正是受权益乘数上升的影响。
从总体上来看，MDDQ公司2010年度的净资产收益率是上升的。

（二）杜邦财务分析体系反映出的信息

杜邦财务分析体系的作用是解释指标变动的原因和变动趋势，为采取措施指明方向。从杜邦财务分析体系结构图上，我们可以直观地看出企业总体的财务状况和经营成果，也得到以下的有关财务信息：

第一，净资产收益率是杜邦分析中的核心内容，是一个综合性最强、最有代表性的财务分析指标。它反映了企业所有者投入资金的获利能力，净资产收益率越高，说明企业所有者投入资金的获利能力越强。同时，它也反映了企业筹资、投资、资产运营等各项财务及其管理活动的效率。因为净资产收益率的高低主要取决于资产净利率和权益乘数，资产净利率反映了企业各项生产经营活动的效率，权益乘数反映了企业的筹资情况，即企业的资金来源结构。通过这一层次的分解，我们可以看出，提高权益净利率有两个基本途径：提高资产净利率和提高权益乘数。

第二，根据公式可以得出，资产净利率是销售净利率与资产周转率的综合体现，因此，净资产收益率主要受到以下三个因素的影响：

（1）销售净利润率。销售净利润率反映企业所获取的净利润和销售收入的关系，用来考核企业经营的获利能力。它直接影响着资产净利率，是最为基础的财务指标之一。在买方市场条件下，企业经营业绩好坏更大程度地取决于净利润，而销售净利率正是对销售业绩最有效的衡量指标。

（2）总资产周转率。总资产周转率是营业收入与平均资产总额之比，是反映总资产营运状况的指标，资产周转率越大，表明企业资产在某一期间的周转次数越多，周转天数越少，资产利用率越高。该比率用于揭示企业资产实现销售收入的综合能力。影响总资产周转率的一个重要因素是资产总额，其中，资产结构是否合理将直接影响总资产的周转速度。因此，需要对资产的各构成部分从占用量上是否合理进行分析。一般而言，流动资产直接体现企业的偿债能力和变现能力，而非流动资产则表现为企业经营规模与发展潜力,两者之间应该有一个合理的结构比率。此外,还要进一步分析各项资产的使用效率,找出问题所在。对流动资产,要侧重于分析货币资金是否闲置、存货是否积压、应收账款中分析客户的支付能力及坏账的可能性;对非流动资产,要侧重于分析企业固定资产是否得到充分的利用。

(3)权益乘数。权益乘数又被称为杠杆率,是一个反映资本结构的指标,反映了总资产与所有者权益的对比关系,体现了企业利用财务杠杆进行经营活动的程度。它主要受资产负债比率的影响,资产负债比率越大,权益乘数就越高。权益乘数越大,财务杠杆系数也就越大,这说明企业负债程度高,会有较多的杠杆利益,但也会导致较高的财务风险;反之,负债比率低,权益乘数就小,这说明企业负债程度低,会有较少的杠杆利益,但相应所承担的风险也低。

第三,通过以上分析,将各因素加以综合考虑,我们可以看到,提高净资产收益率的途径有以下三个方面:

(1)提高销售净利率,提升业务获利水平。影响销售净利率的主要因素是销售收入与成本费用,这就要求企业一方面要提高产能,扩大销售量,增加销售收入,另一方面要降低成本费用,合理安排成本结构。因此,扩大销售收入,降低成本是提高销售利润率的基本途径。在企业的销售收入一定的情况下,降低成本费用就成为获利的至关重要的因素。降低各项成本费用也是企业财务管理的重要对象之一,通过分析企业成本费用的基本结构,确定其是否合理,有利于加强成本控制。在一定范围和一定时间内,在固定成本不变的情况下,销售收入的增长通常会带来利润净额的更大增长;如果企业的销售毛利率及税率相对稳定,而分析期的销售净利润率却有所下降,就需要考虑成本费用相对提高的可能性。利用杜邦分析,可以分析企业成本费用结果是否合理。通过分析企业盈利水平,可以发现企业收入和费用积极或消极变化的原因,寻找有效对策,从而提高企业利润水平。

(2)提高总资产周转率,必须一方面扩大销售收入,另一方面加速企业经营性资产的流动性,减少闲置资金占用。这就要求企业合理安排资产结构,降低资产存量,特别是找出长期闲置和利用程度较低的资产项目,通过加强企业管理调整产品结构,降低存货存量,加快应收账款的收现,加快资产周转速度,降低资金的占用。

(3)提高权益乘数。按杜邦分析法,如果企业总资产的需要量不变,适度开展负债经营,相对减少股东权益所占份额,可使权益乘数提高,从而提高净资产收益率。因此,企业既要合理使用全部资产,又要妥善安排资本结构,这样才能有效提高净资产收益率。较高的权益乘数固然可以较好的发挥财务杠杆作用,但也会导致较大的财务风险,可见,财务杠杆对股东投资回报起着"双刃剑"的作用。因此,这就要求企业将负债控制在一个合理的水平上,不能太高也不能太低。

(三)杜邦分析体系的优点

杜邦财务分析体系提供的上述财务信息,较好地揭示了指标变动的原因和趋势,为进一步采取具体措施指明了方向,还为决策者优化经营结构和理财结构,提高企业偿债能力和经营效益提供了基本思路。企业可以根据自身原因,采用相应的调整措施加以改善。此外,财务报表使用者在运用杜邦分析体系分析企业财务状况和盈利能力时,也可以根据特定的目的,与其他所需的因素相配合作进一步深入的分析。杜邦分析体系的优点主要体现在以下几个方面。

1. 强调企业经营管理活动的整体性

企业经营管理活动以系统方式存在,是一个整体,其中每一个环节的变动均会对经营活动这个整体产生影响。杜邦财务分析体系利用了能反映经营管理各方面状况的各种财务指标之间的有机联系,来对企业的财务状况和经营成果进行综合分析,使财务报表分析者全面地掌握企业的状况,从整体上来综合评价企业的经营管理状况。

2. 强调企业经营管理活动的协调性

杜邦财务分析体系在综合分析企业财务状况和经营成果时,突出了对各项财务指标之间协调性的分析。该体系不仅分析了各种单项财务指标之间的静态协调状况,并且静态分析基础上,结合比较分析法来分析单个财务指标间的优化状况。

3. 分析层次性鲜明

杜邦财务分析体系作为一个以单个财务指标为因素组合而成的财务分析系统,具有鲜明的层次性,在分析时具有如下两种逻辑顺序:其一,自下而上,从局部到整体的评价。这一过程实际上是指标的计算、归纳过程。这个过程的计算和分析,直观地体现了财务比率分析的过程,使分析者对指标之间的逻辑关系一目了然,加深了其对指标间关系的理解,同时也提高了财务综合分析的科学性。其二,自上而下,从整体到局部的分析。这是指标计算、归纳的逆过程,通过对净资产收益率指标的层层分解,来考察企业整体表现及其变化的深层次原因。通过自上而下的层层分析,能够帮助报表分析者寻找指标体系中的异常点,从而发现经营管理活动中存在问题的地方。可见,通过杜邦分析体系自上而下的分析结合重点分析,可使财务分析深入到企业经营管理的细节,从而使分析更具深度。通过自下而上和自上而下两种顺序的分析,财务分析的逻辑过程更加完整,从而也使财务分析结果更具有说服力。

第三节 沃尔比重评分法分析

一、沃尔比重评分法概述

(一) 沃尔比重评分法

对财务综合分析的研究,早在 20 世纪初便出现了。沃尔比重评分法是对上市公司财务报告进行分析时常用的方法之一,是财务状况综合评价的先驱者美国财务学家亚历山大·沃尔提出的。1928 年,他在出版的《信用晴雨表研究》和《财务报表比率分析》中首次提出了信用能力指数的概念,把若干个财务比率用线性关系结合起来,以此评价企业的信用水平。沃尔评分法是指将选定的财务比率用线性关系结合起来,并分别给定各自的分数比重,然后通过与标准比率进行比较,确定各项指标的得分及总体指标的累计分数,从而对企业的信用水平作出评价的方法。沃尔评分法主要应用于对上市公司财务报表的分析。在进行财务分析时,人们遇到的一个主要困难是计算出财务比率之后,无法判断它偏高还是偏低,难以评价其在市场中的优劣地位,沃尔比重评分法弥补了这一缺陷。

沃尔选用流动比率、净资产/负债、资产/固定资产、销售成本/存货、销售额/应收账款、销售额/固定资产、销售额/净资产七个比率指标,并分别给以权重 25%、25%、15%、10%、10%、10% 和 5%,按确定指标标准比率和实际比率计算相对比率,相对比率＝实际比率/标准比率。如果实际值/标准值<1,相对比率＝实际值/标准值;如果实际值/标准值>1,相对比率＝1。再用相对比率乘以各指标比重求得各项比率指标的综合指数及全部比率指数合计值,企业综合评分就是综合系数乘以 100。沃尔评分法的主要贡献在于:将互不关联的财务指标赋予不同的比重,使得计算企业财务状况的综合评分成为可能。

(二)沃尔评分法的基本步骤

(1)选定评价企业财务状况的财务比率指标。通常应在每类指标中,选择有代表性的重要比率指标。

(2)根据各项比率的重要程度,确定其权重。各项比率指标的权重之和为 100 或 1。权重的确定可采用专家打分的方法,权重的大小直接影响最后综合评分值。

(3)确定各项财务比率的标准值。采用沃尔评分法时,必须选定财务比率标准值作为比较的标准。财务比率标准值可选特定的国家标准或行业平均值。标准值的确定对综合评分也有着重大的影响。

(4)计算企业财务比率的实际值。为了进行比较评分,需要根据财务报表,分项计算各项指标的实际值。

(5)计算相对比率。求出各指标的实际值与标准值的比率,称为相对比率或关系比率。其计算公式为:

$$相对比率 ＝ 实际值 ÷ 标准值$$

(6)计算各项比率指标的评分。比率的评分就是相对比率与各比率权重的乘积。其计算公式为:

$$各项指标的评分 ＝ 相对比率 × 各项指标的权重$$

(7)计算综合评分。综合评分就是各项比率指标评分合计。综合评分可作为评价企业财务状况的依据。其计算公式为：

$$综合评分 = \sum 各项指标的评分$$

一般而言，综合评分如果为100或接近100，表明其财务状况基本上符合标准要求；如果与100有较大差距，则表明企业财务状况偏离标准要求。

运用沃尔比重评分法，对MDDQ公司2009年财务信用能力进行综合评分，如表10-1所示，表中的标准值仅是为举例目的而假设的。

表 10-1　MDDQ公司各项财务比率

选择的指标	权重①	标准值②	实际值③	评分 ④=①×③÷②
一、偿债能力指标 1. 资产负债率 2. 已获利息倍数	20 12 8	 50% 30	 35.65% 58.29	 8.56 15.54
二、获利能力指标 1. 净资产收益率 2. 总资产报酬率	38 25 13	 12% 6%	 13.25% 7.00%	 27.60 15.17
三、运营能力指标 1. 总资产周转率 2. 流动资产周转率	18 9 9	 0.8 1.5	 0.29 0.9	 3.26 5.4
四、发展能力指标 1. 营业增长率 2. 资本积累率	24 12 12	 680% 100.4%	 740.35% 104.83%	 13.07 12.53
综合得分	100			101.13

沃尔比重评分法较适合于小规模企业使用，因为它操作较简单，便于使用。与杜邦财务分析方法相比，沃尔评分法没有很好地将各项财务指标组成一个有机整体，没有对企业的营运能力、盈利能力、偿债能力等进行综合分析，以便从整体上发现问题，找出协调解决的办法。而杜邦财务分析方法恰恰能够弥补这些缺陷。因为杜邦财务分析法将财务比率之间的关系，以目标管理的方法加以连接，即财务比率之间有层次关系，上一层的财务比率成为下一层财务比率的管理目标，下一层的财务比率则是上一层财务比率实现的手段。

二、沃尔比重评分法在我国的应用

沃尔比重评分法在实践中应用广泛，在国内，主要有各部委颁布的一系列的综合评价体系。企业绩效评价体系是我国财政部1999年颁布的《国有资本金绩效评价规则》的具体内容，并于2002年进行了修订。这一指标体系由绩效评价制度、绩效评价

第十章 综合财务分析

指标、绩效评价标准和绩效评价组织四个子系统组成。其中,绩效评价指标包括企业资本效益状况、资产运营状况、偿债能力状况和发展能力状况四个子系统,每个子系统由若干个指标构成,总共32项指标,其中8项为非财务指标,初步形成了财务指标与非财务指标结合的绩效评价体系。企业绩效评价体系吸收了平衡记分卡思想,在企业绩效评价体系中引入了非财务指标,是一个融财务指标与非财务指标为一体的综合评价体系。但评价体系未能将各指标很好地结合起来,即各指标缺乏有机联系。并且,该方法各指标的权重具有主观性,人为色彩较重,这样就容易使经营业绩的评价出现偏差,以致利益相关主体作出错误的投资决策。

2006年,国务院国有资产监督管理委员会发布的《中央企业综合绩效评价实施细则》对综合评分法的程序、方法及其应用作出了详细阐述和规定。综合评分法的基本思路是将所要考核的各项指标分别对照不同类别的对应标准值,转化为可以度量的评价分数,据此对被评价企业进行总体评价。细则规定的企业绩效评价指标由反映企业22个财务绩效定量评价指标和8个管理绩效定性评价指标组成。

企业综合绩效评价指标具体如表10-2所示。

表 10-2 中央企业综合绩效评价指标体系

评价内容与权重		财务指标(70%)				管理指标(30%)	
		基本指标	权数	修正指标	权数	评议指标	权数
盈利能力状况	34	净资产收益率 总资产报酬率	20 14	销售(营业)利润率 盈余现金保障倍数 成本费用利润率 资本收益率	10 9 8 7	战略管理 发展创新 经营决策 风险控制 基础管理 人力资源 行业影响 社会贡献	18 15 16 13 14 8 8 8
资产质量状况	22	总资产周转率 应收账款周转率	10 12	不良资产比率 流动资产周转率 资产现金回收率	9 7 6		
债务风险状况	22	资产负债率 已获利息倍数	12 10	速动比率 现金流动负债比率 带息负债比率 或有负债比率	6 6 5 5		
经营增长状况	22	销售(营业)增长率 资本保值增值率	12 10	销售(营业)利润增长率 总资产增长率 技术投入比率	10 7 5		
小计	100		100		100		100

(一) 评分标准

在实际评价过程中,财务绩效定量评价指标和管理绩效定性评价指标的权数均按百分制设定,分别计算分项指标的分值,然后按 70:30 折算。

1. 财务绩效定量评价标准

财务绩效定量评价标准划分为优秀(A)、良好(B)、平均(C)、较低(D)、较差(E)五个档次,与五档评价标准相对应的标准系数分别为 1.0、0.8、0.6、0.4、0.2,较差(E)以下为 0,见表 10-3。

表 10-3　财务业绩定量评价标准示例

(2006 年工业／中型企业业绩评价标准值)

档次(标准系数) 项目	优秀(A) 1	良好(B) 0.8	平均(C) 0.6	较低(D) 0.4	较差(E) 0.2
一、获利能力状况					
净资产收益率	16.1	10.7	5.6	−1.1	−8.7
总资产报酬率	10.4	7.2	3.2	−0.1	−4.4
营业利润率	30.4	23.2	14.0	6.9	−1.2
盈余现金保障倍数	10.4	5.0	1.2	0.5	−1.1
成本费用利润率	15.3	10.3	4.0	−0.9	−11.3
资本收益率	21.2	13.2	3.0	−4.3	−12.8
二、资产质量状况					
总资产周转率	1.6	1.2	0.6	0.4	0.2
应收账款周转率	24.1	14.6	6.2	2.8	1.3
不良资产比率	1.1	2.5	4.0	8.8	20.7
流动资产周转率	4.0	2.5	1.3	0.6	0.2
资产现金回收率	15.7	11.8	4.5	−2.1	−5.8
三、债务风险状况					
资产负债率	44.6	57.3	66.3	82.2	97.2
已获利息倍数	6.2	4.5	2.2	1.0	−0.6
速动比率	142.7	112.9	71.8	47.9	30.1
现金流动负债比率	26.9	19.4	5.4	−7.1	−12.4
带息负债比率	25.3	37.6	48.9	72.0	85.4
或有负债比率	0.4	1.3	6.1	14.7	23.8
四、经营增长状况					
营业增长率	37.8	26.4	10.6	−11.6	−30.7
资本保值增值率	113.2	108.8	104.1	100.3	95.8
营业利润增长率	31.7	21.7	6.3	−14.1	−37.0
总资产增长率	20.4	14.9	7.1	0.5	−9.5
技术投入比率	0.9	0.7	0.5	0.3	0.1

2. 管理绩效定性评价标准

管理绩效定性评价标准根据评价内容,结合企业经营管理的实际水平和出资人监督要求等统一测算,分为优(A)、良(B)、中(C)、低(D)、差(E)五个档次。与五档评价标准相对应的标准系数分别为 1.0、0.8、0.6、0.4、0.2,差(E)以下为 0。标准系数是评价标准的水平参数,反映了评价指标对应评价标准所达到的水平档次。

(二) 评价计分

企业综合绩效评价计分方法采取功效系数法和综合分析判断法,其中:功效系数法用于财务绩效定量评价指标的计分,综合分析判断法用于管理绩效定性评价指标的计分。

1. 财务业绩评价计分

财务绩效定量评价基本指标计分是按照功效系数法计分原理,将评价指标实际值对照行业评价标准值,按照规定的计分公式计算各项基本指标得分。其计算公式为:

基本指标总得分 = ∑ 单项基本指标得分

单项基本指标得分 = 本档基础分 + 调整分

本档基础分 = 指标权数 × 本档标准系数

调整分 = 功效系数 × (上档基础分 − 本档基础分)

上档基础分 = 指标权数 × 上档标准系数

功效系数 = (实际值 − 本档标准值) ÷ (上档标准值 − 本档标准值)

本档标准值是指上下两档标准值居于较低等级一档。

财务绩效定量评价修正指标的计分是在基本指标计分结果的基础上,运用功效系数法原理,分别计算盈利能力、资产质量、债务风险和经营增长四个部分的综合修正系数,再据此计算出修正后的分数。其计算公式为:

修正后总得分 = ∑ 各部分修正后得分

各部分修正后得分 = 各部分基本指标分数 × 该部分综合修正系数

某部分综合修正系数 = ∑ 该部分各修正指标加权修正系数

某指标加权修正系数 = (修正指标权数 ÷ 该部分权数) × 该指标单项修正系数

$$\text{某指标单项修正系数} = 1.0 + \left(\frac{\text{本档标准系数}} + \text{功效系数} \times 0.2 - \frac{\text{该部分基本指标分析系数}} \right),$$

单项修正系数控制修正幅度为 0.7 ~ 1.3。

某部分基本指标分析系数 = 该部分基本指标得分 ÷ 该部分权数

需要指出的是,在计算修正指标单项修正系数过程中,对于一些特殊情况需进行调整:

(1) 如果修正指标实际值达到优秀值以上,其单项修正系数的计算公式为:

$$单项修正系数 = 1.2 + 本档标准系数 - 该部分基本指标分析系数$$

(2) 如果修正指标实际值处于较差值以下,其单项修正系数的计算公式为:

$$单项修正系数 = 1.0 - 该部分基本指标分析系数$$

(3) 如果资产负债率≥100%,指标得0分;其他情况按照规定的公式计分。

(4) 如果盈余现金保障倍数分子为正数,分母为负数,单项修正系数确定为1.1;如果分子为负数,分母为正数,单项修正系数确定为0.9;如果分子分母同为负数,单项修正系数确定为0.8。

(5) 如果不良资产比率≥100%或分母为负数,单项修正系数确定为0.8。

(6) 对于销售(营业)利润增长率指标,如果上年主营业务利润为负数,本年为正数,单项修正系数为1.1;如果上年主营业务利润为零本年为正数,或者上年为负数本年为零,单项修正系数确定为1.0。

(7) 如果个别指标难以确定行业标准,该指标单项修正系数确定为1.0。

2. 管理业绩评价计分

管理绩效定性评价指标的计分一般通过专家评议打分形式完成。评议专家应当在充分了解企业管理绩效状况的基础上,对照评价参考标准,采取综合分析判断法,对企业管理绩效指标作出分析评议,评判各项指标所处的水平档次,并直接给出评价分数。其计分公式为:

$$管理绩效定性评价指标分数 = \sum 单项指标分数$$

$$单项指标分数 = (\sum 每位专家给定的单项指标分数) \div 专家人数$$

在得出财务绩效定量评价分数和管理绩效定性评价分数后,应当按照规定的权重,耦合形成综合绩效评价分数。其计算公式为:

$$企业综合绩效评价分数 = 财务绩效定量评价分数 \times 70\% + 管理绩效定性评价分数 \times 30\%$$

在得出评价分数以后,应当计算年度之间的绩效改进度,以反映企业年度之间经营绩效的变化状况。其计算公式为:

$$绩效改进度 = 本期绩效评价分数 \div 基期绩效评价分数$$

绩效改进度大于1,说明经营绩效上升;绩效改进度小于1,说明经营绩效下滑。

(三) 评价结果

企业综合绩效评价结果以评价得分、评价类型和评价级别表示。评价类型是根据评价分数对企业综合绩效所划分的水平档次,用文字和字母表示,分为优(A)、良

第十章 综合财务分析

(B)、中(C)、低(D)、差(E)五种类型。评价级别是对每种类型再划分级次,以体现同一评价类型的不同差异,采用在字母后标注"＋"、"－"号的方式表示。企业综合绩效评价结果以85、70、50、40分作为类型判定的分数线。评价得分达到85分以上(含85分)的评价类型为优(A),在此基础上划分为三个级别,分别为:A＋＋≥95分;95分＞A＋≥90分;90分＞A≥85分;评价得分达到70分以上(含70分);不足85分的评价类型为良(B),在此基础上划分为三个级别,分别为:85分＞B＋≥80分;80分＞B≥75分;75分＞B－≥85分;评价得分达到50分以上(含50分)不足70分的评价类型为中(C),在此基础上划分为两个级别,分别为:70分＞C≥60分;60分＞C－≥50分;评价得分在40分以上(含40分)不足50分的评价类型为低(D);评价得分在40分以下的评价类型为差(E)。

（四）评价报告

企业综合绩效评价报告是根据评价结果编制、反映被评价企业综合绩效状况的文本文件,由报告正文和附件构成。企业综合绩效评价报告正文应当包括:评价目的、评价依据与评价方法、评价过程、评价结果及评价结论、重要事项说明等内容。企业综合绩效评价报告的正文应当文字简洁、重点突出、层次清晰、易于理解。

企业综合绩效评价报告附件应当包括:企业经营绩效分析报告、评价结果计分表、问卷调查结果分析、专家咨询报告、评价基础数据及调整情况,其中:企业经营绩效分析报告是根据综合绩效评价结果对企业经营绩效状况进行深入分析的文件,应当包括评价对象概述、评价结果与主要绩效、存在的问题与不足、有关管理建议等。

第四节　财务预警分析

一、财务预警分析的意义

财务危机是企业发生严重亏损或持续亏损,无力支付到期债务和费用直至破产,以及它们之间各种困难处境的总称。其基本含义也可概括为如下三个方面:企业盈利能力实质性削弱,持续性经营受阻;企业偿债能力严重削弱,资金周转困难;企业破产或接近破产。在我国,随着市场经济的不断发展,企业运行的内外部环境充满变数,财务危机时有发生。及时发现企业财务管理中存在的问题,及早察觉财务危机(Financial Distress)的信号,观测企业的财务危机,使经营者能够在财务危机出现的萌芽状态采取有效措施、改善管理、预防失败是非常重要的。财务危机已成为现代企业管理的一个重要课题,企业的管理者、股东和债权人等必须时刻警惕企业的财务危机问题。

财务预警分析就是通过对企业财务报表及相关经营资料的分析,将企业已面临的危险情况预先告知企业经营者及其他利益关系人,并分析发生财务危机的可能原因,以提前做好防范措施的财务分析系统。其目的是督促企业管理者及早地识别财务危机、预测财务失败与经营失败,采取有效措施来避免潜在的风险,防止企业财务危机的出现,在危机发生之前向企业经营者发出警告,能够起到未雨绸缪的作用。投资者可以利用这种预测结果帮助作出投资决策,以便减少更大损失。银行等金融机构可以利用这种预测帮助作出贷款决策并进行贷款控制;相关企业可以在这种信号的帮助下作出信用决策并对应收账款进行管理。因此,财务预警分析有着重要的实用价值。

二、财务预警分析方法

(一) 单变量预警判别模型

单变量预警判别模型就是通过单个财务比率指标的走势变化来预测企业的财务危机。当模型中所涉及的单个财务比率趋势恶化时,通常是企业发生财务危机的先兆。20世纪60年代国外的一些学者在研究企业破产问题时,结合统计上的多元判别分析技术,采用与企业有重大关系的五种财务比率为变量,开发出了破产预测模型。这种模型通过对企业财务状况进行综合评分,来判断企业是否处于破产的边缘其中。

1966年,威廉·比弗(William. Beaver)提出了单变量预警模型。他选取美国1954—1964年期间的79家失败企业和相对应(同行业、等规模)的79家成功企业作为样本进行比较研究,通过对30多个财务比率逐个进行检验,首次提出可以运用财务比率来预测企业财务危机的单变量分析法。研究结果认为,最好的判别变量是现金流量与负债比率(在公司破产的前一年成功地判别了90%的破产公司);其次是资产净利率(在同一阶段的判别成功率是88%)。他还发现越临近破产日,误判率越低,预见性越强。同时还指出,失败的企业有较少的现金、存货而有较多的应收账款。因此,在预测企业的财务危机时,应特别注意现金、应收账款和存货,对于现金及存货较少而应收账款较多的企业,分析时应特别警觉。由于模型全部采用企业的财务指标作为变量加上模型来源于实证故具有很高的说服力。模型一经提出立即被人们用于财务状况的综合评价。

(二) 多变量预警判别模型

多变量分析方法,即将多个变量通过某种方式组合成一组指标来预测企业的破产的方法。多变量预警判别模型通过多个财务指标的线性组合,来综合描述上市公司的财务状况。和单变量模型相比,采用多个财务指标能够更全面地反映出企业的财务状况,从而建立更有效更准确的预警模型。它又包括多种判别模型。

1. Z 分数模型

美国学者爱德华·阿尔特曼(Edward Altman)于 1968 年首先使用了线性判别模型来研究公司的破产问题,他根据行业和资产规模用 33 家非破产企业对 33 家破产企业进行了配比,选择 22 个变量作为破产前 1~5 年的预测变量,根据误判率最小的原则,最终选定了 5 个变量作为判别变量。建立起了 Z 分数(Z-Score)模型其判别函数。其计算公式为:

$$Z = 0.012X_1 + 0.014X_2 + 0.033X_3 + 0.006X_4 + 0.010X_5$$

其中,Z 为总判别分。X_1=营运资金÷资产总额,用于衡量企业流动资产净额相对于资产总额的比例,它反映了企业资产变现能力,一个持续亏损的企业必定表现出 X_1 的不断减少。X_2=留存收益÷资产总额,用于衡量企业的累积获利能力,该比率越大,说明企业抗风险的能力越强。X_3=息税前收益÷资产总额,用于衡量企业资产的盈利能力水平,是衡量企业财务危机的最有力依据之一。X_4=股东的权益的市场价值÷负债总额,它衡量企业的资本结构,反映了企业的价值和承担的债务之间的关系。X_5=销售总额÷资产总额,即总资产周转率。它反映了企业的资产利用效率,并可推定其在竞争条件下的有效经营能力。

Z 值越低,企业发生财务危机的可能性就越大。在此基础上,阿尔特曼提出了判断企业财务危机或破产的临界值,美国企业的临界 Z 值为 1.8,具体判断标准如下所示:$Z \geqslant 3.0$ 财务危机的可能性很小;$2.8 \leqslant Z \leqslant 2.9$ 有财务危机可能;$1.8 \leqslant Z \leqslant 2.7$ 财务危机的可能性很大;$Z \leqslant 1.8$ 财务危机的可能性非常大。

对 Z 分数模型的财务指标进行分析可看出,Z 值是企业营运能力、盈利能力及偿债能力等方面的综合反映。因此 Z 分数模型不仅可以用于计量企业发生财务危机的可能性,而且也可作为对企业财务综合分析的一种简便方法。Z 分数模型虽然产生于美国,但在世界上的许多国家都在应用该模型进行财务危机的预测由于 Z 分数模型克服了单变量预警模型的缺点,运用起来比较方便,因而得到了广泛的应用。

2. 对 Z 分数模型的改进——F 分数模型

由于 Z 分数模型在建立时没有充分考虑到现金流量变动方面的情况,因而具有局限性。我国学者周首华、杨济华和王平在 Z 分数模型的基础上,并考虑现金流量对企业发生财务危机的影响,建立了 F 分数模型。其计算公式为:

$$F = -0.1774 + 1.1091X_1 + 0.1074X_2 + 1.9271X_3 + 0.0302X_4 + 0.4961X_5$$

其中,X_1=(期末流动资产-期末流动负债)÷期末总资产;X_2=期末留存收益÷期末总资产;X_3=(净利润+折旧)÷平均总负债;该指标为一现金流量变量,它是衡量企业所产生的全部现金流量可用于偿还企业债务能力的重要指标;X_4=期末股东权益的市场价值÷期末总负债;X_5=(净利润+折旧+利息)÷平均总资产;该指标能测定企业总资产在创造现金流量方面的能力,相对于 Z 分数模型,它可更准确地预测出企业是否存在财务危机。

F 分数模型以 0.027 4 为临界点,若某企业的 F 值低于 0.027 4,则将被预测为会发生财务危机的公司;反之,若分数高于 0.027 4,则公司将被预测为可以继续生存的公司。

三、使用财务危机预警分析模型时的注意事项

(1) 定量分析与定性分析相结合,从而提高预警分析的效用。财务预警分析中定量分析的确十分必要,但是也不能过分强调定量模型的重要性。任何财务危机预警模型都只能为分析人员提供关于企业财务危机发生的可能性,而不能确切地告知是否会发生财务危机。特别是当判别值在可能发生财务危机区域时,具有不确定性。这时需结合非量化的因素作定性分析。因此,在财务危机预警分析时,应综合运用定量分析和定性分析方法,充分发挥分析人员的丰富经验与定量分析的精密计算两方面的作用。

(2) 财务预警模型的统一模式不能因企业而异。这样,那些精密设计的以不变应万变的财务危机预警模型,有时便显得不够准确有效了。但对于同一企业,若将财务预警进行趋势分析时,能比较准确地揭示企业的财务状况。

除了上述统计模型外,国内外的研究人员还建立了其他模型进行财务预警分析,如自组织映射模型、神经网络预警模型、基于灾害理论的预测方法、基于期权理论的模型等。这些方法大大丰富了财务危机预警的研究成果,为预警研究开拓了新的思路。

本章小结

综合财务分析是指依据财务报表及相关的资料,运用专门的技术和方法,将企业偿债能力、营运能力、盈利能力及发展能力等各方面的分析指标,按其内在联系有机地结合起来,作为一套完整的体系,认真分析其相互关系,对企业的财务状况和经营状况进行准确全方位地揭示与披露,从而使报表使用者对企业的经济绩效作出全面的、系统的综合评价,对影响企业价值的因素有更加深入的了解。

杜邦财务分析是美国杜邦公司的财务管理人员在实践中摸索和建立起来的对净资产收益率进行要素分析的方法。它以净资产收益率为核心指标,进行层层分解,最后分解至一些最基本的指标要素,可使财务比率分析的层次更清晰、条理更突出。

沃尔评分法主要是对反映上市公司财务状况的有代表性的若干比率进行权重评定,并将实际比率与标准比率相比较,评出每项指标的得分从而得出财务状况的总

评分。

财务预警分析,就是通过对企业财务报表及相关经营资料的分析,将企业已面临的危险情况预先告知企业经营者及其他利益关系人,并分析发生财务危机的可能原因,以提前做好防范措施的财务分析系统。财务预警分析方法主要包括单变量预警判别模型和多变量预警判别模型。

复习思考题

一、简答题

1. 观察杜邦分析体系结构图,阐述比率之间的关系;阐述如何利用其对公司进行综合分析。
2. 简述沃尔比重法的具体步骤。
3. 财务预警分析的方法有哪些?

二、计算分析题

资料:某公司简化的会计报表如表10-4和表10-5所示;2011年和2012年有关财务指标如表10-6所示。

表10-4 某企业简化资产负债表　　　　　　　　　　　单位:万元

资产	期末余额	年初余额	负债和股东权益	期末余额	年初余额
应收账款	110	100	流动负债	100	90
存货	130	120	非流动负债	120	100
其他速动资产	80	60	负债合计	220	190
流动资产合计	320	280	股东权益	330	310
非流动资产	230	220			
资产总计	550	500	负债和股东权益总计	550	500

表10-5 某企业简化利润表　　　　　　　　　　　单位:万元

项目	本年累计
一、销售收入(现销50%)	14 000
销售成本	9 800
销售税金	1 400
销售费用	200
管理费用	520
财务费用(利息费用)	19
二、营业利润	
投资收益	21
营业外收支净额	−12
三、利润总额	
所得税费用(25%)	
四、净利润	

表 10-6　某企业财务比率计算表

比　率	2011 年	2012 年
流动比率		
速动比率		
资产负债率	120	
已获利息倍数	5	
平均收现期	70	
存货周转次数	42	
流动资产周转次数	24	
总资产周转次数	35%	
销售毛利率	12%	
销售净利率	288%	
资产净利率	1.58	
权益乘数		
权益净利率		

要求：

(1) 完成表 10-5 和表 10-6（保留两位小数）。

(2) 运用杜邦分析体系分析权益净利率的变动，指出公司可能存在的问题。

第十一章 财务信息质量分析

学习目标

1. 了解财务信息质量标准特征
2. 理解我国财务信息质量具体要求
3. 了解财务报表粉饰与舞弊的动机与类型
4. 掌握财务报表粉饰与舞弊识别的方法

财务信息质量要求是对企业财务报告中所提供的会计信息质量的基本要求,是使财务报告中所提供会计信息对投资者等使用者决策有用应具备的基本特征。本章将重点论述我国财务信息质量的要求,分析财务报表粉饰与舞弊的动机与类型,并总结鉴别的方法。

第一节 财务信息质量标准

财务信息宏观上包括企业一定时期内,所有与财务管理功能相关的信息集合,从狭义上来说,主要来源于企业会计与财务部门的相关信息。根据其规范内容,可分为财务信息内容的质量标准和财务信息披露的质量标准;根据其规范的主体,可分为财务报表信息的质量标准和其他财务报告信息的质量标准。本章着重对后者进行讲解。

一、财务报表信息的质量标准及特征

一般来说,企业财务会计概念结构包括财务报表和财务报告的目标、财务报表的基本假设、财务报表信息和财务报告信息的质量标准、财务报表要素、财务报表的确认和计量等概念。其中,财务报表和财务报告的目标、财务报表的基本假设,处于第一层次;财务报表信息和财务报告信息的质量标准、财务报表要素,处于第二层次;财

务报表的确认和计量处于第三层次。

财务报表信息的质量标准,是连接财务报表的确认和计量与财务报表的基本假设和财务报表目标的桥梁,它同时受财务报表的基本假设和财务报表目标两大因素的影响,体现了客观特征与主观要求的统一。

财务报表信息具有如下质量特征:

第一,由会计分期、权责发生制、币值不变假设等引导出的财务报表信息的暂时性和精确性。

第二,由货币计量假设引导出的财务报表信息的综合性,因为货币信息属于综合性的财务信息。

第三,由已发生交易或事项假设引导出的财务报表所反映对象的客观性,为财务报表信息的可靠性提供了前提条件。

二、财务报表信息的具体质量标准

我国于1993年开始执行的《企业会计准则》以一般原则的形式规定了企业会计与财务信息应该具有以下质量特征:客观(可靠)性、相关性、一致性、可比性、及时性、明晰性、谨慎性、重要性和完整性等。2001年开始执行的《企业会计制度》增加了"实质重于形式"的质量特征。2006年2月颁布的《企业会计准则——基本准则》中首次明确提出了会计信息质量要求,明确了以下会计与财务信息质量要求:可靠性、相关性、可理解性、可比性、实质重于形式、重要性、谨慎性以及及时性等。

(一) 可靠性

可靠性要求企业应当以实际发生的交易或者事项为依据进行确认、计量和报告,如实反映符合确认和计量要求的各项会计要素及其他相关信息,保证会计信息真实可靠、内容完整。

会计信息要有用,必须以可靠为基础,如果财务报告所提供的会计信息是不可靠的,就会给投资者等使用者的决策产生误导甚至损失。为了贯彻可靠性要求,企业应当做到:

(1) 以实际发生的交易或者事项为依据进行确认、计量,将符合会计要素定义及其确认条件的资产、负债、所有者权益、收入、费用和利润等如实反映在财务报表中,不得根据虚构的、没有发生的或者尚未发生的交易或者事项进行确认、计量和报告。

(2) 在符合重要性和成本效益原则的前提下,保证会计信息的完整性,其中包括应当编报的报表及其附注内容等应当保持完整,不能随意遗漏或者减少应予披露的信息,与财务报告使用者决策相关的有用信息都应当充分披露。

(3) 包括在财务报告中的会计信息应当是中立的、无偏的。如果企业在财务报告中为了达到事先设定的结果或效果,通过选择或列示有关会计信息以影响决策和判断的,这样的财务报告信息就不是中立的。

【例 11-1】 某公司于20×7年年末发现公司销售萎缩,无法实现年初确定的销售收入目标,但考虑到在20×8年春节前后,公司销售可能会出现较大幅度的增长,公司为此提前预计库存商品销售,在20×7年年末制作了若干存货出库凭证,并确认销售收入实现。公司这种处理不是以其实际发生的交易事项为依据的,而是虚构的交易事项,违背了会计信息质量要求的可靠性原则,也违背了我国《会计法》的规定。

(二) 相关性

相关性要求企业提供的会计信息应当与投资者等财务报告使用者的经济决策需要相关,有助于投资者等财务报告使用者对企业过去、现在或者未来的情况作出评价或者预测。

会计信息是否有用,是否具有价值,关键是看其与使用者的决策需要是否相关,是否有助于决策或者提高决策水平。相关的会计信息应当能够有助于使用者评价企业过去的决策,证实或者修正过去的有关预测,因而具有反馈价值。相关的会计信息还应当具有预测价值,有助于使用者根据财务报告所提供的会计信息预测企业未来的财务状况、经营成果和现金流量。例如,区分收入和利得、费用和损失,区分流动资产和非流动资产、流动负债和非流动负债以及适度引入公允价值等,都可以提高会计信息的预测价值,进而提升会计信息的相关性。

会计信息质量的相关性要求,需要企业在确认、计量和报告会计信息的过程中,充分考虑使用者的决策模式和信息需要。但是,相关性是以可靠性为基础的,两者之间并不矛盾,不应将两者对立起来。也就是说,会计信息在可靠性前提下,尽可能地做到相关性,以满足投资者等财务报告使用者的决策需要。

(三) 可理解性

可理解性要求企业提供的会计信息应当清晰明了,便于投资者等财务报告使用者理解和使用。

企业编制财务报告、提供会计信息的目的在于使用,而要使使用者有效使用会计信息,应当能让其了解会计信息的内涵,弄懂会计信息的内容,这就要求财务报告所提供的会计信息应当清晰明了,易于理解。只有这样,才能提高会计信息的有用性,实现财务报告的目标,满足向投资者等财务报告使用者提供决策有用信息的要求。

会计信息毕竟是一种专业性较强的信息产品,在强调会计信息的可理解性要求的同时,还应假定使用者具有一定的有关企业经营活动和会计方面的知识,并且愿意付出努力去研究这些信息。对于某些复杂的信息,如交易本身较为复杂或者会计处理较为复杂,但其对使用者的经济决策相关的,企业就应当在财务报告中予以充分披露。

(四) 可比性

可比性要求企业提供的会计信息应当相互可比。这主要包括两层含义。

1. 同一企业不同时期可比

为了便于投资者等财务报告使用者了解企业财务状况、经营成果和现金流量的变化趋势,比较企业在不同时期的财务报告信息,全面、客观地评价过去、预测未来,从而作出决策。会计信息质量的可比性要求同一企业不同时期发生的相同或者相似的交易或者事项,应当采用一致的会计政策,不得随意变更。但是,满足会计信息可比性要求,并非表明企业不得变更会计政策,如果按照规定或者在会计政策变更后可以提供更可靠、更相关的会计信息,可以变更会计政策。有关会计政策变更的情况,应当在附注中予以说明。

2. 不同企业相同会计期间可比

为了便于投资者等财务报告使用者评价不同企业的财务状况、经营成果和现金流量及其变动情况,会计信息质量的可比性要求不同企业同一会计期间发生的相同或者相似的交易或者事项,应当采用规定的会计政策,确保会计信息口径一致、相互可比,以使不同企业按照一致的确认、计量和报告要求提供有关会计信息。

(五) 实质重于形式

实质重于形式要求企业应当按照交易或者事项的经济实质进行会计确认、计量和报告,不仅仅以交易或者事项的法律形式为依据。

企业发生的交易或事项在多数情况下,其经济实质和法律形式是一致的。但在有些情况下,会出现不一致。例如,以融资租赁方式租入的资产虽然从法律形式来讲企业并不拥有其所有权,但是由于租赁合同中规定的租赁期相当长,接近于该资产的使用寿命;租赁期结束时承租企业有优先购买该资产的选择权;在租赁期内承租企业有权支配资产并从中受益等,因此,从其经济实质来看,企业能够控制融资租入资产所创造的未来经济利益,在会计确认、计量和报告上就应当将以融资租赁方式租入的资产视为企业的资产,列入企业的资产负债表。

又如,企业按照销售合同销售商品但又签订了售后回购协议,虽然从法律形式上实现了收入,但如果企业没有将商品所有权上的主要风险和报酬转移给购货方,没有满足收入确认的各项条件,即使签订了商品销售合同或者已将商品交付给购货方,也不应当确认销售收入。

(六) 重要性

重要性要求企业提供的会计信息应当反映与企业财务状况、经营成果和现金流量有关的所有重要交易或者事项。

在实务中,如果会计信息的省略或者错报会影响投资者等财务报告使用者据此作出决策的,该信息就具有重要性。重要性的应用需要依赖职业判断,企业应当根据其所处环境和实际情况,从项目的性质和金额大小两方面加以判断。

例如,我国上市公司要求对外提供季度财务报告,考虑到季度财务报告披露的时间较短,从成本效益原则的考虑,季度财务报告没有必要像年度财务报告那样披露详细的附注信息。因此,中期财务报告准则规定,公司季度财务报告附注应当以年初至本中期期末为基础编制,披露自上年度资产负债表日之后发生的、有助于理解企业财务状况、经营成果和现金流量变化情况的重要交易或者事项。这种附注披露就体现了会计信息质量的重要性要求。

（七）谨慎性

谨慎性要求企业对交易或者事项进行会计确认、计量和报告应当保持应有的谨慎,不应高估资产或者收益、低估负债或者费用。

在市场经济环境下,企业的生产经营活动面临着许多风险和不确定性,如应收款项的可收回性、固定资产的使用寿命、无形资产的使用寿命、售出存货可能发生的退货或者返修等。会计信息质量的谨慎性要求,需要企业在面临不确定性因素的情况下作出职业判断时,应当保持应有的谨慎,充分估计到各种风险和损失,既不高估资产或者收益,也不低估负债或者费用。例如,要求企业对可能发生的资产减值损失计提资产减值准备、对售出商品可能发生的保修义务确认预计负债等,就体现了会计信息质量的谨慎性要求。

谨慎性的应用也不允许企业设置秘密准备,如果企业故意低估资产或者收益,或者故意高估负债或者费用,将不符合会计信息的可靠性和相关性要求,损害会计信息质量,扭曲企业实际的财务状况和经营成果,从而对使用者的决策产生误导,这是《企业会计准则》所不允许的。

（八）及时性

及时性要求企业对于已经发生的交易或者事项,应当及时进行确认、计量和报告,不得提前或者延后。

会计信息的价值在于帮助所有者或者其他方面作出经济决策,具有时效性。即使是可靠、相关的会计信息,如果不及时提供,就失去了时效性,对于使用者的效用就大大降低甚至不再具有实际意义。在会计确认、计量和报告过程中贯彻及时性,一是要求及时收集会计信息,即在经济交易或者事项发生后,及时收集整理各种原始单据或者凭证;二是要求及时处理会计信息,即按照《企业会计准则》的规定,及时对经济交易或者事项进行确认或者计量,并编制出财务报告;三是要求及时传递会计信息,即按照国家规定的有关时限,及时地将编制的财务报告传递给财务报告使用者,便于其及时使用和决策。

在实务中,为了及时提供会计信息,可能需要在有关交易或者事项的信息全部获得之前即进行会计处理,这样就满足了会计信息的及时性要求,但可能会影响会计信息的可靠性;反之,如果企业等到与交易或者事项有关的全部信息获得之后再进行会计处理,这样的信息披露可能会由于时效性问题,对于投资者等财务报告使用者决策的有用性将大大降低。这就需要在及时性和可靠性之间作相应权衡,以最好地满足投资者等财务报告使用者的经济决策需要为判断标准。

三、其他财务报告信息的质量标准

随着经济发展,企业财务对外传输信息的手段已由传统的财务报表扩展到财务报告,这主要是因资本市场的发展对财务会计提出了更高的信息需求。财务报告由财务报表和其他财务报告构成。财务报表目前仍是财务报告的核心,而其他财务报告所反映的对象则不同于财务报表:财务报表主要反映过去,而其他财务报告则着重于未来。因此,财务报表的基本假设并不完全适用于其他财务报告,由此可以推论,财务报表项目的确认、计量标准,也不适用于其他财务报告。因此,其他财务报告信息的质量标准与财务报表信息的质量标准也不相同。

其他财务报告的关键质量标准如下:

(1) 相关性。其他财务报告信息的相关性与财务报表信息的相关性不同,它是指其他财务报告信息影响使用者决策的能力。相关性由一级的信息的质量标准预测价值、反馈价值、及时性作为保障。

(2) 程序可核性。这是指信息的加工不能是随意的,尽管其结果的准确性难以验证,但其程序是可以核实的,具体是指加工信息的基础、模型、方法等可以核实。具备了程序可核性,就避免了随意性,提高了可信度。

(3) 可比性。这是指信息在不同企业之间、同一企业的不同会计期间,能够相互比较。信息具有可比性的条件是:①加工信息的基础具有可比性;②使用的指标口径一致;③加工信息使用的模型、程序、方法等具有可比性。

(4) 内容适当性。它是其他财务报告内容方面的质量标准,是指与决策者决策相关的信息应充分反映,但又不能过度提供,因为过量的信息会使使用者增加使用成本,并且无所适从。

第二节 财务报表粉饰与识别

所谓财务报表粉饰,是指企业管理层通过人为操纵,使财务报表反映"预期"财务状况、经营成果和现金流量的行为。传统上,财务报表分析的一个假设前提是,目标公司的财务报表是可信、没有水分的。当目标企业的财务报表存在着广泛的粉饰行为,导致信息严重失真时,如果不能有效地识别财务报表粉饰,财务报表分析的方法再合理,工具再复杂,也是徒劳无益的。

一、财务报表粉饰的动机

根据近年来我国证券监管部门披露的大量财务舞弊和报表粉饰案例,可以将我国企业财务报表粉饰的主要动机可分为五种:业绩考核动机、信贷资金获取动机、股票发行动机和上市资格维护动机、纳税筹划动机、责任推卸动机。

(一)业绩考核动机

企业的经营业绩,其考核办法一般以财务指标为基础,如利润计划的完成情况、投资回报率、产值、销售收入、国有资产保值增值率、资产周转率、销售利润率等,而这些财务指标的计算都涉及会计数据。除了内部考核外,外部考核,如行业排行榜,主要也是根据销售收入、资产总额、利润总额来确定的。经营业绩的考核,不仅涉及企业总体经营情况的评价,还涉及企业管理人员的经营管理业绩的评定,并影响到他们的提升、奖金福利等。企业的高管人员为了其自身利益,往往选择能够将报告盈利由未来期间提前至本期确认的会计政策或做法。

(二)信贷资金获取动机

改革开放以来,我国的证券市场得到迅速发展,但我国的证券市场仍属于新兴市场,其深度和广度不能与发达国家的证券市场相提并论。因此,企业需要的资金,绝大部分来自银行等金融机构。银行等金融机构出于风险考虑和自我保护的需要,一般不愿意贷款给亏损企业和缺乏资信的企业。然而,资金又是在市场竞争取胜的四要素(产品质量、资金实力、人力资源、信息资源)之一。在我国,企业普遍面临资金紧缺的局面。为了获得金融机构的信贷资金或其他供应商的商业信用,经营业绩欠佳,财务状况不健全的企业,就有可能对其财务报表粉饰。

(三)股票发行动机和上市资格维持动机

股票发行分为首次发行(IPO)和后续发行(SEO,如配股或增发)。在 IPO 情况下,根据《公司法》等法律、法规的规定,企业必须连续 3 年盈利,且经营业绩要比较突出,才能通过证监会的审批。此外,股票发行价格的确定也与盈利能力有关。为了顺利通过发行审核,尽可能多募集资金,降低募集资金的成本,拟上市公司往往对其会计报表进行包装、粉饰。

此外,为了使 IPO 顺利进行,拟上市公司发行前一年的净资产比率不得低于 30%,故主要依靠举债经营的企业,为了发行股票,往往通过隐瞒负债等手段粉饰财务状况。2001 年起,中国证监会开始实行"退市制度",连续 3 年亏损的上市公司,其股票将暂停交易。在暂停交易的第一个半年内,如果仍无法实现盈利,则其股票将被摘牌,在交易所停止交易。这一新政策的出台,给绩差公司带来了很大压力。濒临退市边缘的上市公司,其报表粉饰的动机也特别强烈,少数上市公司可能因此铤而走险。

（四）纳税筹划动机

尽管财务会计与税务会计日趋分离，但财务会计上的利润，直接关系到纳税的金额与时间分布。根据税收策划假说，由于税收的现值取决于纳税金额与纳税时间，其他条件保持相同的情况下，企业一般会选择能够报告较少盈利或将报告盈利由本期推迟至未来期间确认的会计程序或做法。

税收策划动机可能还与企业的所有制形式和其他经营效应有关。一般而言，国有企业、拟上市公司、面临退市压力的上市公司，基于税收策划目的而粉饰其报表的可能性较小。相反地，这类企业很有可能选择多交税或提早交税的会计政策或做法，以证明其经营业绩的"真实性"。

（五）责任推卸动机

为了推卸责任而粉饰财务报表，主要表现为：

（1）更换高级管理人员时进行的离任审计，一般暴露出许多会计问题。新任总经理就任当年，为了明确责任或推卸责任，往往大刀阔斧地对陈年老账进行清理，甚至将本应在未来会计期间确认的成本费用提前至本期确认。

（2）会计准则、会计制度发生重大变化时，如《企业会计制度》和具体会计准则的实施，可能诱发上市公司粉饰财务报表，提前消化潜亏，并将责任归咎于新的会计准则和会计制度。

（3）发生自然灾害时，或高级管理人员卷入经济案件时，企业也很可能粉饰财务报表。

二、财务报表粉饰的类型

根据粉饰对象的不同，财务报表粉饰可分为三种类型：经营业绩粉饰、财务状况粉饰和现金流量粉饰。

（一）经营业绩粉饰

经营业绩粉饰的具体表现形式包括：利润最大化（Profit Maximization）、利润最小化（Profit Minimization）、利润均衡化（Profit Smoothing）和利润清洗（Profit Clean-up）

1. 利润最大化

公司在上市前一年和上市当年采用这种类型的报表粉饰尤其明显。典型的做法是：提前确认收入、推迟结转成本、亏损挂账、资产重组、关联交易。

2. 利润最小化

当公司达不到经营目标或可能出现连续3年亏损，面临被摘牌时，采用这种类型的会计报表粉饰就不足为奇了。典型的做法是：推迟确认收入、提前结转成本，转移价格。

3. 利润均衡化

企业为了塑造绩优股的形象或获得较高的信用等级评定，往往采用这种类型的会计报表粉饰。典型的做法是：利用其他应收、应付款、待摊费用、递延资产、预提费用等科目调节利润，制造利润稳步增长的趋势。

4. 利润清洗

利润清洗俗称"洗大澡"(Big-bath Charges)，亦称巨额冲销，其做法是：在某一特定会计期间，将坏账、存货积压、长期投资损失、闲置固定资产、待处理流动资产和待处理固定资产等所谓虚拟资产一次性处理为损失，以便卸掉包袱，轻装前进，为未来会计期间实现盈利拓展空间。

（二）财务状况粉饰

财务状况粉饰的具体表现形式包括：高估资产、低估负债和或有负债。

1. 高估资产

对外投资和股份制改组时，企业往往倾向于高估资产，以获得较大比例的股权。典型的做法是：编造理由进行资产评估、虚构业务交易和利润。

2. 低估负债和或有负债

企业贷款或发行债券时，为了证明其财务风险较低，通常有低估负债及或有负债的欲望。典型的做法是：账外账，将负债和或有负债隐匿在关联企业。

（三）现金流量粉饰

现金流量粉饰的具体表现形式主要包括：突击制造现金流量和混淆现金流量的类别。

1. 突击制造现金流量

为了使对外报告的利润表显得真实，企业可能在粉饰利润表的同时，对现金流量表进行粉饰。典型做法是突击制造不可持续的现金流量。比如，在会计期间即将结束前，突击收回关联企业结欠的账款，降价处置存货，低价抛售有价证券，高额融入资金，在会计期间结束前形成现金流入的"高峰"。

2. 混淆现金流量的类别

不同类别的现金流量发出的信号也存在差别。其他条件保持相同的情况下，经营活动产生的现金流入净额越大，意味着企业的利润质量越高。反之，如果企业的现金流量主要来自投资活动或融资活动，则其利润的质量较低。为此，企业为了改变投资者对利润表的"印象"，可能蓄意混淆现金流量表的类别，将投资活动或融资活动产生的现金流量划分为经营活动产生的现金流量。

总的来说，财务报表粉饰的类型由财务报表粉饰的动机所决定。一般而言，基于业绩考核、获取信贷资金以及发行股票等动机，会计报表粉饰一般以利润最大化、利润均衡化、高估资产、低估负债和或有负债、虚增经营活动现金流量等形式出现。基于纳税和推卸责任等目的,会计报表粉饰一般以利润最小化和利润清洗(巨额冲销)、低估资产、高估负债和或有负债、虚减经营活动现金流量等形式出现。

三、财务报表粉饰的方法

常见的企业财务报表粉饰的方法主要包括以下几种手段。

（一）操纵收入确认时间或确认虚假收入

利用收入确认粉饰报表的典型手法是提前或推后确认收入、或者确认虚假的收入。收入是指企业在日常经营活动中形成的、会导致所有者权益增加的、与所有者投入资本无关的经济利益的总流入,包括销售商品收入、提供劳务收入和让渡资产使用权收入。正确确认企业在某一会计期间的收入是正确核算企业利润的基本条件。《企业会计准则第14号——收入》对收入确认的规范,遵循的是实质重于形式的原则,对收入的确认主要着眼于经济实质。然而在实际操作中,存在着许多需要会计人员进行职业判断的余地,也为管理当局进行会计报表粉饰提供了余地。而且,对收入进行粉饰,并不像前面的几种报表粉饰手段,会计准则要求进行披露,较容易进行分析。因此,对收入进行粉饰,一般外部的投资者通过分析会计报表较难发现。

（二）利用虚拟资产高估利润

所谓虚拟资产,是指已经实际发生的费用或损失,但由于上市公司缺乏承受能力而暂时挂列为待摊费用、长期待摊费用、待处理财产损益等资产账户。广义的虚拟资产,还包括资产潜亏,如潜在的坏账损失、潜在的存货跌价损失、潜在的长期资产(如长期股权投资、固定资产、在建工程和无形资产)的价值减损。利用虚拟资产账户作为"蓄水池",不及时确认、少摊销或不摊销已经发生的费用和损失,是上市公司粉饰会计报表,虚盈实亏的常用手法。

（三）期间费用资本化

根据现行会计制度和准则的规定,上市公司发生的支出必须区分为资本性支出和收益性支出。资本性支出是指能够使上市公司在一个会计年度或一个经营周期以上的期间受益的支出项目,如购置固定资产和无形资产支出。收益性支出是指只能在一个会计年度或一个经营周期以内的期间使上市公司受益的支出项目,如管理费用和销售费用。根据这一要求,上市公司因支付在建工程和固定资产等长期资产的专项长期借款的利息费用,在这些长期资产投入使用之前,可予以资本化,计入这些长期资产的成本。广告促销支出和研究开发支出,有可能使上市公司在一个以上的会计年度或经营周期受益,从理论上来说属于资本性支出,然而,由于广告促销和研究开发支出所能带来的未来经济利益具有很大的不确定性,因此,我国现行会计制度和准则均要求将其当作期间费用,不得资本化。

在实际工作中,一些上市公司滥用利息资本化的规定,或将广告促销和研究开发支出计入资本化项目,蓄意调节利润。

（四）借助股权转让"炮制"利润

由于我国的产权交易市场还很不发达,对股权投资的会计规范尚处于起步阶段,有不少国有企业和上市公司利用股权投资调节利润。除了借助资产重组之机,利用关联交易将不良股权投资以天价与关联公司置换股权获取"暴利"外,还有少数上市公司利用利润转投资掩盖虚假投资收益和投资项目合作分成等手段蓄意粉饰会计报表。

此外,近年来一些上市公司迫于利润压力,经常在会计年度即将结束之际,与关联公司签订股权转让协议,按权益法或通过合并会计报表,将被收购公司全年的利润纳入上市公司的会计报表。值得庆幸的是,财政部1998年5月已发布了通知,明确规定股权转让时,收购企业只能从收购之日起以权益法或合并报表的方法确认被收购企业的利润,收购之日前被收购企业实现的利润只能作为收购成本,收购企业不得将其确认为投资收益。这一规定,无疑将抑制国有企业和上市公司利用股权投资调节利润,粉饰会计报表。

（五）高估存货少计销售成本

经营规模较大的上市公司,由于其存货品种繁多,构成复杂,存放地点分散,盘点工作量大,应收账款数量多,难以函证,很容易利用存货和应收账款调节利润,粉饰会计报表。

（六）利用其他应收款应付款隐瞒亏损或藏匿利润

根据现行会计制度和准则的规定,"其他应收款"和"其他应付款"科目主要用于反映除应收账款、预付账款、应付账款、预收账款以外的其他款项。在正常情况下,"其他应收款"和"其他应付款"的期末余额不应过大。然而,许多上市公司披露的年报显示,"其他应收款"和"其他应付款"期末余额巨大,往往与"应收账款"、"预付账款"、"应付账款"和"预收账款"的余额不相上下,甚至超过这些账户的余额。之所以出现这些异常现象,主要是因为许多上市公司利用这两个账户调节利润。

一般而言,"其他应收款"主要用于隐藏潜亏,高估利润,而"其他应付款"主要用于隐瞒收入,低估利润。为此,通过分析这两个账户的明细构成项目和相应的账龄,便可发现上市公司是否利用这两个科目调节利润,粉饰会计报表。其他应收款余额特别巨大可能意味着:①关联股东占用了上市公司的资金;②变相的资金拆借;③隐性投资;④费用挂账;⑤或有损失(将贷款担保发生的损失挂账);⑥误用会计账户。

（七）以资产重组为名,行会计造假之实

资产重组是上市公司为了优化资本结构,调整产业结构,完成战略转移等目的而实施的资产置换和股权置换。近年来,在上市公司中,资产重组被广泛用于粉饰财务报表。

根据规定,如果上市公司连续3年亏损,其在证券交易所流通的股票或债券将被摘牌。因此,当上市公司连续两年亏损时,其母公司(在多数情况下是非上市的国有企业)或所在地的地方政府,往往以"资产重组"为名,十分慷慨地向这些陷入困境的上市公司伸出援助之手。

这类资产重组的目的,实际上是转移利润,即由非上市的关联股东将利润转移至上市公司,以达到配股、增发或避免被摘牌的厄运。其典型做法包括:①借助关联交易,由非上市的关联股东以优质资产置换上市公司的劣质资产;②由非上市的关联股东将盈利能力较高的下属企业廉价出售给上市公司;③将亏损子公司高价出售给关联股东;④将不良债权和股权出售给关联股东;⑤互购资产,哄抬利润和资产价值;⑥剥离资产和负债。

资产重组是通过对资产的整合,来实现提高资源配置效率的目标。然而,其效用的实现需要三个重要前提:一是产权清晰;二是现代企业制度基本建立;三是存在良性竞争机制。如果没有这三个前提条件,将很难实现有成效的资本经营,且资本经营还有可能被上市公司利用,成为操纵会计信息的工具。

(八)通过关联交易,不当输送利益

许多上市公司股份制改组后,上市公司与改组前的母公司及母公司控制的其他子公司之间普遍存在着错综复杂的关联关系和关联交易。利用关联交易粉饰财务报表,不当输送利益已成为上市公司常见的舞弊或粉饰手法。

利用关联交易不当输送利益,其主要方式包括:①虚构经济业务,人为抬高上市公司业务和效益;②采用大大高于或低于市场价格的方式,进行购销活动或资产置换;③以旱涝保收的方式委托经营或受托经营,虚构上市公司经营业绩;④以低息或高息发生资金往来,调节财务费用;⑤以收取或支付管理费、或分摊共同费用调节利润;⑥隐瞒关联关系,为关联企业提供贷款担保。

(九)随意追溯调整,逃避监管规定

根据企业会计制度和准则,上市公司变更会计政策(包括自愿变更和强制变更)或发生重大会计差错时,必须采用追溯调整法,将会计政策变更的累积影响或重大会计差错的影响数在以前年度进行反映。而对于会计估计变更,则采用未来适用法,将变更的影响数在当期及以后各期反映。财政部颁布的这一准则,与国际准则保持一致。然而,在实际工作中,会计政策变更、会计估计变更和会计差错更正的区分界限较为模糊,给一些上市公司滥用这个准则的规定以粉饰其报表提供了机会。一种典型做法是,故意混淆会计政策与会计估计变更,或者将会计估计变更解释为重大会计差错,滥用追溯调整。

滥用追溯调整的另一种做法是将会计舞弊解释为会计差错,以逃避被监管部门处罚的命运。因为根据规定,上市公司是否连续两年亏损(此时其股票就要实行特别

第十一章 财务信息质量分析

处理)和3年连续亏损(此时其股票就要退市),判断标准以上市公司首次对外报告数为准,不受会计政策变更或会计差错更正的影响。另外,如果上市公司发现以前年度存在着会计舞弊,必须进行追溯调整,且是否连续亏损以追溯调整后的利润表为依据。因此,将会计舞弊诠释为会计差错,就可避免其股票被特别处理或退市。

(十)利用收购兼并,进行数字游戏

收购兼并的手法曾经在欧美等国家使用比较常见,随着我国企业经济行为的多样化发展,该方法的滥用在我国也日趋普遍。

在我国,利用收购兼并进行财务信息粉饰常见的手法包括:①规避购买法,选用权益结合法;②操纵收入和费用确认时间,将被并购公司购买日前的利润转移到购买日后的会计期间;③在购买日前滥用减值准备,为购买日后业绩提升埋下伏笔;④在购买日前计提大量或有负债,在购买日后冲回或冲减经营费用。

四、判别企业财务报表可信度的方式

(一)阅读审计报告

审计报告是指注册会计师根据中国注册会计师审计准则的规定,在实施审计工作的基础上对被审计单位财务报表发表审计意见的书面文件,是由独立会计师或审计师对企业各方面进行审计之后签发的正式报告。审计报告用于向公司董事会、全体股东及社会公众报告企业的财务运行情况。

审计报告根据普遍接受的会计标准和审计程序出具,因此它具有一定的权威性。通过阅读审计报告,可以帮助我们对公司的财务状况作出积极和消极的结论。

阅读审计报告时应注意以下几方面的内容。

1. 关注审计报告的类型

注册会计师出具的审计报告可分为:标准无保留意见审计报告、保留意见审计报告、否定意见审计报告以及无法表示意见审计报告。如果注册会计师出具的是保留意见、否定意见或者无法表示意见的审计报告,那么说明企业财务报表一定存在问题,也就是说财务报表的可信度有待商榷。通常,注册会计师会在审计报告中列出解释性的项目来说明为何出具非标准意见的审计报告。当一家企业连续被注册会计师出具非标准的审计报告时,应当对其财务报表进行特别关注。

2. 关注管理层解释

报表阅读者还应该充分关注企业管理层对审计报告解释性说明或保留意见的说明。根据我国有关法律规定,如果注册会计师出具了非标准意见的审计报告,企业管理层应对此加以说明。因此,在阅读注册会计师出具的审计报告后,还有必要看公司管理层的解释和说明是否合理,从而进一步分析公司是否存在粉饰财务的行为。

（二）关注会计政策的变更

会计政策是指企业进行会计核算和编制会计报表时所采用的具体原则、方法和程序。只有在对同一经济业务所允许采用的会计处理方法存在多种选择时，会计政策才具有实际意义，因而会计政策存在一个"选择"问题。企业所选择的会计政策，将构成企业会计制度的一个重要方面。

根据财务信息质量要求中的可比性的原则，企业所使用的会计政策不得随意变更，但是在法律或者会计准则等相关规定允许的情况下，企业可以变更会计政策。进行会计政策变更的前提是会计政策变更之后能够使所提供的公司财务状况、经营成果和现金流量信息更为可靠。但是会计政策变更能否使得企业的财务信息更为可靠，却没有固定的判别条件，这就为企业粉饰财务报表提供了条件。

正因为会计政策和会计估计的变更具有一定的主观性和可操控性，企业的经营管理者就会利用这一条件，在需要进行财务报表粉饰时，对会计政策和会计估计进行调整和变更。

通过会计政策、会计估计选择操纵会计信息粉饰财务报表的手法具体包括：

（1）通过提前确认收入操纵会计信息。一般来说，提前确认收入行为按其手法可分为以下四类：销售完成之前、货物起运之前，就确认收入；有附加条件的发运产品全额确认销售收入；仍需提供未来服务时确认收入；在资产控制存在重大不确定性的情况下确认收入。

（2）利用会计政策的变更操纵会计信息。其常用手段主要有：变更会计方法和变更重要会计政策。

（3）利用会计估计变更操纵会计信息。由于会计估计往往需要运用职业判断和经验，对会计估计进行修订，第三方很难说是对是错，所以，会计估计变更也很容易被用来进行会计信息操纵。

（4）通过滥用会计估计操纵会计信息。会计估计的滥用主要体现在对"八项计提"的计提比例把握上，企业往往依据自身需要任意确定计提比例，从而实现会计信息操纵。

因此，关注企业会计政策和会计估计的变更，也是判断企业财务报表可信度的一个重要依据。

本章小结

企业财务信息质量标准，根据其规范的主体，可分为财务报表信息的质量标准和其他财务报告信息的质量标准，一般来说，财务报表信息的质量标准有：可靠性、相关性、可理解性、可比性、实质重于形式、重要性、谨慎性、及时性；其他财务报告的关键质量标准是：相关性、程序可核性、可比性、内容适当性。

第十一章　财务信息质量分析

财务报表粉饰是指企业管理层通过人为操纵,使财务报表反映"预期"财务状况、经营成果和现金流量的行为。我国企业财务报表粉饰的主要动机有:业绩考核动机、信贷资金获取动机、股票发行动机和上市资格维护动机、税收策划动机、责任推卸动机。根据粉饰对象的不同,财务报表粉饰可分为三种类型:经营业绩粉饰、财务状况粉饰和现金流量粉饰。

财务报表粉饰手法主要包括:提前或推迟确认收入,或者确认虚假的收入;利用虚拟资产高估利润;期间费用资本化;借助股权转让"炮制"利润;高估存货成本少计销售成本;利用其他应收应付款隐瞒亏损或藏匿利润;以资产重组为名,行会计造假之实;通过关联交易,不当输送利益;随意追溯调整,逃避监管规定;利用收购兼并,进行数字游戏。

通过阅读审计报告和关注会计政策的变更可以帮助报告阅读者判别企业财务报表的可信度。

复习思考题

1. 请解释根据我国当前会计制度与准则对于财务会计信息质量要求有哪些?并请分别举例说明该要求所规范的内容。
2. 结合我国企业现状,列举并解释企业财务报表粉饰动机。
3. 按照书本所列举财务报表粉饰方法,结合财务会计所学内容,列举各种方法可能涉及的会计账务处理。
4. 简述如何判别企业财务报表的可信度。

第十二章 财务分析报告撰写

学习目标

1. 了解财务分析报告的定义与分类
2. 掌握财务分析报告的撰写方法

在学习完整本书之后,读者您应该已经初步掌握了如何针对某一个企业或其他经济组织的全部或部分财务信息进行有目的的分析与评价,但是如何将分析评价所得到的结果以及所运用的知识、技术展现出来,则需要一个重要的媒介——财务分析报告。本章将对财务分析报告的定义、分类、结构以及撰写方法和要求进行全面的讲述,并辅以实例,以方便读者参考。

第一节 财务分析报告概述

一、财务分析报告的定义

财务分析报告是企业依据会计报表、财务分析表及经营活动和财务活动所提供的丰富、重要的信息及其内在联系,运用一定的科学分析方法,对企业的经营特征,利润实现及其分配情况,资金增减变动和周转利用情况,税金交纳情况,存货、固定资产等主要财产物资的盘盈、盘亏、毁损等变动情况及对本期或下期财务状况将发生重大影响的事项作出客观、全面、系统的分析和评价,并进行必要的科学预测而形成的书面报告。

财务分析报告是对企业经营成果、财务状况、资金流量等情况的综合概括和反映。它是企业制定战略规划的基本材料,是企业管理层进行经营决策的根本依据,是企业业务拓展的有效参照。

二、财务分析报告的分类

（一）综合财务分析报告、专题分析报告和简要分析报告

财务分析报告按其内容、范围不同，可分为综合分析报告、专题分析报告和简要分析报告。

1. 综合财务分析报告

综合分析报告又称全面分析报告，是企业依据会计报表、财务分析表及经营活动和财务活动所提供的丰富、重要的信息及其内在联系，运用一定的科学分析方法，对企业的经营特征，利润实现及其分配情况，资金增减变动和周转利用情况，税金交纳情况，存货、固定资产等主要财产物资的盘盈、盘亏、毁损等变动情况及对本期或下期财务状况将发生重大影响的事项作出客观、全面、系统的分析和评价，并进行必要的科学预测而形成的书面报告。它具有内容丰富、涉及面广，对财务报告使用者作出各项决策有深远影响的特点，并且为企业的重大财务决策提供科学依据。

综合分析报告主要用于半年度、年度进行财务分析时撰写。撰写时必须对分析的各项具体内容的轻重缓急作出合理安排，既要全面，又要抓住重点。

2. 专题财务分析报告

专题财务分析报告又称单项分析报告，是指针对某一时期企业经营管理中的某些关键问题、重大经济措施或薄弱环节等进行专门分析后形成的书面报告。它具有不受时间限制、一事一议、易被经营管理者接受、收效快的特点，有益于提高企业管理水平。

3. 简要财务分析报告

简要分析报告是对主要经济指标在一定时期内，存在的问题或比较突出的问题，进行概要的分析而形成的书面报告。

简要分析报告具有简明扼要、切中要害的特点。通过分析，能反映和说明企业在分析期内业务经营的基本情况，企业累计完成各项经济指标的情况并预测今后发展趋势，主要适用于定期分析，可按月、按季进行编制。

（二）定期财务分析报告和不定期财务分析报告

财务分析报告按其分析的时间，可分为定期财务分析报告和不定期财务分析报告。

1. 定期财务分析报告

定期分析报告一般是由上级主管部门或企业内部规定的每隔一段相等的时间应予编制和上报的财务分析报告。比如，每半年、年末编制的综合财务分析报告就属定期分析报告。

2. 不定期财务分析报告

不定期分析报告是从企业财务管理和业务经营的实际需要出发，不作时间规定

而编制的财务分析报告。比如,上述的专题分析报告就属于不定期分析报告。

第二节 财务分析报告撰写方法

一、财务分析报告常用格式

财务分析报告属于企业内部非标准性文件,其格式并没有严格限制规定,就普通财务分析报告来说,常用的格式一般包括以下五部分。

第一部分:提要段。

提要段主要概括了公司综合情况,让财务报告接受者对财务分析说明有一个总括的认识。

第二部分:说明段。

说明段是对公司运营及财务现状的介绍。该部分要求文字表述恰当、数据引用准确。对经济指标进行说明时可适当运用绝对数、比较数及复合指标数。特别要关注公司当前运作上的重心,对重要事项要单独反映。

第三部分:分析段。

分析段是对公司的经营情况进行分析研究。在说明问题的同时还要分析问题,寻找问题的原因和症结,以达到解决问题的目的。财务分析一定要有理有据,要细化分解各项指标,因为有些报表的数据是比较含糊和笼统的,要善于运用表格、图示,突出表达分析的内容。分析问题一定要善于抓住当前要点,多反映公司经营焦点和易于忽视的问题。

第四部分:评价段。

在作出财务说明和分析后,对于经营情况、财务状况、盈利业绩,应该从财务角度给予公正、客观的评价和预测。财务评价不能使用似是而非,可进可退,左右摇摆等不负责任的语言,评价要从正面和负面两方面进行,评价既可以单独分段进行,也可以将评价内容穿插在说明部分和分析部分。

第五部分:建议段。

建议段就是企业财务人员在对经营运作、投资决策进行分析后形成的意见和看法,特别是对运作过程中存在的问题所提出的改进建议。值得注意的是,财务分析报告中提出的建议不能太抽象,而要具体化,最好有一套切实可行的方案。

二、财务分析报告的数据获取

财务分析报告是对企业经营成果、财务状况、资金流量等情况的综合概括和反映,因此在进行财务分析时应当保证所选取的数据真实可靠。财务分析报告的数据

获取应注意以下几个方面:

第一,明确数据来源,确保数据真实有效。

财务分析主要从收入、销量、客户、产品等多方面综合信息中找出规律,分析原因并对应提出建议。确保基础数据的真实、可靠和相关是进行分析工作的基本前提。在财务管理信息系统建立并逐渐完善过程中,分析人员常常会从不同渠道取得大量数据,基于不同用途、不同口径的数据交错在一起,加之信息传递衰减的客观规律,在确保数据来源可靠的同时,综合运用手头多方资料验证数据的真实性和相关性是十分必要的。

第二,专题分析除强调分析专项性外,需结合业务运营环境,用联系的观点看问题,避免以偏概全。

如果脱离业务客观运营环境,简单就事论事,并据此得出结论,难免会顾此失彼,并导致建议缺乏实际可应用性。

第三,充分利用图、表等表达形式,突出短时间、集中呈现多项信息。

图、表的表达形式能够直观地传递信息,从而帮助财务分析报告的使用者在最短时间内掌握尽可能多的信息。在文字阐释的同时使用图表辅助说明能够提高信息传递效率,达到更好的传递效果。

三、财务分析报告的重点披露内容

(一)企业全面收益的信息

随着经济活动的复杂化,币值的变化也愈发频繁。建立在币值不变假定基础之上的传统会计收益与企业真实的全面收益之间的差异也日益扩大。因此,用传统的会计收益作为基础进行决策,就有可能作出错误的决策。全面收益除了包括在现行利润表中已实现并确认的损益之外,还包括未实现的利得或损失,如未实现的财产重估价盈余,未实现商业投资利得/损失等。

在我国,企业披露全面收益,有着重要的现实意义:第一,我国市值变化大,一些企业,特别是老企业,持有资产的现实价值与会计账面资产价值相差悬殊,这种差异必然是一种预期损益,将它揭示出来可以更全面真实地反映企业的收益状况,有利于投资者和信贷人的决策。第二,可以有效遏制企业操纵利润或粉饰业绩。将未确认的利得或损失通过诸如资产置换等方法转变为本期损益是最常见的操纵利润的方法,如果采用了全面收益报告,就从根本上杜绝了用这种方法操纵利润的可能性,从而使会计信息更真实。

(二)股东权益稀释方面的信息

随着股份公司成为企业组织形式的主流和证券市场的发展,由金融创新所引起的权益交换性证券品种的普及化,使股东经济利益的来源并不局限于公司利润,而更多地来自于股份的市价差异。这就使股东十分关心股份的市场价值。由于公司股票的账面值往往与股票的市场价值存在着较大差异,且多是股票市价高于股票账面值(这种情况在我国的A股市场上特别明显),这就给公司经营者提供了通过权益交换方式来增加利润的机会。

（三）衍生金融工具所产生的收益和风险信息

随着金融创新,诸如期货、期权之类的金融衍生工具的种类日益繁杂。但是,这些金融衍生工具并没有发生实际交易,而仅代表未来经济利益的权利或义务,因此这类衍生金融工具可能会引起企业未来财务状况、盈利能力的巨变。如不对这类衍生金融工具的风险加以披露,则极有可能导致财务报告使用者在投资和信贷方面的决策失误。

（四）对公司未来价值的预测信息

按一般观念,财务报告的相关性具有重要意义。传统财务报告本身的设计也试图做到这一点。在经济环境变化不显著的情况下,人们可以简单地用反映企业过去经营结果以及行为的因果联系的财务报告去推论企业的未来,但在经济环境剧烈变化的条件下,人们已经不可能直接用过去的财务报告去推论企业未来,这就导致财务报告的相关性降低。解决这一问题的思路是向财务报告的使用者提供企业未来价值趋势的预测信息。

如何披露预测信息,目前有不同的认识和做法。从理论上讲,最佳的披露形式是完整的预测财务报告,但从实际上来看要编制准确完整的预测财务报告难度很大。编制完整的预测财务报告不但在技术上存在困难,并且缺乏实际的使用价值。不同人通过不同的角度考察一家公司,对其收益和风险所得出的结论也不同。因此,企业也就不必要编制全面的预测财务报告,而是应该在表外尽可能详细地披露与预测企业未来价值相关的一些信息,诸如企业投资、产品市场占有率、材料成本升降、新产品开发等方面的企业内部条件和外部环境的信息,为财务报告使用者预测企业未来价值趋势提供有用的信息服务。

（五）企业对社会贡献的信息

现行企业财务报告的服务主体主要是投资者和债权人,所披露的内容主要是与投资者和债权人的投资和信贷决策相关的盈利能力与财务状况,在这些报表中不能反映企业对社会的真实贡献额,即企业所提供的增值额或增加值,更不能反映贡献额的分配状况。在政治经济日趋民主化的今天,传统财务报告在这方面的不足之处,日益凸现。第一,货币资本的支配力逐渐减弱,人力、知识资本的贡献比例却日趋增长,这就要求财务报告要为这些信息使用者服务;第二,政治经济民主化的趋势要求货币资本的支配者公布企业对社会的贡献额以及贡献额的分配,以利于社会对企业的监督;第三,公布企业对社会的真实贡献额及其分配状况,有利于协调劳资双方、各种资本供应者,以及企业与社会、国家政府的关系,从而在化解利益分配中的矛盾,增加利益创造中的合力等方面起到积极的作用;第四,国家了解企业对社会的真实贡献,有利于国家科学地制订宏观调控措施,促进经济的发展。

(六) 人力资源信息

随着知识经济时代的逐步来临,把信息披露重点放在存货、机器设备等实物资产上的现行财务报告的局限性已日益显示出来,这主要表现在实物性资产价值量的大小与企业创造未来现金流量的能力之间的相关性减弱,甚至与企业现行市场价值之间的相关性也减少。在现行会计体制下,投资于人力方面的支出,不管金额多大,一律作为当期费用,这就使人力资产被大大低估,而费用则大幅度提高。这也是现行财务分析报告受到越来越多批评的主要原因之一。

(七) 企业对环境影响的信息

企业既是社会财富的创造者,又是环境的主要污染者,它与环境存在着密切的关系。环境对企业生存和发展的影响可从如下两个方面来考察:一是环境本身对企业生存和发展的影响;二是因环境而引起的社会问题对企业生存和发展的影响。了解环境对企业的影响对投资者、债权人、管理者和其他与企业相关的利益集团有着重要意义。了解因环境因素而产生的或有负债、治理污染的成本、资产价值的贬值和其他环境风险损失等影响企业发展方面的信息,有利于投资者、债权人、管理者等作出正确的决策。现行财务会计忽视了对这方面信息的披露,已不适应日益提高的环保要求,不适应措施日益严格的社会经济形势的要求。因此,披露企业环境影响方面的信息应作为改进财务报告的内容。

四、财务分析报告的撰写注意事项

(一) 要清楚明白地知道报告阅读的对象及报告分析的范围

报告阅读对象不同,撰写报告所使用的语言也应该有所不同:对专业人士应当使用专业的语言,对非专业人士应当使用通俗的语言。提供给不同层次阅读对象的分析报告,则要求分析人员在写作时准确把握好报告的框架结构和分析层次,以满足不同阅读者的需要。报告分析的范围若是某一部门或二级公司,分析的内容可以稍微细致、具体一些;而分析的对象若是整个集团公司,则文字的分析要力求精练,不能对所有问题面面俱到,集中性地抓住几个重点问题进行分析即可。

(二) 谋划好清晰的框架和分析思路

报告写作前,一定要认真谋划,力争达到框架清晰和思路准确。财务分析报告的框架具体如下:

第一,企业总体经营情况概述。

这主要是指将企业本期经营成果及取得的主要经验重点描述出来,侧重点主要是针对本期报告在新增的内容或须加以重点关注的问题事先作出说明，旨在引起决策人高度重视；概述是对本期报告内容的高度浓缩，一定要言简意赅，点到为止。其目的是，让决策人在最短的时间内获得对报告的整体性认识以及本期报告中将告知的重大事项。

第二，按当期和累计两大部分进行具体分析。

"具体分析"部分写得如何，决定了本报告的分析质量和档次。要想使这一部分写得很精彩，首要的是要有一个好的分析思路。在每一部分里，按本月分析—本年累计分析展开；再往下按资金状况分析—盈利能力分析—销售情况分析—成本控制情况分析展开。如此层层分解，环环相扣，各部分间及每部分内部都存在着紧密的联系。最好能将主要财务指标本期、累计数据，以专门的一览的形式与上年同期和计划对比分析出来增减额度和幅度。

第三，站在企业经营管理者的高度，财务管理的角度提出存在的主要问题或漏洞。

这部分不能空乏，要有理有据，以数据、事实说话。

第四，提出具体改进措施和意见。

提出具体改进措施和意见就是针对分析研究的结果以及存在的问题，向领导指出企业下一步具体应该抓好什么，如何抓。

（三）要与公司经营业务紧密结合，领会财务数据背后的业务背景，揭示业务过程中存在的问题

财务人员在作分析报告时，由于不了解业务，往往闭门造车，并由此陷入就数据论数据的被动局面，得出来的分析结论也就常常令人啼笑皆非。因此，有必要强调的一点是：各种财务数据并不仅仅是通常意义上数字的简单拼凑和加总。每一个财务数据背后都寓示着非常丰富的财务信息。财务分析人员通过对业务的了解和明察，加之对财务数据的敏感，即可判断经济业务发生的合理性、合规性，由此写出来的分析报告也就能真正为业务部门提供有用的决策信息。

第三节 财务分析报告实例

一、财务分析报告的一个模板

××市××企业年度财务分析报告

××公司董事会（公司管理当局）：

20××年度，我公司在全市经济持续稳步发展的形势下，坚持以提高效益为中心，以搞活经济强化管理为重点，深化企业内部改革，深入挖潜，调整经营结构，扩大

经营规模,进一步完善了企业内部经营机制,努力开拓,奋力竞争。销售收入实现××万元,比去年增加××%,净利润实现××万元,比去年增加××%,并在取得良好经济效益的同时,取得了较好的社会效益。

(一)主要经济指标完成情况

本年度商品销售收入为××万元,比上年增加××万元。其中,××项目销售实现××万元,比上年增加××%,××项目销售××万元,比上年减少××%,其他项目营业收入实现××万元,,比上年增加××%。

净资产收益率为××%,比上年的略有提高。

全年毛利率达到××%,比上年有所提高。

销售费用率本年实际为××%,比上年有所提高。

全年实现利润××万元,比上年增长××%。其中,项目利润××万元,比上年增长××%,项目利润××万元,比上年下降××%。

营业利润本年为××万元,比上年下降××%。其中项目为××万元,比上年下降××%。

全部流动资金周转天数为××天,比上年的××天慢了(或快了)××天,其中,项目周转天数为××天,比上年的××天慢了××天。

固定资产投资完成××万元,比上年增长××%,其中……

(注:以上可列表说明)

(二)财务情况分析

1. 销售收入情况

全年度销售收入总额比上年增加××万元,增长率为××%。其中,北方销售公司销售收入比去年增加××万元,增长率为××%;南方销售公司比上年增加××万元,增长率为××%。

(销售收入可以按行业、或地区、或主要产品分类报告)

销售收入增加中,因为价格下降导致收入减少××万元,价格下降的原因主要为了扩大销售量,提高公司产品竞争力;因为销售提高导致收入增加××万元,其中,产品主要产品本年度销售量比上年增加××万台,市场占有率达××%。

2. 销售成本情况

公司本年度销售成本总额比上年增长××万元,增长率为××%。因为销售增加而导致成本增加××万元;因为生产成品增加而导致销售成本增加××万元,其中,产品本年度单位生产成本为××元,较上年度的××元上升了××%。

主要产品生产成本上升的原因分析:

……

3. 管理费用(销售费用)水平情况

公司管理费用总额比上年增加××万元,费用水平上升××%。其中:

运杂费增加××万元;
职工薪酬增加××万元;
……

从变化因素看,主要是由于公司政策因素的影响:
(1) 调整了"三费"、"一金"比例,使费用绝对值增加了××万元。
……

扣除上述因素影响,本期费用绝对额为××万元,比上年相对减少××万元费用,比上年下降××%。

4. 资金营运情况

20××年×月×日,全部资金占用额为××万元,比上年增加××%。其中:

应收账款资金占用额××万元,占全部流动资金的××%,比上年上升××%。欠款额居前位的客户是:××、××、××、××和××。

存货资金占用额为××万元,占××%,比上年上升了××%,其中原材料和产成品比上年增加××万元。增加的主要原因是基于销售量的预期增加所致。

5. 利润完成情况

20××年,企业利润比上年增加××万元,主要因素是:

(1) 利润增加因素:
……

(2) 利润减少因素:
……

以上两种因素相抵,本年度利润额多实现××万元。

(三) 财务情况总体评价

1. 经营情况综合评价(略)
2. 盈利能力评价(略)
3. 财务风险评价偿债能力评价(略)
4. 资产管理能力评价(略)
5. 未来发展能力评价(略)

(四) 存在的问题和建议

问题之一:资金占用增长过快,结算资金占用比重较大,比例失调。特别是其他应收款和应收账款,由于赊销政策的调整而大幅度上升,如不及时清理,对企业经济效益将产生很大影响。

建议:各级管理部门要引起重视,应抽出专人,成立清收小组,积极回收,也可将奖金、工资同回收货款挂钩,调动回收人员积极性,同时,要求各公司部门经理要严格控制赊销商品管理,严防新的三角债产生……

问题之二:经营性亏损部门有增无减,亏损额不断增加。全公司未弥补亏损额高达××万元,比同期大幅度上升。主要原因是……

建议:公司管理层要加强对亏损子公司的整顿、管理,做好扭亏转盈工作。

问题之三:产品生产成品控制不力,存在不同程度的生产浪费情况……

建议……

问题之四:各子公司不同程度地存在潜亏行为。公司待摊费用高达××万元,待处理流动资金损失为××万元。

建议……

问题之五:内部控制执行不严格……

建议……

问题之六:部分经营者财务风险意识不强……

建议……

问题之七……

××公司财务部

20××年×月×日

二、财务分析报告实例——某集团公司的财务分析季度报告

2009年一季度财务分析

一、利润分析

(一)集团利润额增减变动分析

1. 利润额增减变动水平分析

(1)净利润分析:一季度公司实现净利润105.36万元,比上年同期减少了55.16万元,减幅34%。净利润下降原因:一是由于实现利润总额比上年同期减少50.5万元;二是由于所得税税率增长,交纳所得税同比增加4.65万元,其中,利润总额减少是净利润下降的主要原因。

(2)利润总额分析:利润总额140.48万元,同比上年同期190.98万元减少50.5万元,下降26%。影响利润总额的是营业利润同比减少67.24万元,补贴收入增加17万元。

(3)营业利润分析:

营业利润123.18万元,较上年190.42万元大幅减少,减幅35%。主要是产品销售利润和其他业务利润同比都大幅减少所致,分别减少46.53万元和20.71万元。

(4)产品销售利润分析:产品销售利润82.95万元同比下降36%。影响产品销售利润的有利因素是销售毛利同比增加162.12万元,增长率27%;不利因素是三项

期间费用 686.41 万元,同比增加 208.65 万元,增长率 43.67%。期间费用增长是导致产品销售利润下降的主要原因。

由于今年一季度淡季不淡,销售收入同比增长 53%,销售运费、工资、广告及相应的贷款利息、汇兑损失也比上年大幅增长。销售费用、管理费用、财务费用,同比增加额分别是 108.31 万元、8.32 万元和 92.19 万元,其中销售费用和财务费用同比增长最快,分别增长 98%和 67%。

(5) 产品销售毛利分析:一季度销售毛利 769.36 万元,销售毛利较上年增加 162.12 万元,增长率 27%;销售毛利同比增加的原因是收入、成本两项相抵的结果。产品销售收入同比增加 2 600.20 万元,增长 53%;产品销售成本同比增加 2 438.07 万元,增长 57%。

2. 利润增减变动结构分析及评价

从 2009 年一季度各项财务成果的构成来看,产品销售利润占营业收入的比重为 1.11%;比上年同期 2.66%下降了 1.55%;本期营业利润占收入结构比重 1.65%,同比上年的 3.91%下降了 2.26%;利润总额构成 1.88%,同比 3.92%下降了 2.04%;净利润构成为 1.41%,比上年的 3.30%下降 1.89%。

从利润构成情况上看,盈利能力比上年同期都有下降,各项财务成果结构下降原因如下:

(1) 产品销售利润结构下降,主要是产品销售成本和三项期间费用结构增长所致。目前降低产品销售成本,控制销售费用、管理费用和财务费用的增长是提高产品销售利润的根本所在。

(2) 营业利润结构下降的原因除受产品销售利润影响以外,其他业务利润同比占结构比重下降也是不利因素之一。

(3) 本期因补贴收入为利润总额结构增加 0.25%,是利润总额增加的有利因素,而营业外收入结构比重下降,营业外支出比重增加及所得税税率结构上升都给利润总额结构增长带来不利影响。

(二) 各生产分部利润分析

1. 一季度生产本部(含 QY 分厂)利润增减变动分析

(1) 本部利润总额 129.91 万元,同比减少 48.94 万元,下降 27.36%。利润总额下降的主要原因是产品销售利润和其他业务利润同比减少 44.77 万元、20.89 万元,补贴收入增加 17 万元,及营业外收入同比减少 0.26 万元增减相抵所致。

(2) 本部产品销售利润 72.58 万元,较上年同期 117.35 万元减少 44.77 万元,减幅 38.15%。其减少的原因是一季度销售收入的同比增加幅度抵销不了销售成本和期间费用的增加幅度,造成产品销售毛利空间缩小。其销售收入同比增加 2 312.68 万元,增长 55.97%;而销售成本、费用增加 2 357.44 万元,成本、费用率增长达

58.72%。其中:产品销售成本增加 1 603.44 万元,增长 70.52%;期间费用增加 214.46 万元,增长 47.61%。

2. 一季度 AY 分公司利润增减变动分析

(1) AY 分公司利润总额 10.56 万元,同比减少 1.56 万元,下降 12.91%。利润总额下降的主要原因是产品销售利润减少 1.75 万元、其他业务利润同比增加 0.19 万元两项增减相抵所致。

(2) 产品销售利润 10.38 万元,较上年同期 12.13 万元减少 1.75 万元,减幅 14.48%。其减少的原因是:由于主要原材料价格较上年同期上涨,因此产品销售毛利并未因业务量增大而增加。销售收入同比增加 287.52 万元,增长 38.95%;而销售成本增加 295.09 万元,增长 42.23%;产品销售毛利较上年减少 7.57 万元,减幅 19%;期间费用 21.53 万元,同比减少 5.81 万元,费用率下降 21.25%。

二、收入分析

(一) 销售收入结构分析

一季度集团完成销售收入 7 470.4 万元。出口 NSB、国内销售 NSB 及 PEX 等收入与上年同期相比都有不同程度的增长,按销售区域划分:

(1) 出口贸易创汇收入 602.8 万美元,同比增加 258.8 万美元,增长 42.9%,折合人民币销售收入 4 340 万元,完成年度计划的 31%。

(2) 国内销售收入(包括 QY 分厂)2 104.7 万元,完成年度计划的 19.9%,同比增加 649.7 万元,增长 44.6%。

(3) AY 分公司 PEX 收入 1 025.7 万元,与上期的 738.20 万元相比,增加 287.5 万元,增长了 38.95%。

(二) 销售收入的销售数量与销售价格分析

一季度集团销售收入中出口销售、国内销售、AY 分公司在收入结构所占比重分别是 58.1%;28.2%;13.7%。其中,以本部出口业务量最大,其对销售总额、成本总额的影响也最大。

(1) 本部一季度因销售业务量增加影响,销售收入(人民币)较上年同期增加 2 312.67 万元(含 QY 分厂),增长 55.97%。

(2) 尽管 3 月始上调了部分出口产品售价,但汇率由 7.8 元/美元降到 7.2 元/美元,因汇率损失影响,一季度(人民币)销售价格比上年同期价格仍然减少,因价格降低影响同比销售收入减少 302.38 万元。

(3) 本部由于一季度出口销售业务扩大,因销售量的变动影响同比增加销售收入 1 831.83 万元。

(三) 销售收入的赊销情况分析

2009 年一季度应收账款期末余额 3 768.7 万元;与上期的 3 337 万元相比,增加了 431.7 万元，应收账款增长了 12.9%。其中：应收账款账龄在 3 年以上的有 253.7 万元，占 7.66%，1~2 年的应收账款 3 058.3 万元，占赊销总额的 92.34%。说明销售收入中应收账款赊销比重在加大，其中值得注意的是：

(1) 各代表处赊销收入 286.12 万元，占发货累计的 70.55%；超出可用资金限额 644.44 万元。

(2) 代理商及办事处等赊销收入 2 011.35 万元，其不良及风险赊销款 872.53 万元，占其赊销收入的 43%（不良应收款占 28%，风险应收款占 16%）。

三、成本费用分析

(一) 产品销售成本分析

1. 全部销售成本完成情况分析

集团全部产品销售成本 6 701.09 万元，较上年同期 2 438.07 万元增长 57%。其中：

(1) 出口产品销售成本 3 877.22 万元，占成本总额的 57.9%，同比增加 1 603.44 万元，增长 71%，其成本增长率大大高于全部产品销售成本总体增长水平（14%＝71%－57%）。

(2) 本部国内产品销售成本 1 830.05 万元，占成本总额的 27.3%，同比上年增加 539.54 万元，增长 42%；说明国内产品销售成本增长率低于全部产品销售成本增长率（15%＝42%－57%）。

(3) AY 分公司产品销售成本 993.81 万元，同比 698.72 万元，增加 295.08 万元，增长 42.23%，占成本总额的 14.8%；其销售成本占收入结构的 96.89%，同比上年增长 0.22%。

2. 各销售区域产品销售成本对总成本的影响：

(1) 出口产品销售成本对总成本的影响 66%。

(2) 国内销售产品成本对总成本的影响 22%。

(3) AY 分公司销售产品成本对总成本的影响 12%。

一季度由于成本增长影响，出口产品销售毛利率同比下降 2%，这是销售毛利率下降的主因。国内产品销售收入同比增长 1%，成本并没有同比例增加。

3. 单位产品材料利用率同比下降对成本的影响：

(1) 0.5FC 利用率只有 78.62% 成本，同比成本增加了 16.4 万元。其原因是 PEX 不合格 70 米，阿拉伯蓝色 KQ 不良产生 145.587 0 标准张降级。

(2) 0.40FC 板利用率有 83.78%，同比成本增加了 12 万元。主要是××不良、拉闸停电损失。

(3) 0.30FC 利用率有 92.28% 比上年的 94.21% 低约 2 个百分点，成本增加 6.2 万元。主要原因是……

(4) 0.50FC 比计划成本高 4.5 万元,因为 2 月有 PEX 不合格 220 米,3 月有 ×× 不合格致使 47.146 8 张 BZB 降级。

(二) 各项费用完成情况分析

三项期间费用共计 686.4 万元,总费用水平 9.19%,比上年同期的 9.81% 下降了 0.62%;其中,销售费用、财务费用增加是费用总额增加的主要原因。

1. 销售费用分析

销售费用 218.5 万元,占费用总额的 32%;与上年同比增加 108.3 万元。销售费用变动的原因:一是运费、工资和其他项有较大增长,分别比上年同期增长 69.1 万元、21.5 万元、20.3 万元,增长幅度分别为 270.56%、110.75%、66.56%。二是由于公司销售业务量加大,其收入提成、运输费和包装材料等费用相应的增加,同时广告会务费、交际应酬费、差旅费等方面的开支也有一定的增加,但办公费比上年有所下降。

2. 管理费用分析

管理费用 239.3 万元,占费用总额的 35%;与上年同比增加 8.3 万元,增长 4%。管理费用变动的原因是工资同比增加 19.1 万元,增长 34.09%。水电费增加 7.9 万元,增长 62.98%,其他项增加 8.7 万元,同比增长 48.98%。办公费等同比减少的项目有:无形资产摊销费用比上年同期下降 41%;差旅费、修理费两项均下降 72%;办公费下降 36%;税金下降 27%;交际应酬费下降 16%。其中无形资产摊销减少 12.6 万元是与上年摊销期限不一致形成的。

3. 财务费用分析

一季度财务费用支出 228.6 万元,同比增加 92 万元,增长 67.35%。其中:手续费支出同比增加 3.1 万元,增长 40.79%;利息支出 152.7 万元,同比上年增加 55.1 万元,增长 55%;汇兑损失 65.2 万元,同比 31.4 万元增加 33.82 万元,增长 108%;其中利息支出和汇兑损失支出增加是财务费用总额同比增加的主要原因。

四、现金流量表分析

(一) 现金流量表增减变动分析

(1) 经营活动产生的现金流量净额 11.41 万元,同比增加 597.08 万元,增长 102%。

(2) 投资活动产生的现金流量净额 -304.1 万元,同比上年 -175.92 万元,净支出增加 128.1 万元。

(3) 筹资活动产生的现金流量净额 -157.38 万元,同比上年 621.6 万元,现金净支出增加 778.98 万元。

(4) 现金及现金等价物净增加额 -450.08 万元,同比上年减少 853.24 万元,净支出减少 403.16 万元,现金及现金等价物净增加额上升 47%。

经营活动产生的现金流量净额只有11.41万元,说明尚不足支付经营活动的存货支出,而投资活动未有回报,筹资活动现金流量是负数说明目前正处在偿付贷款时期。整个现金流量是负数说明公司的现金流量很不乐观。

(二)现金流量数据分析

(1)经营活动现金净流量表明经营的现金收入不能抵补有关支出。

(2)现金购销比率92%,接近于商品销售成本率90%。这一比率表明生产销售运转正常,无积压库存。

(3)销售收入回笼率91%,表明销售产品的资金赊销比例太高,此比率一般不能低于95%,低于90%则预示应收账款赊销现金收回风险偏大。

五、有关财务指标分析

(一)获利能力分析

长期资产报酬率2.1%,与上年同期比下降20.3%;总资产报酬率0.6%,降55.5%;毛利率10.3%;降17.4%;销售净利润率1.4%;降57.2%;成本费用利润率1.1%,降72%;说明销售收入成倍增长,但获利能力呈下降趋势。

(二)短期偿债能力分析

流动比率143.9%,与上年同期比增长29.3%;速动比率105.2%,增长79.1%;表明本期因贷款额的增加,用于流动的资金同比增长很快,企业短期偿债能力很强;现金比率42.1%,超出安全比率的20%。表明偿还短期债务的安全性较好,但同时说明资金结构不太合理,流动资金未能充分用于生产经营。

(三)长期偿债能力分析

与上年同期比总资产负债率53%,增长7.4%,尚在安全范围内;产权比率31.1%,一般应在50%为好,该比率过低,说明财务结构不尽合理,未能有效地利用贷款资金;利息保障倍数192%,下降35.1%;表明因利润减少利息支出增加,长期偿债能力较上年同期在下降。

六、存在问题及分析

第一,产品销售成本的增长率与上年同比大于产品销售收入的增长率。

这具体表现在:成本增长率大于收入增长率;毛利及毛利率下降;集团公司一季度出口产品销售收入同比上年增长34.15%,而其成本增长37.61%;AY分公司收入增长5.9%,而成本增长12.1%;只有国内产品销售呈良好发展态势收入增长大于成本增长。

第二,负债增加,获利能力降低,偿债风险加大。

(1)对外负债总额1年内增长26.6%,其中,以其他应收款、应付账款形式占用的外部资金有明显上升。其应收账款严重高于应付账款1.9倍,全部应收款也高于全部应付款的1.4倍,表明其对外融资(短期借款、应付票据、应付账款、其他应付款)

第十二章　财务分析报告撰写

获得的资金完全被外部资金(应收账款、其他应收款)占用。

(2) 赊销收入占全部收入的比重大,造成营运资金紧张,严重影响了现金净流量。3月末应收账款余额2 297.4万元,其中:各代表处、发展部不良或风险应收账款为872.53万元,占其赊销收入总额的43%;代理商及办事处赊销收入占发货总数的70%。销售收回的现金流量少,不足以支付经营现金支出,加重了财务利息支出的负担。

(3) 由于外汇比率等宏观经济环境的变化、市场供求关系的不确定性使得公司产品盈利空间在缩小,同时由于负债增大,偿债风险也在增加,目前偿债能力日趋下降,极易产生财务危机。

七、意见和改进措施

(1) 成本费用利润率低是目前制约公司盈利能力的瓶颈。建议在扩大销售业务的同时狠抓产品成本节能降耗,分析产品原材料利用率增减变化原因,向管理、生产要利润。

(2) 应收账款赊销比重过大,为有效控制财务风险,建议在加紧应收款项的催收力度的同时,适度从紧控制赊销比例。对于出现不良或风险欠款的销售区域,应对赊销收入特别关注。

(3) 谨防因汇率的波动、银行放贷政策等外部不利影响而产生的财务风险。应合理利用资金,时刻重视现金流量,降低财务风险。

××集团公司财务部
××××年×月×日

本章小结

财务分析报告是对企业经营成果、财务状况、资金流量等情况的综合概括和高度反映。它是大型企业制定战略规划的基本材料,是企业管理层进行经营决策的根本依据,是企业业务拓展的有效参照。按其内容、范围不同,可分为综合分析报告、专题分析报告和简要分析报告;按其分析的时间,可分为定期分析报告与不定期分析报告。

财务分析报告常用的格式一般包括提要段、说明段、分析段、评价段、建议段;财务分析报告的重点披露内容包括:企业全面收益的信息、股东权益稀释方面的信息、衍生金融工具所产生的收益和风险信息、对公司未来价值的预测信息、企业对社会贡献的信息、人力资源信息、企业对环境影响的信息等。

在撰写财务分析报告时,应注意:要清楚明白地知道报告阅读的对象及报告分析的范围,要谋划好清晰的框架和分析思路,同时要与公司经营业务紧密结合,领会财务数据背后的业务背景,揭示业务过程中存在的问题。

复习思考题

1. 列举财务分析报告的分类,并阐述其各自的不同侧重点。
2. 结合我国企业实际,列举财务分析报告的重点披露内容。
3. 撰写财务分析报告时有哪些注意事项?
4. 选择某一上市公司,获取其年度或者季度财务信息,结合前面各章所学内容,撰写一份财务分析报告。

主要参考文献

[1] 卢雁影.2009.财务分析[M].北京:科学技术出版社.
[2] 郭泽光.2007.财务报告分析[M].北京:高等教育出版社.
[3] 张新民.2002.上市公司财务报表分析[M].北京:对外经济贸易大学出版社.
[4] 李心合,赵华.2003.会计报表分析[M].北京:中国人民大学出版社.
[5] 陆正飞.2006.财务报表分析[M].北京:中信出版社.
[6] 财政部会计司编写组.2007.企业会计准则讲解[M].北京:人民出版社.
[7] 财政部.2006.企业财务通则[M].北京:经济科学出版社.

教学课件索取单

敬爱的老师：

  感谢您使用我们出版社的教材。为了方便教学，教材配有相关教学课件。如果您需要，请您填写下面表格中的相关信息，并以电子邮件的形式发到我社，我们在核对您的信息后，即免费向您提供教学课件。

我们的联系方式：
地址：上海市中山西路 2230 号 1 号楼 1507 室　　　　邮编：200235
　　　立信会计出版社　　　　　　　　　　　　　　　电话：(021)64411197
电子邮件：zzm__321@126.com

教材名称					作者姓名	
教师姓名		性别		身份证号		
学　　校			院系		教研室	
学校地址					邮　编	
职　　务			职称		办公电话	
E-mail			手机		宅　电	
通信地址					邮　编	
教材用量		册		委托订购单位		

  您对本教材的意见和建议是：